D1695037

Kohlhammer

Oliver Haug, Anikar Haseloff

Corporate Language

Unternehmenssprache verständlich gestalten, effektiv steuern und praxisnah umsetzen

Verlag W. Kohlhammer

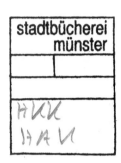
1. Auflage 2018

Alle Rechte vorbehalten
© W. Kohlhammer GmbH, Stuttgart
Gesamtherstellung: W. Kohlhammer GmbH, Stuttgart
Umschlagabbildung: © zapp2photo – stock.adobe.com

Print:
ISBN 978-3-17-028348-0

E-Book-Formate:
pdf: ISBN 978-3-17-028349-7
epub: ISBN 978-3-17-028350-3
mobi: ISBN 978-3-17-028351-0

Inhaltsverzeichnis

Geleitwort

Von Verständlichkeit profitieren alle.

Produkte und Dienstleistungen können noch so gut sein – wenn sie sprachlich nicht passend vermittelt werden, bleibt viel Potential auf der Strecke. Sprache ist die Grundlage jeder Verständigung. Oft ist sie auch die Ursache von Missverständnissen oder sogar Misstrauen. Beispielsweise sind viele Briefe, Pressemitteilungen, Broschüren und Homepage-Texte von Unternehmen unverständlich. Zumindest für Menschen ohne besonderes Fachwissen. Fachwörter, Anglizismen, Passiv-Formulierungen, Bandwurmsätze und Wortungetüme erschweren das Verstehen. Dabei ist klar: Nur wer verstanden wird, kann auch überzeugen.

Eine verständliche Sprache ist kein Luxus, den sich Unternehmen leisten, wenn sie sonst nichts zu tun haben. Eine verständliche Sprache kann die eigene Reputation, den »guten Ruf« erhalten und ausbauen. Sie ermöglicht den Dialog. Sie wird von Kundinnen und Kunden gewünscht und erwartet. Und sie schlägt sich positiv im Geschäftsergebnis nieder – etwa weil die Zahl der Nachfragen im Callcenter sinkt.

Daher versuchen immer mehr Unternehmen, ihre Kommunikation verständlicher zu gestalten. Und sie versuchen, über ihre Sprache auch ihre Werte und ihre Identität auszudrücken. Wer will schon als verstaubt, altbacken, bürokratisch und kompliziert gelten? Und doch transportiert Sprache oft immer noch genau diese Attribute.

Dies zu ändern ist eine anspruchsvolle Aufgabe. Aber sie lässt sich lösen. Dazu gehören in erster Linie Einsicht und der Wille, die eigene Sprache zu ändern. Dann braucht es noch Verständlichkeits- und Sprachregeln. Die meisten davon sind schon lange bekannt. Aber sie müssen auch angewandt werden. Auch wenn das anfänglich noch ungewohnt ist. Floskeln haben wir schnell verinnerlicht. Warum soll es länger dauern, sich in Klartext auszudrücken? Verständlich zu kommunizieren, verinnerlichen die meisten Menschen ebenfalls schnell. Wenn man sie lässt. Und wenn Vorgesetze und die Unternehmensführung sie dazu anspornen.

Das vorliegende Buch hilft dabei. Es nutzt wissenschaftliche Erkenntnisse über Sprache und macht sie für die praktische Arbeit zugänglich – ohne selbst ein »Wissenschaftsbuch« zu sein. Es ist nicht abstrakt, sondern ganz konkret. Es zeigt anhand klarer und praktikabler Regeln, wie sich eine Corporate Language-Strategie im Unternehmen konkret umsetzen lässt. Es ist als Baukasten zu verstehen. Wer will, kann es von vorne bis hinten durchlesen – an einem Stück und ohne Pause. Und wer eine schnelle Orientierung zu einer konkreten Frage rund um die Unternehmenssprache sucht, findet sie ebenfalls.

Die zahlreichen Tipps zu nutzen, empfiehlt sich sehr. Denn von einer verständlichen Sprache profitieren alle – vor allem aber die Kundinnen und Kunden.

Stuttgart-Hohenheim, im Juli 2018   Prof. Dr. Frank Brettschneider
                                           Lehrstuhls für Kommunikationswissenschaft
                                           Universität Hohenheim

Autorenvorwort

Möglicherweise fragen Sie sich: An wen richtet sich dieses Buch? Gehören Sie zur angesprochenen Zielgruppe? Nun – am besten Sie entscheiden selbst: Dieses Buch ist für alle, die mit Unternehmenskommunikation zu tun haben. Es ist für alle, die für mehr Verständlichkeit im Unternehmen sorgen wollen. Es ist für alle, die nach einem Modell für erfolgreiche Unternehmenssprache suchen. Es ist für alle, die eine einheitliche und funktionierende Corporate Language entwickeln möchten.

Damit Sie dieses Buch richtig nutzen können die schlechte Nachricht gleich vorab: Es gibt kein allgemeingültiges Modell und schon gar kein schnelles Rezept von der Stange für eine individuelle und verständliche Unternehmenssprache. Ganz im Gegenteil: Eine allgemeingültige »One-Size-Fits-All-Flatrate-Lösung« für Unternehmenssprache widerspräche dem Prinzip der Corporate Language, Sprache als Identifikations- und Abgrenzungsmerkmal einzusetzen. Daher gibt es leider keine »Konfektionssprache«, die Sie einfach aus dem geistigen Fundus nehmen und in Ihrem Unternehmen »mal eben so« nebenbei einführen könnten.

Und dennoch gibt es Regeln, Maßnahmen und Vorgehensweisen, die Sie dabei unterstützen können, systematisch eine eigene Sprache für Ihr Unternehmen zu entwickeln. Unser Ziel ist es, Ihnen ein sinnvolles Vorgehen zu zeigen, das Ihnen als Leitfaden auf dem Weg zu einer kundenorientierten und auf Ihre Marke abgestimmten Sprache dienen soll. Mit diesem Buch kommen Sie in wenigen Schritten zu einer individuellen Sprache, die beim Kunden auch »funktioniert« bzw. die gewünschte Wirkung hervorruft.

Sie halten jedoch kein reines »Anwenderhandbuch« für Unternehmenssprache in den Händen. Es ist auch keine theoretische Abhandlung der wissenschaftlichen Erkenntnisse zum Thema Sprache im Kontext der Unternehmenskommunikation. Dieses Buch ist beides: Es erhebt sowohl den Anspruch, konkrete Hilfestellungen für die Praxis zu geben, die jedoch auf wissenschaftlichen Grundlage ruhen. Unser Buch will zudem mehr sein als ein klassisches Schreibtraining – auch wenn Schreib-Tipps einen nicht unwesentlichen Beitrag zum Inhalt leisten. Es geht neben guten Texten auch darum, die verschiedenen Prozesse und Faktoren aufzuzeigen, die Kommunikation und Schreiben in Ihrem Unternehmen beeinflussen. Denn eine Anleitung zu guter Unternehmenssprache kann nur funktionieren, wenn sie die realistischen Bedingungen, unter denen Kommunikation im Unternehmen vollzogen wird, berücksichtigt.

Unser Buch richtet sich an alle, die sich für Corporate Language und Verständlichkeit interessieren. An die, die besser schreiben, formulieren und kommunizieren wollen. An die, die Sprache in Unternehmen besser steuern wollen. Oder auch an die, die eine

Initiative für Corporate Language im Unternehmen starten wollen. Kurzum: Unser Buch richtet sich an Denker, an Macher, an Lenker, an Entscheider und an die vielen Mitarbeiter, die Sprache tagtäglich um- und einsetzen.

Und um es ganz klar zu sagen: Wir sprechen Frauen und Männer gleichermaßen an. Dennoch haben wir uns entschieden, in den meisten Fällen die männliche Form zu verwenden. Und das obwohl wir das Anliegen der geschlechterneutralen Sprache für gerechtfertigt halten. In unserem Fall hat die Verwendung der männlichen Form vor allem sprachliche Gründe. Ein Text wird tendenziell schwieriger zu lesen, wenn laufend beide Formen verwendet werden.

Wir wünschen Ihnen nun viele spannende Erkenntnisse und Vergnügen bei der Lektüre. Wir sind uns sicher: Mit dem durch dieses Buch gewonnenen Wissen wird es Ihnen möglich sein, Ihrem Unternehmen eine zeitgemäße, einheitliche und auf Ihre Kunden und Ihr Unternehmen abgestimmte Sprache zu geben!

Ulm, im Juli 2018   Oliver Haug und Dr. Anikar Haseloff

1 Einleitung: Die Macht der Sprache

1.1 Worte haben die Macht, die Welt zu verändern

Wie mächtig ist Sprache? Können Worte die Welt verändern? Denken Sie an Sätze wie »Wir sind das Volk«, »veni, vidi, vici« oder »I have a dream«. Mit solchen, in einfache Worte gefassten Gedanken verbinden wir historische Wendepunkte, weltverändernde Ideen oder monumentale Ereignisse. Oder denken Sie an die Lutherbibel und wie ihr Autor mit seiner verständlichen Sprache die Welt der Religion aus ihren Angeln gehoben hat. Oder wie Johann Wolfgang von Goethe mit seiner Sprache die Welt der Literatur und Dichtung über Jahrhunderte hinweg und bis heute prägt.

Diese Beispiele ließen sich endlos weiterführen, denn Sprache ist überall. Sie ist das mächtigste Instrument der Kommunikation und als eines der ältesten Kulturwerkzeuge Grundstein unserer Zivilisation. Sprache bildet auch heute, in unserer von Medien und Technologie durchdrungenen Welt das zivilisatorische Fundament, auf dem Gesellschaft, Kultur und Politik ruhen.

Diese Aussage gilt selbstverständlich uneingeschränkt auch für den Bereich der Wirtschaft. Mehr denn je sind Unternehmen heute abhängig von Sprache und vor allem von Kommunikation. Die Formen der Kommunikation ändern sich zwar im Zeitablauf – sowohl die Sprache als auch ihre Übermittlungsformen – nicht aber ihre Relevanz. Die Bedeutung von Sprache bzw. der sprachlichen Fähigkeiten hat sogar noch zugenommen.

So wie Worte die historische und politische Entwicklung mitprägen können, so können Worte auch Produkte und Marken förmlich mit Leben füllen. Hier sind es Sätze wie »Just do it«, »Ich bin doch nicht blöd« oder »Und läuft. Und läuft. Und läuft«. Ohne die zugehörigen Herstellernamen genannt zu haben, wissen Sie wahrscheinlich sofort bei mindestens einem dieser Slogans, um welche Marken und um welches Unternehmen es sich dabei handelt.

Aber was meinen wir mit Sprache und Kommunikation? Was ist der Unterschied? Lassen Sie uns die Begriffe kurz definieren.

1.1.1 Sprache

Unter Sprache versteht man in der Wissenschaft ein komplexes System aus Zeichen und Lauten zum Zweck der Kommunikation. Sprachen sind dabei sowohl natürliche Sprachen (wie z. B. Deutsch oder Englisch) aber auch künstliche Sprachen (wie z. B. Programmiersprachen). Im weitesten Sinne gehören auch Systeme wie die Gebärdensprache, künstliche Plansprachen wie Esperanto und selbst Geheimsprachen wie der Ceasar-Chiffre zu den Sprachen. Das Konzept Sprache besteht dabei aus:

- Zeichen: Buchstaben, Zahlen und Satzeichen.
- Wörtern: Zeichen, die in Kombinationen eine Bedeutung ergeben.
- Sätzen: Wörter, die in Kombination eine Bedeutung ergeben.
- Grammatik: Regeln wie Wörter und Sätze gebildet werden.
- Semantik: Regeln wie Bedeutung den Sinneinheiten zugeschrieben wird.
- Pragmatik: Regeln wie mit Sprache Kommunikationsziele erreicht werden.

Wir beschäftigen uns in diesem Buch nicht mit einem wissenschaftlichen Ansatz zur Sprache. Wenn wir von Sprache sprechen, dann immer in einem ganz praktischen Sinn: Sie ist für uns das Mittel, das Sie in der Unternehmenskommunikation nutzen, um mit Ihren Zielgruppen zu kommunizieren. Vor allem die geschriebene Sprache ist der Bereich, den wir in diesem Buch behandeln. Wir betrachten Sprache dabei als Werkzeug und wollen Ihnen in diesem Buch aufzeigen, wie Sie dieses Werkzeug am besten einsetzen, um verständlich, modern und authentisch mit Ihren Zielgruppen zu kommunizieren.

1.1.2 Kommunikation

In der Kommunikationswissenschaft wird Kommunikation als Prozess der Übertragung von Nachrichten über einen Kanal zwischen einem Sender und einem oder mehreren Empfängern verstanden. Kommunikation kann dabei immer Störungen unterliegen. Eine solche Störung im Kommunikationsprozess kann beispielsweise ein Rauschen in der Leitung sein. Aber auch eine unverständliche Kommunikation kann eine Störung in der Kommunikation darstellen. Im vorliegenden Buch sind Sie der Sender und Ihre Zielgruppen – vor allem Ihre Kunden – die Empfänger. Dabei wollen wir uns insbesondere mit Unverständlichkeit als Störung im Kommunikationsprozess beschäftigen.

Wichtig an dieser Definition von Kommunikation ist, dass

- es mehrere Empfänger gibt. Für Sie als Unternehmen ist das nicht nur eine technische Herausforderung, sondern vor allem eine inhaltliche. Wie können Sie Ihre Kommunikation inhaltlich so gestalten, dass Sie einen möglichst breiten Empfänger- oder Kundenkreis erreichen?
- Verständigung immer ein Ziel von Kommunikation ist. Kommunikation funktioniert nur dann, wenn der Empfänger versteht, was Sie mitteilen. Genau darum geht es in diesem Buch: Wir wollen Ihnen aufzeigen, wie Sie größtmögliche Verständigung und somit Wirkung in Ihrer Unternehmenskommunikation erreichen.

- Kommunikation ein Prozess ist. Dies ist vor allem in der Unternehmenskommunikation ein wichtiger Faktor. Wir zeigen Ihnen im 2. Teil des Buches auf, wie komplex die Kommunikationsprozesse allein in Ihrem Unternehmen sind und wie Sie diese Herausforderungen meistern können.

Kommunikation wird in verschiedene Bereiche unterteilt. So unterscheidet man beispielsweise zwischen Massenkommunikation (z. B. Medien) und Individualkommunikation (z. B. Brief, Telefonat). Es gibt synchrone Kommunikation (gleichzeitig wie bei einem Telefonat) und asynchrone Kommunikation (zeitversetzt wie bei einer E-Mail). Es gibt einseitige Kommunikation (nur vom Sender zum Empfänger wie bei der Zeitung) und wechselseitige Kommunikation (in beide Richtungen wie beim Chat). Innerhalb Ihres Unternehmens können Sie noch zwischen interner Kommunikation (z. B. Dienstanweisungen) und externer Kommunikation (z. B. Mailing) differenzieren.

Sie haben es in Ihrem Unternehmen mit allen Formen der Kommunikation zu tun. Ein Telefonat mit der Hotline ist für Ihren Kunden synchrone, wechselseitige Individualkommunikation. Ein Massenmailing an Ihre Kunden ist eine einseitige, asynchrone Massenkommunikation.

Das vorliegende Buch soll nun aber nicht das x-te Buch zur Definition von Kommunikation werden. Daher werden wir im Verlauf des Buches Kommunikation immer rein praktisch und weniger wissenschaftlich betrachten. Wir verstehen in diesem Zusammenhang Kommunikation als die Übertragung von Informationen von Unternehmen zu den Zielgruppen über diverse Kommunikationskanäle und -medien.

1.2 Worte haben die Macht, Ihr Unternehmen zu verändern

Die Art und Weise, in der Unternehmen mit Kunden, Mitbewerbern, Lieferanten, Share- und Stakeholdern, mit Mitarbeitern, Politikern, Medien und der Öffentlichkeit kommunizieren, bleibt nicht ohne Wirkung. Das Schöne daran: Sie haben es in der Hand. Sie bestimmen, wie Sie verstanden und wahrgenommen werden (wollen). Sie steuern damit ganz direkt auch den Erfolg Ihres Unternehmens. Dabei gilt: Eine auf den Kunden und das Selbstverständnis des Unternehmens zugeschnittene Sprache ist ein wirksames Rezept für erfolgreiche Unternehmenskommunikation. Und erfolgreiche Unternehmenskommunikation ist wiederum der Grundstein für ein erfolgreiches Unternehmen. Unternehmen kommunizieren heute immer mehr und immer schneller – auf immer mehr Kanälen und mit immer mehr Menschen. Sprache wird dabei zum wichtigsten Vehikel, um Inhalte zu transportieren. Hinzukommt, dass der Wettbewerb der Zukunft immer weniger über Produkte und Dienstleistungen, sondern immer stärker über Service und Kommunikation geführt werden wird.

Die Bedeutung der Sprache als Erfolgsfaktor eines Unternehmens wächst daher stetig. Dennoch wird Sprache nach wie vor unterschätzt und nur wenige Unternehmen haben bisher eine tragfähige Strategie für eine eigene Unternehmenssprache – die Corporate Language. Kommunikation wird heute in vielen Unternehmen auf verschiedenen

Ebenen gesteuert. Um die Effizienz der Kommunikation sicherzustellen, werden Textbausteine genutzt. Um Einheitlichkeit sicherzustellen, regeln viele Unternehmen die Schreibweisen von Produkten und Bezeichnungen. Bei der Gestaltung von Briefen richtet man sich nach der DIN-Norm, um einheitlich zu wirken. Und um die Kundenzufriedenheit zu gewährleisten, wird festgelegt, wie schnell auf Beschwerden, E-Mails und Service-Anfragen reagiert werden soll. Maßnahmen wie diese werden heute in Unternehmen unter Corporate Language verstanden. Wir wollen Ihnen mit diesem Buch einen neuen, weiterführenden Ansatz zu Corporate Language vermitteln, der über Schreibweisen oder DIN-Normen hinausgeht.

Während beim Corporate Design jeder Mitarbeiter die Bedeutung versteht, ist dies bei der Corporate Language oft nicht der Fall. Beim Corporate Design etwa muss Mitarbeitern nicht erst klargemacht werden, dass das Unternehmenslogo immer in derselben Farbe und Form an derselben Stelle zu stehen hat. Auch wird kein Mitarbeiter auf die Idee kommen, das Unternehmenslogo in seiner persönlichen Lieblingsfarbe und nach Tageslaune zu gestalten – auch dann nicht, wenn er Hobby-Grafiker ist und sich mit Photoshop auskennt. Designvorgaben werden grundsätzlich respektiert und eingehalten.

Bei der Sprache ist dies anders. Hier haben Mitarbeiter häufig sehr große Freiheiten, Sprache so einzusetzen, wie es ihrem jeweiligen Geschmack und ihren sprachlichen Möglichkeiten entspricht. Ein umfassendes und praxistaugliches Konzept gibt es (noch) zu selten. Dabei ist die Corporate Language für die Wahrnehmung eines Unternehmens und die Wirkungsstärke der Kommunikationsmaßnahmen mindestens so wichtig wie das Corporate Design. Eines ist jedenfalls klar: Bei Sprache sollten Sie nicht von der Tagesform Ihres Mitarbeiters abhängig sein. Sprache muss nach außen immer die gleiche Qualität haben. In Briefen, E-Mails, Werbematerialien, Vertragsunterlagen, Webtexten, Pressemitteilungen und Geschäftsberichten.

Für den Erfolg der Unternehmenssprache und damit auch für die Corporate Language ist ein zentrales Thema von großer Bedeutung: die Verständlichkeit. Betrachtet man das Konzept der Corporate Language vor allem aus der Kundenperspektive, ist die Verständlichkeit eine wichtige, wenn nicht gar die wichtigste aller Eigenschaften der Kommunikation. Das wird auch in der Praxis immer deutlicher sichtbar. Seit einigen Jahren lässt sich ein neuer Trend erkennen: Unternehmen entwickeln Strategien, um verständlich und höflich mit ihren Kunden zu kommunizieren. Hierfür gibt es eine ganze Reihe von (guten) Gründen.

Das vorliegende Buch wird sich daher detailliert mit den eng verzahnten Themen Verständlichkeit und Corporate Language beschäftigen. Warum sind diese Eigenschaften der Kommunikation notwendig, was gehört dazu und wie etabliert man eine erfolgreiche, verständliche und kontrollierbare Corporate Language im Unternehmen? Und was sind die Stolpersteine auf dem Weg zur perfekten Sprache für Ihr Unternehmen? Diese Fragen beantwortet dieses Buch.

2   Verständlichkeit

Man muss denken wie die Wenigsten und reden wie die Meisten.
  Arthur Schopenhauer

Der Begriff Verständlichkeit ist alles andere als einfach verständlich – schon allein deshalb, weil er von unterschiedlichen Personen ganz unterschiedlich verwendet wird. Es gibt eine Reihe von Begriffsdefinitionen, die ihrerseits auf unterschiedlichen Sichtweisen und Interpretationen basieren. Der Verständlichkeitsforscher Hans Messelken etwa beschreibt dies anschaulich: Im Marketing bedeutet verständlich etwa *eingängig*. Im juristischen Bereich ist damit normativ gültig, also *unmissverständlich* gemeint. Politiker bezeichnen damit wiederum Meinungen und Wörter, die *geläufig* oder *weit verbreitet* sind. Für den Lehrer bedeutet es, dass Schüler *etwas einfach behalten* können. Ingenieure verstehen darunter die *gute Anwendbarkeit* einer (technischen) Dokumentation.[1]

An diesen Beispielen erkennt man, dass der Begriff Verständlichkeit in verschiedenen Bereichen ganz unterschiedlich verwendet wird. Zudem wird in der Diskussion um Verständlichkeit nicht immer klar unterschieden zwischen Verstehen, Lernen und Behalten. Eine Definition von Verständlichkeit muss zum einen den Prozess beschreiben und zum anderen verschiedene Variablen dieses Prozesses berücksichtigen. Eine der neueren Definitionen, die genau das tut, stammt von Jan Kercher und lautet:

> »Verständlichkeit kann (…) als Oberbegriff für alle Merkmale eines Kommunikationsprozesses angesehen werden, die das Verständnis einer Mitteilung beim jeweiligen Rezipienten beeinflussen. Hierzu zählen demnach Merkmale des Kommunikators, der Mitteilung, des Übertragungskanals, sowie des Rezipienten selbst und zwar immer in der jeweils spezifischen Kommunikationssituation.«[2]

Verständlichkeit ist also nicht nur eine Eigenschaft eines Textes oder einer Mitteilung, sondern wird auch von weiteren wichtigen Faktoren beeinflusst. So ist beispielsweise aus

---

1 Vgl. Hans Messelken (1996): Computerunterstützte Analysen textsortenspezifischer Lexika: Ein Beitrag zur Verstehbarkeit von Fachtexten. In: Hartwig Kalverkämper, Klaus-Dieter Baumann (Hrsg.): Fachliche Textsorten: Komponenten – Relationen – Strategien. Tübingen: Narr, S. 193-235.
2 Jan Kercher (2013): Verstehen und Verständlichkeit von Politikersprache. Verbale Bedeutungsvermittlung zwischen Politikern und Bürgern. Springer VS Wiesbaden 2013, S. 58.

der technischen Dokumentation bekannt, dass das Vorwissen des Lesers einen großen Einfluss auf die Verständlichkeit hat. Wer ein iPhone 6 hatte, kommt mit der Anleitung für das iPhone 7 schneller und einfacher klar als jemand der vorher kein Smartphone hatte. Neben Vorwissen spielen aber auch Interesse und Motivation auf Seiten des Rezipienten eine entscheidende Rolle. Denn erst, wenn Empfänger oder Leser einen Nutzen erkennen, sind sie bereit, sich mit einem Thema eingehender zu beschäftigen.

Verständlichkeit ist also eine relative, von bestimmten Rahmenbedingungen abhängige Eigenschaft eines Textes. Sie hängt davon ab, wer mit wem, wann, über welchen Kanal und mit welchem Inhalt kommuniziert. Dies bedeutet, dass der Inhalt eines Schreibens für unterschiedliche Personen mehr oder weniger verständlich sein kann. Dies stellt – wie noch zu zeigen sein wird – eine ganz besondere Herausforderung bei der Umsetzung innerhalb eines Unternehmens dar.

Wichtig ist an dieser Stelle aber auch eine Einschränkung: Auch wenn Sie Ihre Nachricht »maximal verständlich« gestalten, ist dies noch keine Garantie, dass auch alle Leser Ihre Nachricht richtig, vollständig und so wie von Ihnen beabsichtigt verstehen. Denn es gibt im Kommunikationsprozess einige Punkte, auf die Sie schlicht keinen Einfluss haben. Beispielsweise in welcher Situation Ihr Leser einen Brief liest. Ist er tiefenentspannt und sitzt mit einem Latte Macchiato bei Sonnenschein und Vogelgezwitscher auf der Terrasse und hat Zeit und Muße, sich mit Ihrem Anliegen zu beschäftigen? Oder liest er Ihren Brief nach einem langen Arbeitstag zwischen Tür und Angel während das quengelnde Kleinkind am Hosenbein hängt? Sie können nicht beeinflussen, wie und wann der Empfänger sich mit Ihrer Nachricht auseinandersetzt.

Hinzukommt, dass komplexe Inhalte nur zu einem gewissen Grad über die Sprache vereinfacht werden können. Ein komplexer finanzmathematischer Vorgang ist ein komplexer finanzmathematischer Vorgang. Man wird daraus keine Mathematik auf Grundschulniveau zaubern können. Die Inhalte selbst können mit Hilfe der Sprache nicht einfacher gemacht werden, nur die Vermittlung der Inhalte kann beeinflusst werden. Daher werden Sie es auch nicht immer schaffen, dass jedermann die Inhalte versteht. Ihr Ziel muss daher sein, dass möglichst viele Ihrer Empfänger die Inhalte verstehen. Wie Sie das auf einfache und sichere Art erreichen können, werden wird im Lauf des Buches aufzeigen.

2.1 Was verstehen wir unter Verständlichkeit?

Was also verstehen wir unter Verständlichkeit? Und was bedeutet Verständlichkeit für Sie im Unternehmen? Wir empfehlen Ihnen zu dieser Frage einen pragmatischen Ansatz jenseits aller wissenschaftlichen Theorien. Wir empfehlen Ihnen einen Ansatz, den Sie auch Ihren Mitarbeitern leicht vermitteln können. Einen Ansatz, den Sie mit einfachen Regeln erreichen können.

Dabei gilt in erster Linie: Verständlichkeit ist das, was der Kunde versteht. Oder besser, dass was die meisten Kunden verstehen. Denn es wird immer die Kunden geben, die auch einfachste Dinge nicht verstehen können, und Kunden, die einfachste Dinge nicht verstehen wollen. Allen werden Sie es also nicht recht machen können. Das ist wie im richtigen Leben auch.

Daher bedeutet Verständlichkeit in erster Linie:

- Sie verschleiern nichts und kommunizieren offen und transparent.
- Sie verwenden keine unnötige Fachsprache, die Kunden nicht kennen.
- Sie verwirren Ihren Kunden nicht mit Dingen, die er nicht wissen will.
- Sie kommen auf den Punkt und formulieren einfach, konkret und präzise.
- Sie schreiben in einem modernen, alltagstauglichen Sprachstil.

Das sind aus unserer Sicht die Punkte, die Kommunikation erfüllen muss, um in unserem Sinne verständlich zu sein. Mehr ist es eigentlich nicht. Und obwohl wir ein solch einfaches Modell von Verständlichkeit zu Grunde legen, müssen wir zugeben, dass es sehr schwer ist, im Unternehmen auch Verständlichkeit in diesem Sinne zu erreichen. Denn: Verständlichkeit ist ein Konzept der Einfachheit, aber noch lange kein einfaches Konzept. Warum die Mühe dennoch lohnt? Auf diese Frage gibt es erstaunlich viele Antworten. Wir stellen Ihnen die wichtigsten vor.

2.2 Warum verständliche Unternehmenskommunikation?

Kommunikationstrainer werden in Workshops oft gefragt, ob Verständlichkeit ein Luxus oder eine Pflicht ist. Wir sehen das so: Verständlichkeit ist weder Luxus noch Pflicht, sondern eine Grundvoraussetzung für erfolgreiche Kommunikation!

Verständlichkeit ist eine »sehr effiziente Strategie für eine wirkungsstarke Unternehmenskommunikation« und sollte die Grundlage Ihrer gesamten Kommunikationsmaßnahmen sein, nicht das »Sahnehäubchen« oder ein »von oben befohlenes Diktat«. Verständlichkeit hat direkte Auswirkungen darauf, wie ein Unternehmen und dessen Produkte wahrgenommen werden. Verständlichkeit hat direkte Auswirkungen darauf, wie Ihr Kunde Sie als Gesprächs- und Geschäftspartner erlebt, wie er sich angesprochen und behandelt fühlt und – dies ist heute fast noch wichtiger – welche Wertschätzung er dabei erfährt (oder zu erfahren glaubt). Deshalb entscheidet Verständlichkeit letztlich darüber, ob Kunden Ihre Produkte und Dienstleistungen heute und in Zukunft kaufen.

Warum also ist Verständlichkeit so wichtig? Und warum wird Verständlichkeit in Zukunft noch wichtiger für Ihr Unternehmen? Dafür möchten wir Ihnen gerne ein paar Argumente an die Hand geben für den Fall, dass Sie in Ihrem Unternehmen noch Überzeugungsarbeit leisten müssen.

2.2.1 Eine komplexe Welt

Die Welt verändert sich jeden Tag ein kleines Stück – diese Aussage ist Gemeinplatz und persönliche Erfahrung eines jeden zugleich. Und die Welt wird nicht unbedingt immer einfacher. Nehmen wir z. B. einen Videorekorder aus den 1970er Jahren. Das Gerät verfügte im Normalfall über 7 Funktionen: Start, Stopp, Pause, Forward (Vorwärts spulen), Rewind (Rückwärts spulen), Record (Aufzeichnen) und Eject (Auswerfen der Videokassette). Nehmen Sie im Gegensatz dazu einen aktuellen Blu-Ray-High-Definition-Wireless-Connected-UltraHD-fähigen Festplattenrekorder von heute. Das wird es mit den 7 Funktionen schwer: Heute finden sich allein auf dem Gerät 28 Knöpfe und am hinteren Teil 46 Anschlussbuchsen, damit Sie den Festplattenrekorder mit Ihrer Dolby-Surround-Anlage, dem Netzwerk, dem Bluetooth-Fernseher, den Spielekonsolen, dem Laptop, der Smart-Home-Steuerung und dem iPad verbinden können. Allein um die Fernbedienung zu verstehen, müssen manche schon einen Volkshochschulkurs besuchen. Und übermorgen wird diese Technologie schon wieder überholt sein. Analog zu den immer schnelleren Innovationszyklen mit immer komplexeren Produkten als Ergebnis, muss die Produktkommunikation immer einfacher werden.

Aber nicht nur immer schnellere technische Innovationszyklen tragen zur Komplexität des Alltags bei. Immer mehr und immer neue Informations- und Kommunikationskanäle führen zu einer Zunahme an Information. An einem normalen Tag nehmen wir etwa 5-7.000 Werbebotschaften wahr. Wahrnehmen ist hier jedoch ein missverständlicher Begriff. Wir werden, um es präziser zu formulieren, mit diesen 5-7.000 Botschaften konfrontiert, filtern aber die meisten unbewusst aus. Die schiere Menge an Botschaften macht deutlich, dass es vermutlich einiger Mühen bedarf, um die Aufmerksamkeitsschwelle des Einzelnen zu überwinden.

Wir haben nämlich nur eine begrenzte Aufnahmekapazität. Diese ohnehin schon begrenzte Aufnahmekapazität wird immer stärker von der Welt um uns herum gefordert. Für die Wahrnehmung einer Botschaft sind mehrere Faktoren ausschlaggebend, wie beispielsweise der Absender, die Motivation des Empfängers, visuelle Elemente und das Thema selbst – aber, und das ist entscheidend, vor allem, ob die Information für den Empfänger überhaupt verständlich ist.

Unsere Welt verändert sich auch in einer weiteren Hinsicht, durch zunehmende Internationalisierung. Dieser Faktor hat eine äußere und innere Dimension. Zum einen hat sich durch die Globalisierung unsere Gesellschaft nach außen geöffnet. Märkte, Unternehmen und Produkte sind heute international, von der Produktion bis zum Absatz. Aber auch nach innen erfährt unsere Gesellschaft eine Veränderung: durch Migration. Diesen Faktor dürfen wir als Gesellschaft nicht ignorieren. Die Zuwanderungszahlen sind seit 2015 auf Rekordniveau – Tendenz steigend. Und da die Wirtschaft dringend Fachkräfte benötigt, wird dieser gesellschaftliche Wandlungsprozess uns mit Sicherheit die nächsten Jahrzehnte begleiten. Gerade für Menschen, die Deutsch als Fremdsprache lernen und in unseren Unternehmen arbeiten, an unserem Alltag partizipieren und unsere Gesellschaft mitgestalten wollen, ist es noch wichtiger, dass Informationen verständlich vermittelt werden. Damit auch Menschen mit (anfangs) geringeren Sprachkenntnissen wenigstens eine faire Chance haben, die Informationen zu verstehen.

In diesem Zusammenhang gilt es, ein Vorurteil auszuräumen: Verständlichkeit trage zur »Verdummung der Gesellschaft« bei. Indem man Briefe, Informationen oder Formulare einfacher mache, befassten sich die Menschen nicht mehr tiefgehend mit den Informationen und würden dadurch »verdummen«. Im Sinn der »öffentlichen Kommunikation« (Unternehmenskommunikation, Behördenkommunikation, politische Kommunikation) ist dies nicht nur falsch, sondern verkehrt auch den wahren

Zusammenhang: Wissen kann sich nur verbreiten, wenn es sprachlich zugänglich formuliert und verständlich ist. Verständlichkeit erhöht die Zugänglichkeit zu Wissen für einen größeren Empfängerkreis.

Es ist außerdem auch nicht die Aufgabe von Unternehmen, Kunden intellektuell zu »bilden«. Unternehmen erfüllen keinen Bildungsauftrag. Unabhängig vom politischen System und der Wirtschaftsform wollen Unternehmen überall auf der Welt vor allem eins: Ihre Erzeugnisse, also Produkte, Dienstleistungen, Wissen oder Daten verkaufen. Es ist also nicht Aufgabe der Unternehmen, zur literarischen Bildung durch komplexe Dokumente beizutragen. Ihre Mitarbeiter sollen keinen Pulitzer-Preis gewinnen. Ihre Dokumente sollen einfach nur funktionieren. Und das tun sie am besten, wenn sie einfach und verständlich sind. Die Welt wird in vielerlei Hinsicht immer komplexer – und somit verständliche und einfach Kommunikation für Unternehmen immer wichtiger.

2.2.2 Der Kunde 2.0

Jahrzehntelang haben Unternehmen und Behörden mit Kunden von oben nach unten kommuniziert. Man denke nur an Verwaltungsbehörden, an Banken und Versicherungen oder an Stromanbieter und Telekommunikationsunternehmen vor der Marktliberalisierung. Gerade in diesen Bereichen sind Sprache und Kommunikation auch heute noch oft von einem Stil durchdrungen, der gelegentlich herrschaftlich anmutet, mit Floskeln gespickt ist (»Wie Sie sicherlich wissen«), verstaubte Begrifflichkeiten (Telefax, Hochachtung, Liquidation etc.) und Fachchinesisch (»Ihrer Antwort in Textform sehen wir entgegen«) enthält.

Doch die Kommunikation mit dem Bürger und Kunden im 21. Jahrhundert erfordert, dass man auf Augenhöhe miteinander spricht. Dass man sich Wertschätzung entgegenbringt. Und, dass man auch kritische Sachverhalte in einer klaren, transparenten und höflichen Sprache formuliert. Dies betrifft nicht nur die Krisenkommunikation, sondern auch allerlei unangenehme Themen wie Preis- oder Gebührenerhöhungen. Auch Ablehnungen oder negative Bescheide sollten in Klartext statt in Fachchinesisch verfasst sein.

Der notwendige Wandel in der Kundenkommunikation hängt eng mit dem modernen Kundenleitbild zusammen. Der »Kunde 2.0« hat andere Ansprüche und andere Erwartungen als frühere Kundengenerationen. Der Kunde von heute ist selbstbewusst und legt Wert auf Qualität. Man könnte vom »mündigen« Kunden sprechen. Das liegt nicht zuletzt an den veränderten Informations- und Kommunikationsmöglichkeiten. Verließ man sich vor noch nicht allzu langer Zeit vertrauensvoll auf seinen Bankberater oder Versicherungsvertreter, auf den Verkäufer oder den Fachmann als verlässliche Informationsquelle, ist das heute anders. Heute können sich Kunden alle relevanten Informationen leicht im Internet beschaffen. Ob zu Autos, Turnschuhen, Handyverträgen, Strompreisen, Versicherungen, Konten, Anlageprodukten, Druckern, Müslis, Weinen, Küchen oder Kachelöfen – zu allem finden Sie heute Informationen im Internet. Gerade bei immateriellen Produkten und Dienstleistungen, bei denen es um Verträge geht, haben Kunden heute dank der Vergleichsportale die Möglichkeit, Inhalte, Risiken und Kosten von Verträgen direkt zu vergleichen. Vergleichsportale boomen und sind in vielen Branchen schon zu einer der wichtigsten Informationsquellen und zu einem relevanten Wettbewerbsfaktor geworden.

Daher ist es wichtig, dass sowohl die Produktbeschreibungen als auch die Vertragsunterlagen einfach und verständlich gefasst sind. Denn wenn ein Kunde Inhalte nicht versteht, dann liegt oft der Gedanke nahe, dass der Anbieter etwas zu verbergen hat. Transparenz zeigt sich in der Sprache. Einfache, klare, übersichtliche und verständliche Informationen geben dem Kunden ein Gefühl von Transparenz. Dies kann ein entscheidender Wettbewerbsfaktor sein, gerade bei Vergleichsportalen oder anderen Online-Informationsquellen.

Aber auch über die Verständlichkeit hinaus ist die Sprache eines Unternehmens entscheidend für die Kundenbindung. Eine der Marke und dem Unternehmen angepasste Sprache sorgt für Identifikation und Wiedererkennung. Das beginnt bei der Ansprache der Kunden, wie z. B. das konsequent verwendete »Du« bei IKEA, und hört bei der Tonalität im Beschwerde- und Forderungsmanagement auf. Sprache hat die Aufgabe, eine Bindung zum Kunden herzustellen und zu festigen. Eine Corporate Language regelt nicht nur die Verständlichkeit, sondern im besten Fall auch die vielen weiteren Eigenschaften der Unternehmenssprache. Im Mittelpunkt steht immer der Kunde, der Bürger oder die Öffentlichkeit. Und dies sollte sich auch in der Sprache widerspiegeln. Denn mit der Sprache zeigen Sie, ob Sie auf Augenhöhe mit dem Kunden sind oder von oben nach unten mit ihm bzw. sogar nur über ihn kommunizieren.

Gerade auch der Umgang mit negativen Sachverhalten wie Ablehnungen oder Beschwerden ist entscheidend für die Kundenbindung und die Wahrnehmung Ihres Unternehmens. Daher werden wir diesen sensiblen Aspekt »positive Wortwahl« in Kapitel 5.1.2 ausführlich darlegen. Festhalten wollen wir an der Stelle: Ihr Kunde hat sich verändert. Er ist selbstbewusster geworden. Er stellt höhere Ansprüche an Sie und vor allem an Ihre Kommunikation.

2.2.3   Kosten sparen

Verständlichkeit spart Unternehmen Zeit und Geld. Unverständliche Kommunikation hingegen ist reine Ressourcenverschwendung. Experten gehen von einem jährlichen Schaden durch unverständlicher Texte in Höhe von einer Milliarde Euro aus.[3] Die tatsächliche Zahl liegt wohl deutlich höher. Trotzdem wird Unverständlichkeit als Kostenfaktor weiterhin stark unterschätzt. Oder schlimmer noch: Dieser Kostenfaktor ist überhaupt nicht bekannt. Das Controlling in Ihrem Unternehmen weiß genau wie viel Blatt Klopapier oder wie viele Kaffeebohnen verbraucht wurden. Das Controlling weiß genau, wie hoch die Heizkosten waren oder welcher finanzielle Schaden durch Krankheit der Mitarbeiter entstanden ist. Aber gibt es im Unternehmen auch Berechnungen wie viel unverständliche Kommunikation kostet?

---

3   Vgl. Matthias Dezes: Die Sprache der PR: Verständliche Kommunikation als Gradmesser für Erfolg, in: Christoph Moss (Hrsg.): Die Sprache der Wirtschaft, Wiesbaden 2009, S. 45.

Stellen Sie sich einmal folgende, ganz alltägliche Situation vor: Sie verschicken an alle Ihre Kunden ein Schreiben mit wichtigen Informationen, beispielsweise eine jährliche Abrechnung. Was passiert, wenn diese Abrechnung kompliziert geschrieben wurde und viele Kunden deshalb die Information nicht verstehen?

Dies soll ein Rechenbeispiel verdeutlichen: Ein Unternehmen sendet jährlich eine Standardabrechnung an 50.000 Empfänger. Wenn nur jeder 5. Empfänger Fragen zu der Rechnung hat und beim Unternehmen nachfragt, und jedes Gespräch im Schnitt 10 Minuten dauert, dann verbringen Ihre Mitarbeiter 833 Stunden mit Klärung offener Fragen – das entspricht mehr als 100 Arbeitstagen! Und das nur, um eine Information nochmals verständlicher zu vermitteln, wegen der die Abrechnungsbriefe überhaupt verschickt wurden. Dabei war das Ziel ursprünglich, den Empfänger mit wenig Aufwand zu informieren und gegebenenfalls zum Handeln im Sinne des Unternehmens zu motivieren, also etwa eine Zahlung vorzunehmen oder einen Tarif zu wechseln. Wohlgemerkt: Die Mehrzahl der Fragen taucht nur deshalb auf, weil Inhalte unverständlich und nicht in einer dem Kunden verständlichen Sprache formuliert sind. Selbst wenn die Mitarbeiter in der Zeit Blumen gießen oder den Schreibtisch aufräumen würden, wäre die Zeit sinnvoller investiert als in die Beantwortung unnötiger Fragen. Und stellen Sie sich einmal vor, was man mit dieser Summe an Arbeitstagen im Unternehmen produktiv bewegen könnte.

Wir halten fest: Das in dem Beispiel beschriebene Unternehmen, würde durch eine einfache Maßnahme, nämlich einer verständlichen Abrechnung, über 100 Arbeitstage einsparen. Wenn wir einen Arbeitstag mit 400 Euro kalkulieren, dann sparen Sie in diesem Fall durch eine verständlich formulierte Abrechnung über 40.000 Euro ein. Da sind die Kosten für die Optimierung der Abrechnung eine sehr gute Investition.

Zu dieser Einsparung kommt noch ein weiterer wichtiger Aspekt. Neben den Rückfragen, die direkte Kosten verursachen, entstehen noch indirekte Kosten:

- **Wiederaufnahme von Geschäftsfällen**: Wenn Sie Ihrem Kunden ein Schreiben schicken, das eine Reaktion von ihm erfordert (z. B. die Bitte um eine Bescheinigung), der Kunde aber nicht versteht, was Sie von ihm wollen, dann stehen die Chancen relativ schlecht, dass Ihr Kunde reagiert.

  Das hat eine uns allen bekannte Ursache: Man erhält ein komplexes, aber scheinbar wichtiges Schreiben. Weil es gerade nicht passt, wird das Schreiben auf die »Mach-ich-später-Ablage« gelegt. Schließlich möchte man das Schreiben später in Ruhe nochmal lesen. Das Problem dabei ist nur, dass auch später keiner von uns dafür wirklich Zeit hat. Also wird der Stapel immer größer. Manche Dinge erledigen sich dadurch von alleine. Aber leider nicht alles. Und so muss einer Ihrer Mitarbeiter den Geschäftsvorfall nochmals aufnehmen. Das bedeutet: Erneut Arbeitszeit, um die Erinnerung zu schreiben, nochmals Papierkosten, nochmals Druckkosten, nochmals Portokosten.

- **Längere Zahlungszeiten bei Rechnungen**: Wenn Kunden nicht verstehen, wofür sie zahlen sollen, sinkt auch die Bereitschaft dafür oft rapide. Die Rechnung wird möglicherweise nicht sofort beglichen. So kommt dann der typische Prozess des Inkasso-/Forderungsmanagements in Gang: Zahlungserinnerung, 1. Mahnung usw.

Die British Telecom hat ein sehr interessantes Projekt durchgeführt, um die Wirkung von verständlichen Rechnungen zu testen. Jährlich erhielt das Unternehmen über 1 Million Anrufe mit Fragen zur Rechnung. Durch eine Neugestaltung der Rechnungstexte, u. a. durch verständliche Sprache, konnten nicht nur die Anrufe um 25 % reduziert werden (250.000 Anrufe!), sondern auch die Zahlungszeiten deutlich verkürzt werden. Dieses Beispiel zeigt: Kunden, die verstehen, was Sie von ihnen wollen, handeln und zahlen schneller. Auch diese Effekte verständlicher Kommunikation wirken sich positiv, aber oft unbemerkt auf Ihre Bilanz aus. Vor allem dann, wenn die Dokumente unverständlich sind.

Daher sind Ausgaben für eine verständliche und optimal auf Ihre Zielgruppen angepasste Sprache zugleich Investitionen mit hohem Return-on-Investment. Anders gesagt: Ausgaben für Kommunikation, die ihre intendierte Wirkung verfehlen, sind reine Geldverschwendung. Nehmen wir das Beispiel British Telecom. Durch eine verständliche Sprache wurden 250.000 Anrufe eingespart. Wenn jeder Anruf nur 10 Minuten gedauert hätte, sprechen wir insgesamt von 2,5 Millionen Minuten. Das sind etwa 41.667 Stunden oder 5.208 Arbeitstage. Wenn wir nun einen Arbeitstag intern mit 400 Euro berechnen, dann reden wir von jährlich über 2 Millionen Euro, die eingespart wurden (dazu kommen noch Ersparnisse aus der Vermeidung der Wiederaufnahmen von Geschäftsvorfällen und mögliche Zinsgewinne durch rechtzeitigen Zahlungseingang). Wenn man bedenkt, dass die Überarbeitung einer Abrechnung vielleicht 1.000 oder 2.000 Euro kostet, dann ist klar: Verständlichkeit lohnt sich. Denn, wo kann mit einer Investition in Höhe von 2.000 Euro jährlich über 2 Millionen Euro eingespart werden?

2.2.4 Unterschätzter Umsatzfaktor

Von Warren Buffet, dem berühmten Finanzinvestor, stammt die sinngemäße Aussage: *Kaufe nie etwas, das Du nicht verstehst.* Dieses Leitprinzip für Finanzanlagen lässt sich eins zu eins auf jedes andere Produkt übertragen. Und so ist die Wahrscheinlichkeit, dass ein Verbraucher ein Produkt kauft, bei dem er den Nutzen und die Vorteile nicht versteht, denkbar gering. Das bedeutet also für Unternehmen, dass sie ihre Produkte und Leistungen in einer Form darstellen müssen, die den Nutzen und die Vorteile klar formulieren und kommunizieren. Das funktioniert natürlich auf verschiedenen Ebenen. Eine davon ist die Sprache.

Und so wird Sprache zu einem Instrument, das neben der Vermeidung unnötiger Kosten, auch die Steigerung des Umsatzes unterstützen kann. Ein Beispiel aus unserer alltäglichen Praxis belegt dies eindrucksvoll mit konkreten Kennzahlen: Die Stadtwerke Krefeld haben in einem Versuch die Wirkung einer sprachlichen Überarbeitung von Kunden-Mailings getestet – und zwar auf das Kaufverhalten der Kunden hin (▶ Abb. 1 und 2).[4] Der Versuchsaufbau sah vor, dass zwei Kunden-Mailings auf Verständlichkeit

---

4 Vgl. Fallstudie H&H Communication Lab GmbH unter http://comlab-ulm.de/_downloads/¬ fallstudien/Fallstudie_SWKEnergie.pdf (Abruf: 28.3.2018).

und Kundennähe überarbeitet werden sollen. Hierbei handelte es sich um zwei für Energieversorger typische Mailings:

1. Kundenrückgewinnung: In einem Brief sollten ehemalige Kunden überzeugt werden, wieder zu den Stadtwerken Krefeld zurückzukommen – ein klassisches »Win-back-mailing« also.
2. Vertragsverlängerung: Meist sind Vertragslaufzeiten bei Energieversorger auf 12-24 Monate begrenzt. Um die Kunden von einer Vertragsverlängerung zu überzeugen, wurde ein entsprechender Brief aufgesetzt.

Die Mailings lagen jeweils in zwei Varianten vor: einmal im Original und einmal in einer überarbeiteten Fassung. Die Optimierung des Ausgangsschreibens hatte zum Ziel, die Verständlichkeit zu maximieren, die räumliche Nähe zum Kunden auch sprachlich umzusetzen und die Kunden zum Handeln zu motivieren. Bei der Optimierung wurden folgende Schwerpunkte gesetzt:

- Klare Sprache,
- positive Argumente,
- offener und transparenter Inhalt,
- (räumliche und persönliche) Nähe zum Kunden,
- einfache Handlungsanweisungen.

In den Abbildungen 1 und 2 sehen Sie die Briefe im Vorher-Nachher-Vergleich.

Der Versand der Briefe wurde gesplittet: Der Brief zur Kundenrückgewinnung wurde an insgesamt 14.000 Kunden geschickt. 7.000 Kunden erhielten den Originalbrief, die anderen 7.000 Kunden erhielten das überarbeitete Schreiben. Der Brief zur Vertragsverlängerung wurde an insgesamt 4.166 Kunden versandt und ebenfalls gesplittet. Durch eine Zuordnung der Briefe anhand eines unterschiedlichen Codes zu den Empfängern konnte genau festgestellt werden, welcher Brief zu einer Reaktion geführt hat.

Die Ergebnisse waren mehr als eindeutig: Beim Mailing zur Vertragsverlängerung erreicht das Ausgangsschreiben 9,4 Prozent Rückläufer. Beim optimierten Mailing lag der Rücklauf bei 16,2 Prozent. Insgesamt also 73 Prozent mehr Vertragsabschlüsse durch eine verständliche, auf die Kunden ausgerichtete Sprache. Beim Brief zur Kundenrückgewinnung lag der Rücklauf – gemessen an Vertragsabschlüssen – beim Originalbrief bei 1,9 Prozent und beim optimierten Schreiben bei 4,3 Prozent. Also auch hier: eine Steigerung um 123 Prozent!

Dieses Beispiel zeigt eindrucksvoll: Die Chance, dass Ihre Kunden im intendierten Sinne handeln, erhöht sich deutlich, wenn sie das Anliegen verstehen und sich auf Augenhöhe angesprochen fühlen.

Ist Ihr Energieanbieter noch so günstig wie gedacht?

Sehr geehrter Herr/Frau ....

der Bonus ist abgeschöpft und die Frei-kWh aufgebraucht. Vergleichen Sie doch mal, ob Ihr Energieanbieter nach Ablauf der befristeten Vergünstigungen noch günstiger ist oder zahlen Sie schon längst zu viel?

Als zuverlässiger Partner durften wir Sie bereits eine Zeit mit Energie versorgen und würden es gern wieder tun. Transparenz und unser TÜV-zertifizierter Kundenservice zählen zu unseren Stärken – zahlreiche Kunden vertrauen bereits auf die Kompetenz und die 150-jährige Erfahrung eines soliden Stadtwerks, das Sie über seine Stadtgrenzen hinaus mit preiswerter Energie versorgt! Aus diesem Grund möchten wir Sie einladen, sich unsere neue flexible Produktwelt anzuschauen: **meinDIREKT Strom für Privatkunden**

- **Neukundenbonus 70,00 Euro***
- **Wählbare Preisgarantie und Vertragslaufzeit**
- **Günstiger Grund und Verbrauchspreis**
- **Keine Vorkasse und keine Kaution**

- **SWK Service 0800 –24 25 100 (kostenfrei)**
- **Komfortabler Kundenservice über unser SWK Online-KundenCenter**

Über unseren Produktberater unter **www.swk.de/produktwelt** können Sie sich Ihr individuelles meinDIREKTProdukt flexibel zusammenstellen, Ihren voraussichtlichen Jahrespreis errechnen und Ihren Vertrag online abschließen. Geben Sie dazu im letzten Schritt des Vertragsabschlusses den untenstehenden Code in das Feld „Aktionscode" ein. Den Wechsel übernehmen wir für Sie. Wir freuen uns, Sie bald wieder begrüßen zu dürfen!

Freundliche Grüße

Ihre
SWK ENERGIE GmbH

* Die von uns gewährte Preisgarantie umfasst für den genannten Zeitraum den Energiepreis sowie Netznutzungsentgelte. Von der Preisgarantie ausgeschlossen sind daher gesetzlich vorgeschriebene Steuern, Abgaben und Umlagen.

Abb. 1: Werbebrief vor der Überarbeitung

Es ist an der Zeit für günstig und fair*

Sehr geehrter Herr/Frau…,

ist Ihr Strom immer noch günstiger oder lohnt sich schon der Wechsel?
Unser Tipp: Vergleichen Sie uns und profitieren Sie neben fairen Preisen auch
von der Sicherheit und Kompetenz Ihrer Stadtwerke Krefeld.

Gerne möchten wir Sie heute als Kunden zurückgewinnen und Sie wieder
verlässlich mit unserem Strom beliefern.

Mit meinDIREKT Strom bieten wir Ihnen günstigen und nachhaltigen Strom
mit der Bürgernähe und Erfahrung eines soliden Stadtwerks. Ihr Wechsel zu uns
ist einfach und attraktiv wie noch nie:

- Ein Wiedersehens-Bonus von 70 Euro für Sie.

- Garantiert günstige Preise: Wählen Sie eine Preisgarantie für 12 oder
  24 Monate. Damit erhalten Sie von uns den garantiert günstigen Preis
  für Strom und die Nutzung der Stromnetze. Steuern, Abgaben und Umlagen
  sind gesetzlich vorgeschrieben – selbst wir können den Preis dafür leider
  nicht garantieren.

- Alle Vorteile gelten auch für unseren Ökostrom aus 100% Wasserkraft.

- Ihr Wechsel zur SWK dauert nur ein paar Minuten und ist kostenlos.

- Holen Sie sich einfach Ihr Wunschangebot unter www.swk.de/produktwelt:
  Sie sehen mit einem Klick sofort Ihren voraussichtlichen Jahrespreis und
  können direkt online bestellen. Bitte auch den Aktionscode eingeben.
  Alles Weitere übernehmen wir für Sie.

**Wir sind auch persönlich für Sie da, mit unserem TÜV-geprüftem Kundenservice.
Bitte rufen Sie uns kostenlos an unter 0800 - 24 25 300. Bis bald!**

Freundliche Grüße

Ihre
SWK ENERGIE GmbH

***Fair heißt für uns:** Eine seriöse und menschliche Partnerschaft – ohne versteckte
Kosten, Fallstricke, Kaution oder Vorkasse. Kurzum: ein gutes Gefühl.

Abb. 2: Werbebrief nach der Überarbeitung

2.2.5   Imagepflege

Geld ist natürlich nicht alles. Auch Reputation stellt einen immer wichtigeren immateriellen Bestandteil des Unternehmenswerts dar. Besonders in Zeiten, in denen nicht
nur das Produkt selbst, sondern auch das Image der Marke oder des Unternehmens ein
Teil des Erfolges ist. Das gilt selbstredend für Life-Style-Produkte, aber eben auch für
Produkte, die alles andere als sexy sind.

Auch für Produkte wie Versicherungspolicen und Kapitalanlagen spielt das Image
eine entscheidende Rolle. Anders als bei Unternehmen wie Apple, Coca-Cola oder Red
Bull können solche Produkte jedoch nicht mit Coolness oder Emotion punkten, sie
kreieren kaum Erlebniswelten und verkörpern eher selten einen individuellen Lebensstil.
Hier geht es um Faktoren wie Vertrauen, Sicherheit und Verlässlichkeit. Auch wenn es
sich hier um weiche Faktoren handelt – für die »Vertrauensindustrie« sind sie eine harte
Währung mit einem hohen Wert.

Gerade im Prozess der Entstehung und Pflege des Images eines Unternehmens spielt
die Sprache eine entscheidende Rolle. Beginnend beim Namen und dem Slogan einer
Marke, über die Produktkommunikation bis hin zur Kundenansprache im Callcenter
und im Brief- und E-Mail-Schriftverkehr – überall wird die Wahrnehmung eines
Produkts oder einer Marke auch von der Sprache begleitet. Im besten Fall wird sie von
der Sprache unterstützt – im schlimmsten Fall wird sie durch die Sprache konterkariert.

Gerade bei Bank- und Versicherungsprodukten ist Verständlichkeit ein effektives
Mittel, um Transparenz und Nähe zum Kunden herzustellen. Durch eine klare Sprache
mit dem Kunden, die dessen Anliegen ernst nimmt und ernsthaft behandelt, entsteht
Vertrauen, das wiederum auf die Intensität und Dauer einer Geschäftsbeziehung
zurückwirkt. Kunden von Banken oder Versicherungsunternehmen werden nur solange
treue Kunden bleiben, wie sie sich wohlfühlen. Denn Finanz- und Versicherungspro-
dukte bestehen zunächst nur aus einem Text auf Papier: Versicherungsbedingungen,
Policen, Online-Texte und Briefe. Mehr Produkterlebnis bieten sie kaum. Bis zum
Eintritt eines Versicherungsfalls oder der Auszahlung eines Kapitalertrags leben diese
Produkte von Vertrauen.

Dieses Vertrauen entsteht durch eine offene und transparente Sprache. Die wiederum
mit Kosten verbunden ist. Unternehmen geben heute zwar viel Geld aus um Kunden zu
gewinnen. Aber oft wird zu wenig investiert, um Kunden durch die richtige Sprache zu
behalten. Denn gerade über Kommunikation und dem damit verbundenen Image
schafft man es, dass Kunden sich wohlfühlen – und damit auch langfristig Kunden
bleiben.

2.2.6   Rechtssicherheit auch in Zukunft

Jeder Versicherungskunde sollte seine Versicherungsbedingungen kennen. Zumindest
sollte er wissen, dass es sie gibt, irgendwo abgeheftet und weggelegt. Die wenigsten haben
sie gelesen. Und vom Verstehen wollen wir gar nicht erst anfangen. Denn die Sprache in
Vertragsbedingungen ist juristisch, schwer zu verstehen und abstrakt. Dies liegt daran,

dass in den Bedingungen die juristische Sicherheit der Formulierungen weit über Verständlichkeit für den Kunden angesiedelt ist. Dementsprechend sind dann die Formulierungen in solchen Bedingungen zwar juristisch wasserdicht, aber eben nicht verständlich. So zumindest in der bisher üblichen Praxis.

Auch bei Briefen oder anderen Unterlagen ist der Grundgedanke oft derselbe: Hauptsache das Ding ist juristisch wasserdicht – alles andere steht hinten an. Dass dadurch die Sprache für den Kunden oft völlig unverständlich ist, wird dabei billigend in Kauf genommen. Das gilt gewiss nicht nur für Versicherungsverträge. Allgemeine Geschäftsbedingungen, Formulare, Datenschutzbestimmungen oder Rechtshinweise wie »das Kleingedruckte« sind ähnliche Texte, die davon betroffen sind – in allen Branchen und Unternehmen.

Dass sich der Ansatz Rechtssicherheit über Verständlichkeit langsam aber stetig zu Gunsten der Verbraucher ändert, zeigt ein Urteil des Bundesgerichtshofs (BGH) vom März 2013 (BGH 08.05.2013 IV ZR 84/12). Geklagt hatte die Verbraucherzentrale Nordrhein-Westfalen gegen eine Klausel in den Bedingungen von Rechtsschutzversicherern. Denn viele Verbraucher hatten teilweise hohe Verluste erlitten, da sie im Vorfeld falsch oder unzureichend beraten wurden. Wer allerdings seine Rechtsschutzversicherung in Anspruch nehmen wollte, um gegen seinen Berater vorzugehen, erlebte eine zweite, unangenehme Überraschung. Denn viele Versicherer lehnten die Kostenübernahme wegen einer bestimmten Klausel ab, die sich auf die Kostenübernahme bezog. Konkret kritisierte das Gericht die Verwendung der Begriffe »Effektenklausel« und »Prospekthaftung«. Diese Begriffe seien für Laien und das sind die Kunden im Normalfall nicht verständlich:

> »[...] Die vorgenannten Klauseln [sind] wegen mangelnder Transparenz gemäß § 307 Abs. 1 Satz 2 BGB unwirksam [...], weil der durchschnittliche Versicherungsnehmer ihnen nicht hinreichend klar entnehmen kann, welche Geschäfte von dem Ausschluss erfasst sein sollen. Hierfür kommt es nur auf dessen Verständnis nach dem allgemeinen Sprachgebrauch des täglichen Lebens an, weil es sich weder bei ›Effekten‹ noch bei ›Grundsätzen der Prospekthaftung‹ um fest umrissene Begriffe der Rechtssprache handelt.«

Hinter dieser Entscheidung steckt Zündstoff – denn seit diesem Urteilsspruch sollten Bedingungen besser so verfasst sein, dass auch in Zukunft keine Möglichkeit besteht, dass ein Gericht ähnlich urteilt. Wer seine eigenen Geschäftsbedingungen kennt oder einmal sorgfältig durchforstet, wird zahlreiche Beispiele finden, bei denen das Gericht hätte ähnlich urteilen können. Verständlichkeit erhält im Kontext der Rechtssprache durch dieses Urteil eine ganz neue Bedeutung. Es wird in Zukunft nicht mehr allein darum gehen, einen Text rechtssicher (heute gleichbedeutend mit kompliziert formuliert) zu gestalten.

Zudem gibt es einen weiteren Mechanismus, der von Unternehmen heute schon beachtet werden sollte. So gibt es beispielsweise in der Pharma- und in der Finanzbranche seit einigen Jahren rechtliche Verpflichtungen, verständlich zu kommunizieren.

Diese Gesetze und die darin enthaltenen Regelungen, wie beispielsweise die MiFiD (»EU-Finanzmarktrichtlinie«) für die Finanzbranche, sind allerdings oft sehr »schwammig« formuliert. So fordert § 4 der MiFiD, dass Unterlagen für den Kunden verständlich sein müssen. Ohne zu definieren, welche Bedeutung Verständlichkeit im konkreten Fall zukommt, wie diese geprüft wird und vor allem, welche Anforderungen erfüllt sein müssen bzw. wie ein Nachweis der Verständlichkeit erbracht werden kann. Eine solche schwammige Formulierung ist auf der einen Seite sehr schnell gefunden, auf der anderen Seite können solche Formulierungen zukünftig gefährlich werden, denn die hochgradig unbestimmte Frage, was verständlich ist und was nicht, wird im schlimmsten Fall von den Einschätzungen eines Richters abhängen.

Ein weiteres spannendes Beispiel sind die Beipackzettel für Arzneimittel. Seit 2005 müssen Pharmahersteller Arzneimittel mit einem nachweislich auf Verständlichkeit geprüften Beipackzettel ausstatten, der Patienten in einer laiengerechten Sprache über die Art und Weise der Einnahme, Dosierung, Wirkung, Haltbarkeit und Zusammensetzung des Medikaments aufklärt. Im Vergleich zu den finanzwirtschaftlichen Vorgaben sind die Anforderungen bei Beipackzetteln weit präziser und verbindlicher gefasst. Von der Schriftgröße bis zu Formulierungshilfen werden hier genaue Angaben gemacht, z. B. in der »Guideline On The Readability Of The Labelling And Package Leaflet Of Medicinal Products For Human Use«.

Sie sind im Unternehmen tagtäglich mit Texten konfrontiert bei denen Rechtssicherheit eine wichtige Rolle spielt? Ob es AGB, Briefe oder Internettexte sind – beachten Sie, dass Verständlichkeit zunehmend ein Thema in der Rechtsprechung wird. Verständlichkeit wird zunehmend als Recht des Verbrauchers definiert. Durch verständliche Kommunikation sichern Sie sich also heute schon für morgen ab.

2.2.7   Differenzierung im Wettbewerb

Sprache ist ein sehr mächtiges Mittel zur Identifikation und Differenzierung von Marken und Unternehmen. Wir alle erkennen viele Marken schon am Logo, an ihrer Farbe, Form oder Platzierung. Aber welche Unternehmen erkennen wir im Moment an der Sprache? Gibt es schon heute Unternehmen, die sich über eine bestimmte Unternehmenssprache von Konkurrenten abgrenzen?

Ja, es gibt sie. Nehmen Sie beispielsweise das viel zitierte Beispiel IKEA. Sie erkennen das schwedische Einrichtungshaus in jedem Radiospot sofort am merkwürdigen Akzent, den wir für schwedisch halten und am in hiesigen Breiten zwar ungewohnten, in Skandinavien aber durchaus üblichen »Du« in der Kundenansprache. Wir würden einen Ikea-Spot allein an der Sprache erkennen, ohne dass der Markenname genannt werden müsste.

An diesem Beispiel zeigt sich, dass eine Unternehmenssprache schon durch kleine Maßnahmen eine sehr hohe Wiedererkennbarkeit schaffen kann, und dies über verschiedene Medienkanäle hinweg. Ist dies auch in anderen Branchen möglich? Die Antwort lautet ehrlicherweise ja und nein. Für eine Behörde ist es beispielsweise unmöglich, die Bürger mit »Du« anzusprechen. Zu Recht würde ein Großteil der Bürger dies als unhöflich empfinden. Das Duzen wirkt in diesem Zusammenhang abwertend und »von oben herab«. Insbesondere bei Banken und Versicherungen muss auch heute noch die Etikette gewahrt werden. Zwar stimmt es auch, dass mit zunehmender Verbreitung sozialer Medien die »versteinerte« Sprache konservativer Unternehmen mehr und mehr aufgebrochen werden kann. Trotzdem sehen sich Banken, Versicherungen & Co. mit anderen Ansprüchen, Voraussetzungen und Herausforderungen auf Kundenseite konfrontiert als IKEA.

Die Wiedererkennung von einer unternehmensspezifischen Sprache kann auch deutlich subtiler, vielschichtiger und dennoch wirkungsvoll erfolgen. Unternehmenssprache ist mehr als eine reine Werbestrategie. Unternehmenssprache beginnt bei der Stellenausschreibung, betrifft die Produktinformationen und hört nicht beim Antwortschreiben auf eine Beschwerde auf. Eine konsequent angewandte »Sprachstrategie« differenziert Unternehmen im Wettbewerb. Stellen Sie sich eine Versicherung vor, bei der Sie nicht nur das Werbeschreiben höflich und verständlich anspricht, sondern Sie verstehen auch alle Vertragsunterlagen, die Ihnen zugeschickt werden. Selbst die jährlichen Abrechnungen lassen keine Fragen offen und erklären eindeutig jeden einzelnen Posten. Würden Sie diesem Unternehmen nicht mehr vertrauen als einem Unternehmen, bei dem Sie die Verträge nicht verstehen und die Abrechnungen Ihnen vorkommen wie Prüfungsaufgaben im 6. Semester Integralmathematik?

Daher ist es wichtig, dass Ihre Sprache verständlich, nah am Kunden und ein Abbild Ihrer Unternehmensidentität ist – denn damit differenzieren Sie sich aus Kundensicht von Konkurrenten. So hat sich IKEA durch seine Sprache eine unverwechselbare Marke aufgebaut, die sehr eng mit der schwedischen Identität verknüpft ist. Wohingegen wir andere Möbelhäuser wie Roller oder XXL eher mit günstigen Möbeln assoziieren als mit einem Lifestyle. Und dies liegt rein an der Sprache, denn bei den Möbeln gibt es kaum Unterschiede. Nicht einmal im Preis.

Gerade in Zeiten, in denen die Kunden alle notwendigen Informationen wie Tarifbestimmungen, Produktbesonderheiten oder Verträge online recherchieren und vergleichen können, sollten Sie größten Wert auf eine auf Ihre Zielgruppe zugeschnittene, verständliche und für Ihr Unternehmen repräsentative Sprache legen. Sie benötigen dazu eine Strategie, wie Ihre Sprache unverwechselbar wird – dies behandeln wir an späterer Stelle, wenn wir uns mit der Corporate Language beschäftigen.

Eine wiedererkennbare Corporate Language differenziert Sie vom Wettbewerb. Wie Sie eine Strategie für Ihre Unternehmenssprache entwickeln und welche Maßnahmen Sie ergreifen können, erfahren Sie an späterer Stelle. Zunächst wenden wir unseren Blick nochmal auf die Verständlichkeit und stellen Ihnen die wichtigsten Regeln für eine verständliche Kommunikation in der Praxis vor.

3   Die goldenen Regeln der Verständlichkeit

Lassen Sie uns zunächst nochmals definieren, welche Bedeutung der Begriff Verständlichkeit hier haben soll: Es geht darum, einen Text sprachlich so einfach zu formulieren, dass eine möglichst breite Leserschaft den Inhalt versteht.

Verständlichkeit hängt, wie bereits erwähnt, von vielen Faktoren ab – Alter, Bildung, Interesse und vor allem Vorwissen. Auch müssen Sie unterschiedliche Kundentypen unterschiedlich ansprechen. Während der eine nackte Zahlen bevorzugt, möchte der andere in der Ansprache lieber emotional angesprochen werden. Ein Unternehmen kennt aber im Normalfall die Vorlieben und das Vorwissen der Kunden nicht. Es weiß häufig nicht oder nicht genau, welchen Typ der Kunde repräsentiert (ist er emotional, rational, zahlenfixiert oder vorteilsfixiert?). Daher gibt es nur eine Chance: Ihr Schreiben muss funktionieren, es muss verstanden werden, modern sein und möglichst viele Ihrer Kunden ansprechen.

Wie erreichen Sie dies – wie schreibt man verständlich? Ist verständliches Schreiben eine Sache des Talents, hat es mit dem subjektiven Sprachgefühl zu tun oder muss man dazu speziell ausgebildet werden? Talent und ein (geschultes) Sprachgefühl können sicherlich hilfreich sein, wenn es um die Formulierung von Texten geht. Allerdings sind sie keine Garanten für verständliche Texte. Vielmehr gibt es einige Regeln, die sich auf die formale Beschaffenheit auswirken, die Texte – sowohl bei geübten als auch für weniger geübten Schreibern – auf Verständlichkeit zu trimmen.

Folgende Tipps bilden die Grundlage der »**goldenen Regeln der Verständlichkeit**«:

- Formulieren Sie kurze Sätze!
- Bekannte Wörter sind besser als Fachbegriffe!
- Verwenden Sie kurze Wörter statt Komposita!
- Schreiben Sie aktiv statt passiv!
- Verbannen Sie den Nominalstil!
- Schreiben Sie konkret statt abstrakt!
- Sorgen Sie für klare Inhalte!
- Achten Sie immer auf Struktur und Gliederung!
- Gestalten Sie die Texte stets leserfreundlich!

Wenn Sie diese wenigen Regeln strikt beachten, steht einem verständlichen Text nichts mehr im Wege. Auch erfahrene und gut ausgebildete Texter sollten sich von diesen

Regeln angesprochen fühlen. Denn gerade durch die jahrelange Schreibpraxis und die erworbene Expertise in gewissen Bereichen wird gern vergessen, wo man herkommt oder anders gesagt: Für wen man eigentlich schreibt.

Hat man als Journalist, Redakteur oder Texter nicht automatisch die Brille des Lesers auf, kann das textliche Ergebnis suboptimal ausfallen. Oft sind Texter selbst Experten auf ihrem Gebiet. Ein Journalist beispielsweise, der jahrelang über Nahostpolitik schreibt, kennt sich ohne Frage im Thema gut aus. Und je mehr Hintergrundwissen der Journalist hat, umso komplexer (aber auch besser, spannender, lehrreicher) werden seine Reportagen. Genauso häufig kommt es aber vor, dass ein Mitarbeiter aus der Marketingabteilung eines Softwareherstellers irgendwann genauso wie seine Kollegen aus der IT-Entwicklungsabteilung spricht und schreibt. In der Kommunikation mit Kunden/Laien kann dies leicht zum Problem werden. Deshalb ist es umso wichtiger – auch für die Profis unter Ihnen – bestimmte Formalien einzuhalten, um die Verständlichkeit eigener Texte zu erhöhen.

Dies gilt vor allem vor dem Hintergrund, dass die meisten Mitarbeiter, die im Unternehmen Briefe, E-Mails oder Produktbeschreibungen verfassen, oft keine Sprachexperten sind. Ihre Mitarbeiter sind Experten auf ihrem jeweiligen Gebiet. Sie kennen sich mit Mobilfunkverträgen, dynamischen Rentenanpassungen, Zahnersatzausgleichsrechnungen oder Stromkreisen aus.

Um eine hochwertige, dem Unternehmen entsprechende Sprache zu sprechen, sind klare Regeln wichtig. Wir kommen später noch dazu, wie Sie diese Regeln an Ihre Mitarbeiter vermitteln, aber zuerst möchten wir uns die wichtigsten Regeln detailliert ansehen.

3.1 Kurze Sätze statt Bandwurmsätze

Das kennen Sie wahrscheinlich auch: Sätze, die sich über mehrere Zeilen oder ganze Seiten schlängeln. Gerade in deutschen Texten wird oft versucht, immer neue Rekorde im grammatikalisch korrekten Aneinanderreihen von Wörtern aufzustellen. Sätze mit 40, 50, 60 und noch mehr Wörtern sind keine Seltenheit. Immer wieder zeigen Studien, dass zu lange Sätze ein typisches Problem für die Verständlichkeit der Kommunikation mit Kunden sind.

Aber warum schreiben Ihre Mitarbeiter gern so lange Sätze? Es ist keinesfalls Absicht, zumindest in den meisten Fällen. Oft liegt es nur am »Fluch des Wissens«. Ihre Mitarbeiter sind Experten – und haben deshalb jede Menge Wissen zu jedem nur erdenklichen Geschäftsvorfall. Und dieses Wissen können Ihre Mitarbeiter, oft ohne Punkt und Komma aneinanderreihen. Da ihr Kunde dieses Wissen in den meisten Fällen nicht hat, beginnen hier die Probleme, wenn es um einfache und verständliche Sprache geht.

Knacken Sie Bandwurmsätze!

Tendenziell kommen lange Sätze häufiger in Texten mit einer weitreichenden, inhaltlich komplexen Thematik vor (z. B. Allgemeine Geschäftsbedingungen) als bei einfachen

Textgattungen (z. B. Texte im Internet oder in Werbebroschüren). Aber auch diese Regel lebt natürlich von Ausnahmen. Hierzu ein Beispiel:

»Beim Ableben der versicherten Person in unmittelbarem oder mittelbarem Zusammenhang mit terroristischen Akten durch vorsätzlichen Einsatz von atomaren, biologischen oder chemischen Waffen oder durch vorsätzlichen Einsatz oder die vorsätzliche Freisetzung von radioaktiven, biologischen oder chemischen Stoffen beschränkt sich unsere Leistungspflicht auf die Auszahlung des für den Todestag berechneten Rückkaufswertes Ihrer Versicherung (vgl. § 13), sofern durch den Einsatz oder das Freisetzen billigend in Kauf genommen wird, das Leben oder die Gesundheit einer Vielzahl von Personen zu gefährden und es infolge des Einsatzes oder des Freisetzens zu einer nicht kalkulierbaren Häufung von Leistungsfällen in einer Höhe kommt, bei der die Erfüllbarkeit nicht betroffener Verträge nicht mehr gewährleistet werden kann und dies von einem unabhängigen Treuhänder bestätigt wird.«

Es ist durchaus beeindruckend, dass man ohne Beachtung stilistischer und sprachlicher Feinheiten zu einem solchermaßen erschöpfend präzisen Satz gelangen kann. Dennoch werden solche Sätze von Ihren Lesern nur in den seltensten Fällen honoriert.

Derartig lange, verschachtelte, informationsgeschwängerte Sätze erschweren die Informationsaufnahme ungemein, gerade für weniger geübte Leser. Sie sind die erste Barriere, der erste Stein über den Ihr Leser stolpert. Das bedeutet nicht, dass kurze Sätze immer einfach sind. Aber es bedeutet vor allem, dass lange Sätze immer komplizierter sind als kurze.

Aber ab wann ist ein Satz eigentlich zu lang? In der Fachliteratur, aber auch in der Praxis von Textern und Journalisten wird die Grenze für Sätze unterschiedlich festgesetzt. Von maximal 12 Wörtern bei der BILD-Zeitung bis immerhin 20 Wörter je Satz als »Grenze des Erwünschten« bei der Deutschen Presse Agentur (DPA). Abbildung 3 macht deutlich, welche Unterschiede es in der Einschätzung der maximalen Länge eines Satzes gibt.

Wichtig ist in diesem Zusammenhang der Hinweis, dass es bei diesen Schwellenwerten für Satzlängen nicht um eine Empfehlung für die ideale Satzlänge handelt. Vielmehr wird damit eine maximale Grenze festgelegt, die nicht überschritten werden sollte. Wir empfehlen:

Unser Tipp

Legen Sie Grenzwerte für die maximale Satzlänge in den Texten fest!

Denn mit einem festgelegten Grenzwert sparen Sie sich jede Menge unnötiger Diskussionen. Da jeder Mitarbeiter andere Vorstellungen von der idealen Satzlänge hat, können Sie mit einem festgelegten und verbindlichen Grenzwert jegliche Emotionen aus den Diskussionen nehmen beziehungsweise eine Diskussion komplett vermeiden.

Welcher Grenzwert ist aber nun konkret für Ihre Texte ideal? Das lässt sich pauschal nicht beantworten. Denn die Satzlänge muss etwas differenzierter betrachtet werden.

Anzahl Wörter	Regel
3-9	Spannbreite dessen, was ein deutscher Durchschnittsleser in einer Verarbeitungseinheit von 3 Sekunden liest
9	Obergrenze der optimalen Verständlichkeit laut DPA
12	Obergrenze für kurze Sätze nach Björnsson
7-14	Spannbreite der »Sinnschritte« in alltäglicher Rede bzw. Spannbreite dessen, was in der »Gegenwartsdauer« des Kurzzeitgedächtnisses (ca. 6 Sekunden) an Wörtern übermittelt werden kann
10-15	Empfohlene Satzlänge für geschriebene Sprache nach Seibicke
12	Durchschnittliche Satzlänge in der BILD-Zeitung
12-15	Mehrzahl der Sätze in geschriebener Sprache nach Seibicke
13	Obergrenze für Hörfunknachrichten nach Weischenberg
15	Obergrenze für Printnachrichten nach Weischenberg
17	Durchschnittliche Satzlänge im Johannes-Evangelium und in den Buddenbrooks von Thomas Mann
18	Obergrenze der Leichtverständlichkeit nach Reiners, Obergrenze für Journalisten nach Sturm & Zirbik
20	Obergrenze des Erwünschten bei der DPA
30	Obergrenze des Erlaubten bei der DPA
31	Durchschnittliche Satzlänge im Dr. Faustus von Thomas Mann

Abb. 3: Verschiedene Werte für optimale/maximale Satzlängen[5]

Es macht einen Unterschied, welches Medium oder welche Textsorten man verwendet. So ist die Höchstlänge von 20 Wörtern zwar ein sehr sinnvoller allgemeiner Richtwert, aber gerade für Briefe oder Onlinetexte kann oder muss dieser Schwellenwert noch niedriger sein. Bei Verträgen hingegen ist dieser Wert oft schwer zu erreichen und muss daher höher sein. Folgende Richtwerte empfehlen wir für typische Textsorten:

- Leichte Sprache: 9 Wörter/Satz
- Webtext: 12 Wörter/Satz
- Brief und E-Mail: 15 Wörter/Satz
- Broschüre: 15 Wörter/Satz
- Beipackzettel: 20 Wörter/Satz
- Verträge: 25 Wörter/Satz

---

5 Vgl. Kercher, Jan (2013). Verstehen und Verständlichkeit von Politikersprache: Verbale Bedeutungsvermittlung zwischen Politikern und Bürgern. Wiesbaden: VS Verlag, S. 194.

Dazu noch ein wichtiger Praxishinweis: Vermeiden Sie unbedingt »Stakkato-Sätze«! Sprache soll(te) auch schön sein und das wird sie oft durch Füllwörter und Nebensätze. Formulieren Sie bewusst auch einmal längere Sätze. Denn Ihr Text soll sich nicht anhören als wolle er den Stil eines Telegramms von 1876 kopieren, als jedes Wort noch ein halbes Vermögen gekostet hat. Daher: Bilden Sie zwar kurze Sätze, aber nicht nur! Variieren Sie die Textlänge. Lassen Sie, dort wo es sich sachlich und grammatikalisch anbietet, auch einmal Nebensätze oder Einschübe zu – aber gehen Sie sparsam und überlegt damit um.

Wie erreichen Sie beim Schreiben eine »vernünftige« Satzlänge?

Das Erstaunlichste bei langen Sätzen ist, dass sie eine der häufigsten Barrieren gegen Verständlichkeit darstellen. Und das obwohl sie eine der am einfachsten zu lösenden Probleme sind. Prinzipiell stehen Ihnen mehrere Möglichkeiten zur Verfügung, wie Sie lange Sätze aus Ihrem Schreibstil verbannen:

a) **Bandwurmsätze aufteilen**: Lange Schachtelsätze sind meist nur eine schlechte Angewohnheit. Und genau deshalb ist es auch so schwer, sich von dieser Angewohnheit zu lösen. Dabei ist es ganz einfach: Lange Sätze können in den meisten Fällen – juristische Formulierungen sind hier manchmal eine Ausnahme – in mehrere Einzelsätze zerlegt werden. Orientieren Sie sich dabei immer an Sinneinheiten. Als Grundregel gilt hier: Ein Gedanke, ein Satz. Allein dadurch, dass Sie dieser Regel folgen, wird das Formulieren kurzer Sätze sehr rasch zu einer Selbstverständlichkeit für Sie werden.

b) **Einschübe und Nebensätze**: Ganz generell gilt für die meisten Texte, die Sie an Ihre Kunden adressieren: Fassen Sie sich kurz. Versuchen Sie Kundeninformationen auf das Wesentliche zu reduzieren. Das Gleiche gilt auch auf Satzebene: Verzichten Sie auf unnötige Einzelheiten und Zusatzinformationen in Nebensätzen oder als Einschübe in Klammern. Sind die Informationen so wichtig, dass Sie nicht darauf verzichten möchten, formulieren Sie dazu einen eigenen Satz. Versuchen Sie nicht mehr als einen Nebensatz pro Satz unterzubringen.

In Sachen Verständlichkeit ist weniger einfach mehr, wie folgendes Beispiel verdeutlicht:

»*Anlegern wird empfohlen, sich zusätzlich von einem Angehörigen der steuerberatenden Berufe über die steuerlichen Folgen des Erwerbs, des Haltens und der Veräußerung oder Ausübung bzw. Rückzahlung der Wertpapiere unter besonderer Beachtung der persönlichen Verhältnisse des Anlegers individuell beraten zu lassen.*«

Dieser Satz stammt aus einer Versicherungsbedingung. Die Formulierung ist sperrig zu lesen und wenn der Leser am Satzende ankommt, weiß er schon nicht mehr, was am Anfang stand. Es ist ein typisches Beispiel für einen Satz, der von einem Experten (in diesem Fall einem Juristen) geschrieben wurde, der viele Details enthält, die für die Kern-Aussage nicht relevant sind. Denn was will der Satz dem Leser eigentlich mitteilen?

»Ziehen Sie bei Fragen zu steuerlichen Folgen des Handels mit Wertpapieren einen Steuerberater hinzu.«

Diese einfache Information ist die Kernaussage des ursprünglich relativ komplexen Satzes. Nicht immer ist es möglich, einen Satz so klar auf seine Kernbotschaft zu reduzieren. Sind Detailinformationen für einen Sachverhalt wichtig, sollten Sie diese natürlich nicht einfach weglassen. Dann teilen Sie die Informationen aber bitte in mehrere Sätze auf und achten Sie dabei auf Ihre Wortgrenze (maximal X Wörter pro Satz). Überlegen Sie aber bitte vorher immer, ob die Details tatsächlich an der Stelle für den Leser relevant sind. Das ist manchmal die schwerste Übung.

c) **Füllwörter und »Sprachschnörkel«**: Manche Autoren garnieren Texte gern mit Füllwörtern und Sprachschnörkeln. Ein Zuviel an Füllwörtern wie beispielswiese »allerdings«, »gewissermaßen« oder »regelrecht« verkompliziert Sätze oft unnötig. Dabei kommen Formulierungen heraus, die so klingen: *»Wir bitten vielmals um Nachsicht, dass wir erst nunmehr diesbezüglich erneut auf Sie zurückkommen«*. Besser wäre doch die Formulierung: *»Entschuldigen Sie bitte, dass wir uns erst heute bei Ihnen melden«*. Beliebt sind auch Sprachschnörkel wie Pleonasmen (sinngleiche Begriffe). Diese stellen unnötige Dopplungen dar, die zwar manchmal verstärkend wirken, aber im Normalfall einfach nur überflüssig und zuweilen sogar ungewollt komisch sind: *»«Wir bitten die zeitliche Verzögerung zu entschuldigen«, »Persönlich anwesend sein«* oder *»«Freuen Sie sich über unser Gratis-Geschenk«*. Setzen Sie Füllwörter mit Bedacht ein und verwenden Sie am besten gar keine Sprachschnörkel – außer sie sind ein gewolltes stilistisches Mittel.

d) **Spiegelstrich-Listen für Aufzählungen**: Eine sehr effektive Methode, um lange Sätze zu strukturieren, besteht darin, Aufzählungen mit Spiegelstrichen oder Punkten (Bullet-Points) zu verwenden. Dieses Stilmittel sollte immer dann angewandt werden, wenn Sie mehrere wichtige Informationen vermitteln wollen und genügend Platz zur Verfügung haben. Diese Aufzählungen waren lange Zeit sehr unbeliebt. Jeder Trainer mit etwas Reputation hat Ihnen von diesem Stilmittel abgeraten. Die Devise lautete: »Bilden Sie ganze Sätze!« Heute sind Aufzählungen allerdings ein Stilmittel, dass Sie unbedingt häufiger einsetzen sollten. Denn die Art zu lesen hat sich durch Internet und Smartphone stark verändert. Mit Eye-Tracking sehen wir, wie Menschen heute lesen. Wenn man es denn überhaupt so nennen möchte, denn mit dem stringenten Lesen von links nach rechts, Zeile für Zeile hat das nichts mehr zu tun. Das Auge springt durch den Text und überfliegt die Inhalte. Bullet-Points unterstützen diese Art der Informationsaufnahme optimal, da sie optische Anker bilden, an denen das Auge hängen bleibt. Wenn also wichtige Informationen in Bullet-Points stehen, dann steigt die Chance enorm, dass sie auch gelesen (oder besser: gescannt) werden.

Auch hierzu ein abschreckendes Beispiel:

»Bei der Anmeldung vorzuweisen sind Ihr Reisepass oder Personalausweis, eine aktuelle und rechtskräftige Meldebescheinigung, Nachweise über erhaltene Lohnzahlungen betreffend der letzten 6 Monate, eine beim aktuell zuständigen Gewerbeamt ausgestellte Gewerbebescheinigung sowie die Anmeldegebühren in bar«.

Dieser Satz enthält neben seiner Länge, seiner altmodischen Sprache und Komplexität noch mehrere weitere Barrieren für eine einfache, klare Sprache:

Satzbestandteile	Anmerkungen
Vorzuweisen betreffend der letzten	Diese Wörter sind veraltet, klingen verstaubt und erinnern an eine Amtsstube. Darauf können wir verzichten!
rechtskräftige Meldebescheinigung	Woher soll der Leser wissen, ob die Meldebescheinigung rechtskräftig ist?
beim aktuell zuständigen Gewerbeamt ausgestellt	Hier eine völlig unnötige, weil für den Leser eher unverständliche Information
Anmeldegebühren in bar	Der Leser fragt sich sofort: Wie hoch sind die Anmeldegebühren? Diese Information wäre hier von Interesse!

Besser wir schreiben den Satz gleich anders – etwa in der folgenden Weise:

»Bitte bringen Sie bei der Anmeldung folgende Unterlagen mit:

- *Ihren Personalausweis oder Reisepass,*
- *eine aktuelle Meldebescheinigung,*
- *einen Nachweis über Ihr Gehalt der letzten 6 Monate,*
- *eine Gewerbebescheinigung*
- *sowie 50,00 Euro für Ihre Anmeldung.«*

In dieser Form ist der Satz nicht nur viel kürzer, sondern auch deutlich einfacher zu lesen, die wichtigen Informationen lassen sich förmlich »einscannen«. Durch die Aufzählungszeichen unterstützen wir den Leser bei etwas, das er ohnehin tut. Zudem kann der Leser die einzelnen wichtigen Informationen in dem Satz gedanklich (oder mit Bleistift) abhaken. Darüber hinaus haben wir die altertümlich anmutende Behördensprache umgangen. Das Beispiel zeigt, dass nicht nur die Kürzung eines Satzes, sondern auch die gründliche Prüfung auf unnötige oder missverständlich ausgedrückte Inhalte wichtig ist.

Die gute Nachricht: Wenn Sie Ihre Sätze erst einmal kürzen, werfen Sie viel Unnötiges automatisch über Bord, weil Sie jedes Wort auf die Goldwaage legen. Nehmen Sie daher diesen Tipp ernst – und kürzen Sie als erstes Ihre Sätze. Das ist im Normalfall schon die halbe Miete. Und Sie werden sehen: Je häufiger Sie bewusst versuchen, kurze, prägnante Sätze zu formulieren, umso mehr wird es zu einem Automatismus werden.

3.2   Einfache Wörter statt Fachbegriffe

Wissen Sie, was ein Mittelstandsbauch ist? Ein Standardlastprofilverbraucher? Oder gar eine Risikounterbeteiligung? Nein? Das ist auch nicht verwunderlich, denn diese Fachbegriffe werden nur von wenigen Menschen verstanden. Gerade die Fachsprache ist aber häufig die größte Barriere für das Verständnis, denn Fachsprache grenzt aus und ist nur den jeweiligen Fachleuten und Kennern verständlich.

Damit sind nicht nur so exotische Begriffe wie Neuropodextromanie gemeint, sondern oft für einen Experten und Autoren auf den ersten Blick recht harmlose Begriffe. Ein Beispiel soll verdeutlichen, was wir mit Fachbegriffen meinen:

Während der Diskussion rund um die Tieferlegung des Stuttgarter Bahnhofs (»Stuttgart 21«) kam es im November 2010 zu Schlichtungsgesprächen. Diese wurden live im Fernsehen übertragen. Eines Tages als sich Bauingenieure über Taktungen, Gleiswinkelneigungen und weitere fachspezifische Besonderheiten eines unterirdischen Bahnhofes austauschten, fiel im Zusammenhang mit notwendigen Baumaßnahmen immer wieder der Begriff »Überwerfungsbauwerk«. Ein typischer Satz lautete: »Die Überwerfungsbauwerke im Gleisvorfeld werden durch die Baumaßnahmen reduziert«. Heiner Geißler, Moderator und Mediator der Runde fragte daraufhin nach, was dieser Begriff eigentlich bedeute. Nach kurzer Beratung erklärte daraufhin einer der Ingenieure: »Wir meinen damit Brücken«. Jedoch mit der Einschränkung, dass ja nicht jede Brücke ein Überwerfungsbauwerk sei, sondern dass diese auch Tunnel oder Unterführungen sein könnten.

Dieses Beispiel zeigt zum einen, dass Fachsprache für den Eingeweihten oft selbstverständlich ist. Und es zeigt, dass Fachbegriffe mehr Information transportieren als die umgangssprachlichen Begriffe. Diese Zusatzinformationen sind in einem fachlichen Austausch wichtig – sie vereinfachen den Austausch. So weiß der Ingenieur beim Begriff Überwerfungsbauwerk gleich um welche Art von Brücke es sich handelt. Daher verwenden wir intern im Unternehmen oft Fachbegriffe. Weil sie präziser sind und mehr Information transportieren. Der Zuschauer auf Phönix hat jedoch keine Ahnung, wovon die Ingenieure reden. Findet also eine Kommunikation zwischen Experten und Laien statt, dann muss zwingend auf die Verwendung von Fachbegriffen verzichtet werden oder ein geregelter Umgang mit Fachbegriffen gefunden werden.

> Verwenden Sie möglichst einfache und geläufige Wörter.

Auf Fachbegriffe zu verzichten ist einfacher gesagt als getan. Das fängt schon damit an, Wörter als Fachbegriffe zu erkennen. Nehmen wir beispielsweise die Expertengruppe der Ärzte. Wenn ein ausgebildeter und erfahrener medizinischer Redakteur einen Beipackzettel verfassen muss, dann wird er vermutlich den Satz: »*Dieses Medikament enthält Laktose*« als völlig verständlich ansehen. Selbst wenn man ihn bitten würde, alle Fachbegriffe zu ersetzen, würde er die Laktose nicht als Fachbegriff erkennen.

Zudem ist für den Mediziner mit diesem Satz alles Wichtige gesagt: Menschen mit einer Laktose-Intoleranz sollten dieses Medikament nicht einnehmen. Ein medizinischer Laie hingegen, der den Begriff Laktose und die medizinische Dimension dieses Begriffes nicht kennt, wird an diesen Rückschlüssen scheitern und sich so möglicherweise in Gefahr bringen. Für den Laien sollte der Satz also verständlicher formuliert werden:

»Dieses Medikament enthält Milchzucker (Laktose). Sie dürfen dieses Medikament nicht einnehmen, wenn Sie Milchzucker nicht vertragen (Laktose-Intoleranz). Bitte fragen Sie Ihren Arzt, wenn Sie sich unsicher sind.«

Zum einen müssen Experten also erst einmal erkennen, dass sie Fachsprache verwenden, auch wenn ihnen diese selbstverständlich erscheint. In diesem Zusammenhang spricht die Wissenschaft auch von der »Illusion der Einfachheit«.[6] Dabei wird von Experten die Vertrautheit zum eigenen Thema mit der Einfachheit des Themas verwechselt – so setzt der Experte bei Fachbegriffen schlicht deren allgemeine Verständlichkeit voraus. Das ist in der Kommunikation zwischen Fachleuten auch angemessen, ein Problem entsteht dagegen bei der Laien-Experten-Kommunikation. Das sollte das vorherige Beispiel mit der Laktose verdeutlicht haben.

Unser Tipp

Sie sind der Experte, nicht Ihre Leser - seien Sie sich Ihrer Wortwahl bewusst!

3.2.1 Fachbegriffe vermeiden

Die große Herausforderung bei Fachbegriffen ist es, die richtige Strategie im Umgang mit ihnen zu finden. Davor steht die Erkenntnis, dass es Fachbegriffe gibt, die nicht jeder versteht und deren Verwendung problematisch sein kann. Das heißt: Experten müssen die Bereitschaft haben, unnötige Fachbegriffe mit Blick auf die breite Verständlichkeit auch bei Nicht-Experten Ihrer Texte kritisch zu hinterfragen und über mögliche verständlichere Alternativen nachzudenken.

Hier liegt schon eine der großen Herausforderungen im Umgang mit Fachbegriffen. Denn viele Experten sind überzeugt, dass ein Verzicht auf bzw. ein Ersatz von Fachbegriffen nicht möglich ist. Das ist auch richtig, zumindest manchmal.

Eines der Hauptprobleme beim Verzicht auf Fachbegriffe ist die Angst, mit den Fachbegriffen auch die eigene Kompetenz einzubüßen. Viele Experten tun sich äußerst schwer damit, das Fachvokabular aus ihrem Wortschatz zu verbannen. Für Experten ist es wichtig, zu erkennen, wer der Adressat der Kommunikation ist. Ist der Empfänger ebenfalls Experte, so steht dem »Schlagabtausch in Fachchinesisch« nichts im Wege. Spricht man aber mit einem Nicht-Experten (oder Experten aus ganz anderen Gebieten), sind Fachtermini tabu. Im Folgenden stellen wir Ihnen verschiedene Möglichkeiten vor, um mit Fachbegriffen sinnvoll umzugehen:

---

6 Vgl. Nickerson, Raymond S.: How We Know – and Sometimes Misjudge – What Others Know: Imputing One's Own Knowledge to Others, in: Psychological Bulletin, Vol. 125 (1999), Nr. 6, S. 737-759.

- Unnötige Fachbegriffe durch allgemeinverständliche Begriffe ersetzen,
- Wichtige Fachbegriffe in verständlicher Sprache erklären,
- Fachbegriffe mit Erklärung in einem Glossar sammeln.

3.2.2 Fachbegriffe ersetzen

Weder der Einsatz von allgemeinverständlichen Begriffen (»Laienbegriffe«) noch leicht verständliche Erklärungen von Fachbegriffen sind eine simple Sache für Texter und Autoren. Oft haben Fachbegriffe eine spezielle Bedeutung und lassen sich nicht einfach durch bedeutungsgleiche, leichter verständliche Worte ersetzen. Schlagen Sie doch einmal einem Juristen vor, im Vertrag »Anzeigepflicht« durch »Informationspflicht« zu ersetzen oder »Pflichten« statt »Obliegenheiten« zu verwenden. Am besten Sie halten auch gleich einen Stuhl und ein Glas Wasser bereit – denn akute Atemnot und Schwindel sind typische Nebenwirkungen, wenn Sie einem Juristen solche Vorschläge unterbreiten.

Das liegt natürlich nicht (immer) daran, dass Juristen »beratungsresistent« oder nicht bereits sind, die Sprache des Gesetzgebers abzulegen. Nein, es geht vielmehr um die Rechtssicherheit. Denn die Aufgabe des Juristen ist es, Schaden vom Unternehmen abzuwenden – und dafür ist eine präzise hochkomplexe Fachsprache sein Werkzeug. Dabei spielen die Fachbegriffe eine entscheidende Rolle: Denn die Bedeutung von Fachbegriffen ist genau definiert, Interpretationsspielräume sind nur in begrenztem Maß gegeben. Aus rechtlicher Sicht sind Fachbegriffe verlässlicher als frei gewählte »begriffliche Übersetzungen«. Deshalb gelten juristische, aber auch technische Fachbegriffe oft als unverzichtbar.

Auch ist es vor diesem Hintergrund häufig mühsam, eine leicht verständliche Erklärung für einen Fachbegriff zu finden. Manchmal ist dies auch gar nicht möglich. Oder versuchen Sie Begriffe wie *Initiativmonopol* oder *Solvabilitätsquote* in wenigen Worten zu erklären – ohne dabei andere Fachbegriffe zu verwenden. Vor allem das Umschreiben der Bedeutung in wenigen Worten ist oft sehr schwer. Denn hinter harmlos wirkenden juristischen Begriffen verbergen sich oft eine unüberschaubare Anzahl an Fällen. Fragen Sie einmal Ihren Hausjuristen, ob er Ihnen »fahrlässige Verletzung der vorvertraglichen Anzeigepflicht« in einem kurzen Satz erklären kann. Allein die Erklärung, warum er es nicht kann, wird einen halben Tag dauern.

Texte werden also oft länger, wenn die Fachsprache für Laien erklärt werden soll. Dies zieht unangenehme Folgen nach sich: Beispielsweise muss bei einem Beipackzettel im schlimmsten Fall das Format geändert werden. Oder ein Brief muss auf zwei Seiten erweitert werden. Das kann nicht nur ein Nachteil für die Lesbarkeit sein (nach dem Motto »je kürzer, desto besser«), sondern hat auch einen Kosteneffekt. Ein Brief in Millionenauflage um eine gedruckte Seite zu erhöhen, verursacht gewaltige Mehrkosten. Deshalb brauchen Sie eine klare Strategie, um einen sachgerechten Umgang mit Fachbegriffen zu finden.

Definieren Sie, welche Fachbegriffe erlaubt und welche nicht erlaubt sind!

Wie gehen Sie dabei am besten vor? Treffen Sie eine Auswahl an Texten, die für Ihr Unternehmen wichtig sind. Das können die Werbebriefe für die umsatzstärksten Produkte sein, die Produkttexte Ihres Kassenschlagers oder Onlinetexte Ihres Unternehmens. Diese Texte werden auf Fremd- und Fachbegriffe durchsucht. Tragen Sie alle Begriffe in einer Excel-Liste zusammen. Anschließend definieren Sie, welche Begriffe unverzichtbar sind (Gruppe A) und welche gestrichen werden können (Gruppe B). Steht dies fest, gehen Sie die Liste der unverzichtbaren Fachbegriffe nochmals sorgfältig durch und streichen weitere Begriffe, die sich ohne negative Rückwirkung auf den Informationsgehalt oder die sachliche Richtigkeit der Textaussage ersetzen oder umschreiben lassen. Denn, das wurde bereits dargestellt, die Erfahrung zeigt: Viele der Fachbegriffe, die für unverzichtbar gehalten werden, sind es nicht. Vielmehr spiegelt sich in der Verwendung die gewohnheitsmäßigen Denk- und Verhaltensmuster der Mitarbeiter und weniger die Notwendigkeit dieser Begriffe (»Was die letzten 40 Jahre funktioniert hat, kann heute nicht falsch sein.«)

> Sprechen Sie die Sprache Ihrer Kunden: Verwenden Sie Alltagsbegriffe anstelle von Fachbegriffen, wenn möglich.

3.2.3 Fachbegriffe erklären

Die Fachbegriffe der Gruppe A sind nicht ersetzbar, müssen aber für die Zwecke der Unternehmens- bzw. Kundenkommunikation verständlich gemacht werden. Bieten Sie hier eine Möglichkeit an, diese Fachbegriffe (kennen) zu lernen und die Bedeutung zu verstehen. Denken Sie an das Beispiel mit Laktose/Milchzucker bei medizinischen Beipackzetteln: Aus Gründen der medizinischen Eindeutigkeit muss der Begriff Laktose verwendet werden. Um die Patientenfreundlichkeit sicherzustellen, sollte der verständliche Begriff »Milchzucker« hinzugefügt werden.

In welcher Weise Sie Synonyme und Erklärungen einsetzen, hängt von der Textgattung und der Adressaten- bzw. Zielgruppe, aber natürlich auch von den Begriffen selbst ab. Schreiben Sie beispielsweise Ihren Kunden einen Brief, um sie über Produktneuheiten zu informieren, können sie meist auf den Einsatz von Fachbegriffen komplett verzichten. Informieren Sie Ihre Kunden allerdings schriftlich über die Inhalte einer Vertragsänderung, müssen die juristisch relevanten Begriffe in Ihrem Brief enthalten sein. Für diesen Fall ist es im Sinne der Kundenfreundlichkeit angebracht, Ihren Kunden die Möglichkeit zu bieten, die Fachbegriffe zu verstehen. Sie haben für diese Aufgabe mehrere Optionen:

a) **Standard-Erklärung**: Formulieren Sie für wichtige Fachbegriffe verständliche Erklärungen, die Sie standardmäßig einsetzen können. Solche Erklärungen zu formulieren ist oft sehr mühsam, da sie einfach und zugleich fachlich und juristisch korrekt sein müssen. Es lohnt sich jedoch, solche Erklärungen in einer Datenbank für alle Mitarbeiter zur Verfügung zu stellen. So spart Ihr Unternehmen Zeit: Nicht jeder Mitarbeiter muss eine eigene Erklärung erfinden (die womöglich nicht einmal hundertprozentig wasserdicht ist). Und Sie sichern die Qualität der Aussage nachhaltig: Denn durch eine geprüfte Standard-Erklärung haben Sie immer die Gewissheit, dass diese Ihren Qualitätsstandards entsprechen – immer und egal wer schreibt.

Kommt der Fachbegriff häufiger im Text vor, reicht die Erklärung bei erster Nennung des Fachbegriffs. Sie haben die Möglichkeit die Erklärung in Klammern hinter den Fachbegriff einzufügen. Oder Sie integrieren die Erklärung in den Text. Es kommt ganz auf den Text und die Erklärung an.

Nehmen wir z. B. folgende Originalformulierung: »*Ihrer Antwort sehen wir in Textform entgegen.*«

Zur Erklärung des möglichen Verständnisproblems beim Leser: Textform ist ein Begriff, der nur Juristen geläufig ist. Ihr Kunde kennt den Unterschied zwischen Text- und Schriftform in der Regel nicht. Er wird sich also fragen, was Textform hier genau bedeutet. Er wird fragen, ob das ein Brief mit Siegel sein muss oder ob eine WhatsApp-Nachricht auch reicht. Lassen Sie Ihren Kunden nicht rätseln. Erklären Sie ihm den Fachbegriff, bevor er sich meldet und fragt.

Hier nun eine verbesserte (»optimierte«) Formulierung: »*Schicken Sie uns Ihre Antwort einfach als Brief, E-Mail oder Fax.*«

An diesem Beispiel sieht man, wie einfach es manchmal ist, Fachbegriffe zu vermeiden. Man kommt in der Regel nur nicht auf die Idee. Und sollte man doch auf die Idee kommen, weniger Fachbegriffe zu verwenden, dann weiß man oft nicht wie und welche. Diesen Teufelskreis zu durchbrechen ist mühsam und aufwändig, aber zugleich auch lohnend. Nicht nur, dass Sie damit für Kommunikationsbarrieren innerhalb und außerhalb des Unternehmens abgebaut werden. Sie bieten Ihren Mitarbeitern die Möglichkeit, das eigene Wissen zu erweitern und wirksamere Arbeit leisten zu können. Denken Sie beispielsweise an Ihren Kundenservice oder Ihr Callcenter: Wie hilfreich wäre es, wenn ein Telefonberater bei Nachfragen in einer Datenbank standardisierte, einfache Erklärungen für schwierige Begriffe parat hätte? Das würde nicht nur Zeit sparen, sondern zugleich beim Kunden den Eindruck von Kompetenz, Servicequalität und Kundenorientierung erwecken. Und nur wenn der Kunde Sie versteht, wenn er nicht mit Fachchinesisch konfrontiert wird, wird er das Gefühl haben, dass Sie ihn in den Mittelpunkt stellen.

b) **Standard-Laienbegriffe**: Manchmal ist eine Erklärung nicht notwendig, denn für viele Begriffe gibt es Alltags- oder Laienbegriffe. Denken Sie beispielsweise an »*Kuh*« für »*Großvieheinheit*« oder »*Sie erhalten Beiträge zurück*« für »*Prämienrückerstattung*«. Auch beim Einsatz von Laienbegriffen haben Sie zwei Möglichkeiten: Entweder setzen Sie den Laienbegriff in Klammer hinter den Fachbegriff. Oder – und das ist unsere Empfehlung – Sie verwenden standardmäßig den Laienbegriff und setzen bei erster Verwendung den Fachbegriff zur fachlichen und juristischen Absicherung in Klammer hinter den Laienbegriff. Bei der Erklärung von Fachbegriffen kann es zum Problem werden, dass die Alternative, also die passende Umschreibung ebenfalls keine Fachbegriffe enthalten sollte. Kein leichtes Unterfangen, das zeigt der Blick in Lexika aller Art – Definitionen oder Erklärungen von Fachbegriffen sind häufig selbst mit Fachbegriffen gespickt.

Exkurs: Fachbegriffe konsistent verwenden

Das Vokabular der deutschen Sprache umfasst einen Wortschatz von geschätzt 5,3 Millionen Wörtern.[7] Zum Standardwortschatz gehören etwa 70.000 Wörter. Ein Alltagsgespräch umfasst ein Vokabular von 4-800 Wörtern, es wird behauptet, dass Deutschlands bekannteste Boulevardzeitung die Welt mit 1.500 Wörtern erklären könne, während bei anderen Zeitungen ansonsten mindestens 5.000 Wörter nötig wären. Ein guter Deutsch-Rapper kommt auf über 3.000 Wörter[8], während das im Entstehen begriffene Goethe-Wörterbuch über 90.000 Begriffe umfassen wird.

Wir verwenden im Alltag nur einen sehr kleinen Ausschnitt der uns theoretisch zur Verfügung stehenden 5,3 Millionen Wörter. Um verstanden zu werden, sollte man also stets alltagstaugliches Vokabular verwenden. Damit meinen wir Begriffe, die Ihre Kunden auf Anhieb verstehen, die sie täglich verwenden und die Sie kennen. Verstehen Sie Axiome oder eher den Begriff Grundsätze? Die Worte sind synonym, die Antwort in der Mehrzahl der Fälle eindeutig.

Was folgt daraus im Hinblick auf die Verständlichkeit?

Der Texter, der verständlich scheiben will, muss oft umdenken. Denn allzu oft folgen wir dem Irrglauben, dass eine komplexe Wortwahl die Intelligenz des Schreibers widerspiegelt: Je schwieriger der Text, umso schlauer der Autor. Im Umkehrschluss haben viele (Fach-)Autoren die Befürchtung, ein einfacher Text würde die Kompetenz des Verfassers nicht ausreichend vermitteln. Wir alle haben in Schule und Ausbildung – vor allem in der akademischen – komplizierte Wörter »gelernt« und können diese sicher verwenden. Das wollen wir dann auch zeigen. Wer kennt es nicht: Personen, die bedeutungsvoll mit Fremd- und Fachwörter um sich werfen, weil sie klug erscheinen möchten. Aber das ist in der Kommunikation mit Ihrem Kunden der völlig falsche Ansatz. Vielmehr gelten hier zwei einfache Regeln:

- Einfache und bekannte Wörter verwenden.
- Besondere und komplexe Begriffe konsistent verwenden.

Es ist inzwischen erwiesen, dass im Kundenkontakt oder für die Kommunikation mit der Öffentlichkeit nur die bekannteren Wörter zählen. Sie müssen keine besondere stilistische Begabung haben, sondern müssen sich schriftlich und mündlich so ausdrücken können, dass der Kunde Sie versteht. Je bekannter die von Ihnen verwendeten Wörter sind, umso einfacher verstehen Ihre Kunden Sie. Oder anders ausgedrückt: Je bekannter die Wörter, umso mehr Menschen können Sie erreichen.

Um zu überprüfen, wie bekannt die Wörter eines Beispieltextes sind, gibt es inzwischen auch technische Hilfsmittel: Das Institut der deutschen Sprache veröffentlicht regelmäßig aktualisierte Listen zum Bekanntheitsgrad bestimmter Wörter.[9] Dort

---

7 Vgl. http://www.welt.de/kultur/article124064744/Die-deutsche-Sprache-hat-5-3-Millionen-Woer¬ter.html (Abruf: 28.3.18).
8 Vgl. http://story.br.de/rapwortschatz/#/chapter/1/page/2 (Abruf: 28.3.18).
9 Vgl. www1.ids-mannheim.de – oder alternativ www.wortschatz.uni-leipzig.de (Abruf: 28.3.18).

kann man sich wunderbar informieren, ob entweder Axiom oder Grundsatz bekannter ist. Darüber hinaus kann man Regeln ableiten, welche Wörter durch einfachere Synonyme ersetzbar sind.

Manchmal ist es aber aus fachlichen oder juristischen Gründen nicht möglich, auf bestimmte Fachbegriffe zu verzichten. In diesen Fällen empfehlen wir zum einen solche Fachbegriffe verbindlich festzulegen und zu erklären (siehe oben). Sie sollten allerdings alternativlose Fachbegriffe unbedingt konsistent verwenden. Also nicht Display, Monitor, Screen und Anzeige sagen, wenn Sie eigentlich vom Bildschirm reden. Werden verschiedene Fachbegriffe synonym verwendet – in einer Betriebsanleitung etwa – kann das zu Unsicherheit, Missverständnissen oder gar Fehlverhalten beim Anwender führen. Grundsätzlich ist es natürlich richtig, dass eine gewisse Abwechslung in der Wortwahl einen Text interessanter macht und stilistisch auflockert – aber leben Sie Ihre sprachliche Kreativität nicht ausgerechnet bei Fachbegriffen aus. Ihre Leser werden es Ihnen danken.

Unser Tipp

So erleichtern Sie Ihren Kunden das Leben: Verwenden Sie Fachbegriffe konsistent!

3.2.4 Ein Glossar erstellen

Wenn Sie sich schon die Mühe machen und Ihren Text aus Empfängersicht optimal, also verständlich formulieren, sollten Sie auch über ein Glossar nachdenken. Denn oft können Sie bzw. Ihre Mitarbeiter nicht aus Ihrer fachmännischen Haut heraus. Oder Begriffe sind alternativlos und müssen verwendet werden, weil ansonsten rechtliche Folgen drohen. In diesen Fällen hilft ein Glossar. Darunter versteht man ein alphabetisches Wörterverzeichnis mit Definition oder Erklärungen. Ein Glossar kann man für ein ganzes Unternehmen erstellen. Die Einträge können von den Mitarbeitern, im Idealfall sogar von Kunden und anderen Adressaten der Unternehmenskommunikation, verwendet werden. Dazu muss es aber einfach zugänglich sein.

Zu diesem Zweck kann das Glossar beispielsweise ins Intranet gestellt oder auf der Homepage eingebunden werden. Beispielsweise im FAQ-Bereich für häufig gestellte Fragen. Oder auch als eigenen Bereich auf der Webseite, etwa als »Versicherungs-ABC« oder als digitales Handbuch für technische Fachbegriffe mit einfachen Erklärungen. Auf der Webseite ist Ihr Glossar auf jeden Fall gut aufgehoben und zugänglich für alle Kunden und Interessierte. Im Intranet haben Ihre Mitarbeiter jederzeit Zugriff auf dieses Wissen.

Alternativ können Sie das gedruckte Glossar auch den Dokumenten beilegen, beispielsweise als Anhang zu Geschäftsbedingungen und Verträgen. Aber Vorsicht: Ein Glossar als Anhang zu einem schon umfangreichen Dokument wird von Lesern nicht automatisch mit Begeisterung aufgenommen. Deshalb müssen Sie es den Empfängern so einfach wie möglich machen.

Praxis-Tipp

Kennzeichnen Sie im Fließtext die Wörter, die im Glossar zu finden sind. So kann der Leser gezielt Begriffe im Glossar suchen und muss nicht auf gut Glück blättern und blättern, nur um am Ende festzustellen, dass der gesuchte Begriff nicht im Glossar steht. Die formale Kennzeichnung der Glossarbegriffe sollte sich von anderen Hervorhebungsformaten abheben. Das heißt, Sie sollten keine Fettschrift verwenden, um Überschriften zu kennzeichnen, falls Sie gleichzeitig die Glossarbegriffe im Text halbfett markieren. Die Kennzeichnung von Begriffen für ein Glossar kann durch verschiedene Symbole erfolgen, z. B. »**Fachbegriff**« oder →**Fachbegriff** oder **Fachbegriff*** erfolgen:

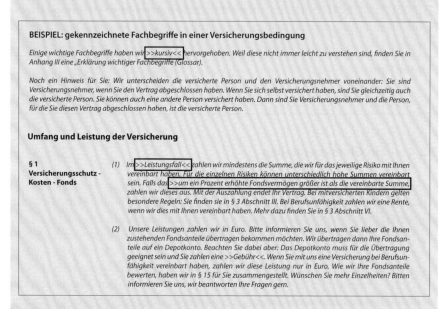

BEISPIEL: gekennzeichnete Fachbegriffe in einer Versicherungsbedingung

Einige wichtige Fachbegriffe haben wir >>kursiv<< *hervorgehoben. Weil diese nicht immer leicht zu verstehen sind, finden Sie in Anhang III eine „Erklärung wichtiger Fachbegriffe (Glossar).*

Noch ein Hinweis für Sie: Wir unterscheiden die versicherte Person und den Versicherungsnehmer voneinander: Sie sind Versicherungsnehmer, wenn Sie den Vertrag abgeschlossen haben. Wenn Sie sich selbst versichert haben, sind Sie gleichzeitig auch die versicherte Person. Sie können auch eine andere Person versichert haben. Dann sind Sie Versicherungsnehmer und die Person, für die Sie diesen Vertrag abgeschlossen haben, ist die versicherte Person.

Umfang und Leistung der Versicherung

§ 1
Versicherungsschutz -
Kosten - Fonds

(1) Im >>Leistungsfall<< *zahlen wir mindestens die Summe, die wir für das jeweilige Risiko mit Ihnen vereinbart haben. Für die einzelnen Risiken können unterschiedlich hohe Summen vereinbart sein. Falls das* >>um ein Prozent erhöhte Fondsvermögen größer ist als die vereinbarte Summe, *zahlen wir dieses aus. Mit der Auszahlung endet Ihr Vertrag. Bei mitversicherten Kindern gelten besondere Regeln: Sie finden sie in § 3 Abschnitt III. Bei Berufsunfähigkeit zahlen wir eine Rente, wenn wir dies mit Ihnen vereinbart haben. Mehr dazu finden Sie in § 3 Abschnitt VI.*

(2) Unsere Leistungen zahlen wir in Euro. Bitte informieren Sie uns, wenn Sie lieber die Ihnen zustehenden Fondsanteile übertragen bekommen möchten. Wir übertragen dann Ihre Fondsanteile auf ein Depotkonto. Beachten Sie dabei aber: Das Depotkonto muss für die Übertragung geeignet sein und Sie zahlen eine >>Gebühr<<. *Wenn Sie mit uns eine Versicherung bei Berufsunfähigkeit vereinbart haben, zahlen wir diese Leistung nur in Euro. Wie wir Ihre Fondsanteile bewerten, haben wir in § 15 für Sie zusammengestellt. Wünschen Sie mehr Einzelheiten? Bitten informieren Sie uns, wir beantworten Ihre Fragen gern.*

Weitere Tipps zur Erstellung und Verwendung eines Glossars:

- Der Leser muss wissen, dass es das Glossar gibt. Sie können beispielsweise am Anfang eines Textes darauf hinweisen.
- Begriffe im Text müssen sofort als Glossarbegriffe erkannt werden. Allerdings ohne, dass der Lesefluss gestört wird.
- Die Erklärungen müssen einfach und verständlich sein. Nichts ist kontraproduktiver als ein Glossar, in dem Niemand die Erklärungen versteht.
- Verwenden Sie die Erklärungen in Ihrem Glossar auch in anderen Bereichen Ihrer Kommunikation. Zum Beispiel als Branchen-ABC auf Ihrer Webseite oder als Wissensdatenbank für Ihre Mitarbeiter.
- Mit dem Glossar helfen Sie Ihren Kunden. Nutzen Sie solche Maßnahmen ruhig auch fürs Marketing.

3.3   Kurze Wörter statt Komposita

Es gibt noch einen wichtigen Grund, weshalb Sie unbekannte Wörter und lange Fachbegriffe vermeiden sollten. Machen wir dazu ein kleines Experiment: Können Sie den
folgenden Text lesen?

*»Gmäeß eneir Sutide eneir elgnihcesn Uvinisteriät ist es nchit witihcg in wlecehr Rneflo-
gheie die Bstabchuebn in eniem Wrot snid, das ezniige was wcthiig ist, ist dass der estre
und der leztte Bstabchue an der ritihcegn Pstoiion snid. Der Rset knan ein ttoaelr Bsinöldn
sein, tedztrom knan man ihn onhe Pemoblre lseen. Das ist so, wiel wir nciht jeedn
Bstachuebn enzelin lseen, snderon das Wrot als gseatems.«*

Warum Sie das lesen können? Ganz einfach: Weil Sie diese häufig verwendeten Wörter in
Ihrem Bildgedächtnis abgelegt haben. Wir lesen Texte nicht Buchstabe für Buchstabe
oder Silbe für Silbe, sondern erkennen ganze Wörter – vorausgesetzt wir haben diese in
unserem Bildgedächtnis abgelegt. Wenn wir bestimmte Wörter häufig lesen, legen wir
diese – ähnlich wie bei einem Computer – als »Bild« in unserer Gedächtnisdatenbank ab.
Wenn wir Texte lesen, erkennen wir durch einen Abgleich mit unserer »Datenbank« die
uns vertrauten und häufig gelesenen Wörter bereits an der optischen Form, am Wortbild
sozusagen. Deshalb können Vielleser deutlich schneller lesen, da sie eine große
Wortdatenbank angesammelt haben und beim Lesen viele Wörter erkennen, ohne sie
vorher entziffern zu müssen. Stellen Sie sich nur vor, wie lange es dauern würde, bis Sie
die Tageszeitung wirklich Buchstabe für Buchstabe gelesen hätten. Was das an Mühe
kosten würde, kann man an Kindern sehr schön beobachten, die gerade ihre ersten
Leseversuche machen. Eines ist jedenfalls sicher: Der Absatz von Zeitungen würde
drastisch zurückgehen! Diese Bilderkennung ist übrigens auch der Grund weshalb wir
unsere eigenen Rechtschreibfehler häufig nicht erkennen. Weil wir das Wort nicht
Buchstabe für Buchstabe lesen, sondern nur das Bild erkennen. Selbst, wenn es
Buchstabendreher enthält. Ganz anders ist das bei Wörtern, die unbekannt oder
besonders lang sind. Oder können Sie das folgende Wort lesen?

Tätreschlindkvetixet

Nicht? Das liegt vermutlich daran, dass dieses Wort nicht in Ihrem Bildgedächtnis
abgelegt ist. Mit hoher Wahrscheinlichkeit haben Sie es noch nie oder zumindest
sehr selten zuvor gelesen. Oder ist Ihnen der Begriff *Textverständlichkeitskriterien* schon
häufiger begegnet? Nein? Daher erkennen Sie dieses Wort auch nicht als »Bild« und
müssen es mühsam Buchstabe für Buchstabe entziffern bzw. sich die Bedeutung er-
schließen. Genau so geht es Ihren Kunden, wenn sie auf ein langes, unbekanntes Wort
treffen. Dann muss der Leser den »Scanprozess« unterbrechen und das entsprechende
Wort genauer analysieren. Das kostet Zeit – und manchmal auch Nerven.

Je nachdem, in welcher Situation der Leser sich gerade befindet, bleiben Lesefreude und
Verständlichkeit dann auf der Strecke. Wer müht sich schon gerne durch einen Text, der

viele solcher zusammengesetzten Wortungetüme, solcher Komposita enthält. Wenn Ihr Kunde abends um 21.30 Uhr seine Post öffnet, will er sofort erkennen (»scannen«), was Sie von ihm wollen. Er will keine Rätsel lösen. Die Häufung langer Wörter führt zu Unlust/ Frust und in den meisten Fällen dazu, dass der Lesevorgang abgebrochen wird. Sehr schön ist dies immer wieder in sogenannten Eye-Tracking-Studien zu beobachten. Hierbei wird mit speziellen Infrarot-Kameras die Augenbewegung beim Lesen aufgezeichnet. Anhand der Aufnahmen kann man erkennen, wie der Lesevorgang bei komplexen, unverständlichen und/oder besonders langen Wörtern unterbrochen wird und das Auge entweder sehr lange auf dem Wort verweilt oder an eine andere Stelle im Text springt.

Dieser Frust beim Lesen komplexer Texte ist etwas, das unterbewusst stattfindet. Der Kunde ärgert sich nicht explizit über das Wort, oder dass er seinen Scanprozess unterbrechen muss. Das bekommt er ja gar nicht mit. Sondern er »stolpert« in Ihrem Text. Er empfindet den Text zunehmend als unangenehm. Und aus genau diesem Grund sind die langen Wörter ein Problem. Vor allem, wenn Sie deutsche Texte verfassen, denn die deutsche Grammatik lässt uns hier viel Spielraum. Die internationale Presse macht sich gelegentlich über die deutsche Gesetzgebung lustig. Nicht wegen der Gesetze selbst, sondern wegen der Gesetzesnamen. Diese Wortschöpfungen sind außergewöhnlich oder was sagen Sie zu Kreationen wie

»Grundstücksverkehrsgenehmigungszuständigkeitsübertragungsverordnung« oder
»Rindfleischetikettierungsüberwachungsaufgabenübertragungsgesetz«[10].

Diese Wortschöpfungen sind keine Erfindungen von uns, sondern die Namen tatsächlich bestehender Gesetze. Wobei das *Rindfleischetikettierungsüberwachungsaufgabenübertragungsgesetz* mittlerweile wieder außer Kraft gesetzt ist. Aber es ließen sich noch viele weitere Beispiele finden.

Und nicht nur Juristen lieben es, Wörter zusammenzufügen und Komposita zu schaffen. Das ist, so könnte man sagen, ein Lieblingshobby deutscher Texter. In der deutschen Sprache lassen sich Wörter zu endlosen Varianten zusammenfügen, dabei sind 3 oder mehr Wörter keine Seltenheit. Wir alle haben uns ja schon als Kinder mit dem Donaudampfschiffahrtskapitänsmützenhalterdübel beschäftigt und amüsiert.

An (sprachlicher) Kreativität und Präzision ist im Grunde auch nichts auszusetzen, sofern dadurch nicht das Lesen und Verstehen von Texten erschwert oder unmöglich gemacht wird. Dies gilt insbesondere für die Unternehmenskommunikation.

Welches Wort ist in diesem Sinne zu lang? Auf diese Frage gibt es keine generelle Antwort. Denn manche Wörter sind zwar lang, aber dennoch verständlich, so dass man sie ohne Bedenken verwenden kann. Dies ist bei »Baufinanzierung« der Fall. Andere Begriffe wie beispielsweise »Berufsunfähigkeitsversicherung« mögen zwar sehr lang sein, sie sind aber dennoch ohne Alternative. Sie beschreiben häufig etwas sehr Spezifisches und sind daher oft nur schwer oder gar nicht zu ersetzen.

---

10 http://www.bild.de/10um10/2012/10-um-10/hitliste-um-zehn-laengste-deutsche-woerter-¬
tag-der-deutschen-sprache-26063950.bild.html (Abruf: 28.03.2018)

Wie steht es aber mit Wörtern wie »Baufinanzierungskonditionen« aus? Dieser zusammengesetzte Begriff ist unnötig, denn man kann ihn problemlos auflösen, etwa durch folgende Formulierung: »Unsere Konditionen für Ihre Baufinanzierung«. Schöner Nebeneffekt dabei, der Leser wird auch noch direkt angesprochen!

Generell gilt, je kürzer ein Wort ist, desto leichter ist es zu erkennen und zu verstehen.

Kürzen Sie unnötige Komposita. Wie können Sie lange Wörter kürzen? Dazu gibt es verschiedene Möglichkeiten:

- Lange Wörter ersetzen.
- Lange Wörter auflösen.
- Lange Wörter trennen.
- Lange Wörter in Sätze umformulieren.

3.3.1 Lange Wörter ersetzen

Die beste Methode besteht darin, lange Wörter zu vermeiden. Häufig gibt es einfache Alternativbegriffe oder Synonyme für lange und komplizierte Wörter. Denn nicht selten sind es gerade die Fremdwörter und Fachbegriffe, die länger sind als häufig gebrauchte »Alltagsbegriffe«.

Oft herrscht eine regelrechte Angst davor, sich »normal« auszudrücken und zu schreiben. So wollen etwa die Mitarbeiter in Unternehmen fachlich kompetent wahrgenommen werden und einen seriösen Eindruck hinterlassen. Dazu, so die irrtümliche Annahme, muss man sich möglichst kompliziert ausdrücken. Denn nur, wenn der Kunde die Wörter nicht versteht, denkt er, dass der Verfasser wirklich schlau ist. Diesem Irrglauben folgend wird in Unternehmen und Behörden oft so kompliziert formuliert, dass schon das Lesen solcher Texte eine Qual ist, von Verständnis des Gelesenen ganz zu schweigen.

Es geht aber auch anders: Für viele lange und komplizierte Worte haben wir kürzere und einfach verständliche Alternativen, durch deren Verwendung wir weder den Text noch seinen Autor »dümmer« erscheinen lassen, sondern es zunächst und vor allem dem Leser leichter machen, die Inhalte zu verstehen (»den Text zu scannen«). Folgende Beispiele zeigen, dass man oft ohne Probleme einfache Wörter verwenden kann:

So nicht:	Besser so:
Fortbildungsveranstaltung	Fortbildung
Monatsentgeld	Gehalt
Dokumentvervielfältigungen	Kopien
Versicherungsvertragsverhältnis	unser Vertrag
Fallkonstellationen	Fälle

Prüfen Sie also, bevor Sie lange komplexe Wörter verwenden, ob es nicht einfachere Wörter gibt, die Sie verwenden können und die dasselbe ausdrücken.

3.3.2 Lange Wörter auflösen

Diese Variante ist im Grunde die einfachste, aber nicht immer die sprachlich eleganteste. Vor allem müssen Sie hierbei oft den kompletten Satz umschreiben. Wichtig ist allerdings, die Bedeutung der Worte nicht zu ändern. Man sollte also tunlichst darauf achten, aus dem »Zitronenfalter« Niemanden zu machen »der Zitronen faltet« – oder aus der Berufsunfähigkeitsversicherung eine »Versicherung gegen Unfähigkeit im Beruf«. Beides wäre zwar einfacher zu lesen, aber eben auch inhaltlich falsch. In vielen Fällen sind Komposita aber trotzdem gut auflösbar, da wir Komposita ja nicht verwenden, weil sie alternativlos sind, sondern meist aus reiner Gewohnheit, z. B.

So nicht:	Besser so:
Kostenübernahmegarantie	Unsere Garantie: wir übernehmen die Kosten
Altersvorsorgebeiträge	Ihre Beiträge zur Altersvorsorge
Mitwirkungspflicht	Ihre Pflicht zur Mitwirkung

Oft ist uns nicht bewusst, dass Wörter wie *Kostenübernahmegarantie* für unseren Leser unangenehm sind. Wir selbst kennen die Wörter ja – wir haben sie bereits als Bild im Kopf. Deshalb ist es wichtig, sich als Autor die langen Wörter ganz bewusst anzuschauen. Und dann zu entscheiden, ob man das Wort möglicherweise auflösen kann.

3.3.3 Lange Wörter mit Bindestrich trennen

Manchmal ist es aber nicht ganz einfach Wörter in ihre einzelnen Bestandteile aufzulösen. So sollten Sie diese Technik sowohl beim *Zitronenfalter* als auch bei der *Berufsunfähigkeitsversicherung* mit Bedacht anwenden. Denn es gibt weder eine Versicherung gegen Unfähigkeit im Beruf, noch kann der Zitronenfalter Zitronen falten. Sie sehen: Es gibt Wörter, bei denen der Sinn grundlegend verändert wird, wenn sie falsch aufgelöst werden. In diesen Fällen bleibt nichts anderes übrig als das Wort mit Hilfsmittel »lesbarer« zu machen.

Ein solches Hilfsmittel ist zum Beispiel der Bindestrich – also die Wörter in die Bestandteile aufzulösen, ohne die Wörter wirklich zu trennen. Ein mit Bindestrich getrenntes Wort gilt zwar immer noch als ein Wort, die einzelnen Wortbestandteile sind aber für das Auge besser zu erkennen und somit einfacher lesbar. Man spricht hier vom sogenannten Durchkoppeln eines Begriffs, z. B.:

So nicht:	Besser so:
Bereichsleitertreffen	Bereichsleiter-Treffen
Hausmeisterservice	Hausmeister-Service
Haftpflichtversicherung	Haftpflicht-Versicherung
Onlinebestellung	Online-Bestellung

Mit dem Bindestrich sind plötzlich wieder beide Wortbestandteile schnell erfassbar und damit deutlich einfacher zu lesen (»scannen«). Aber auf eine kleine Falle muss hier noch hingewiesen werden: Sie müssen den Bindestrich natürlich an der richtigen Stelle setzen. Denn es macht einen großen Unterschied, ob Sie eine Werbekampagne starten, in der Sie für einen *Hochzeits-Crashkurs* oder einen *Hochzeitscrash-Kurs* werben. Der Duden definiert dabei, wann Sie Bindestriche setzen dürfen bzw. sollten – hier die Regeln im Überblick:

Regel I: Zur Hervorhebung wie bei »Ich-Sucht« oder »Soll-Stärke«.
Regel II: Bei unübersichtlichen Zusammensetzungen wie z. B. Lotto-Annahmestelle oder Mehrzweck-Küchenmaschine.
Regel III: Bei unübersichtlichen Zusammensetzungen aus gleichrangigen Adjektiven wie z. B. französisch-deutsches-Wörterbuch oder geistig-kulturelle-Strömung.
Regel IV: Um Missverständnisse zu vermeiden wie z. B. bei Druck-Erzeugnis oder Drucker-Zeugnis.
Regel V: Wenn 3 gleiche Buchstaben aufeinandertreffen wie z. B. bei Kaffee-Ersatz.
Regel VI: Bei Aneinanderreihungen und Zusammensetzungen von Wortgruppen wie z. B. Magen-Darm-Krebs oder Make-up.

Unser Tipp

Der Duden räumt einigen Spielraum ein, wie Sie mit Bindestrichen umgehen können. Nutzen Sie diesen Spielraum. Aber nutzen Sie ihn mit Bedacht und nicht im Übermaß.

Machen Sie lange aber alternativlose Wörter mit einem Bindestrich für Ihre Kunden beim Überfliegen besser erfassbar, wenn es keine andere Möglichkeit gibt. Wichtig dabei ist: Legen Sie für jedes Wort eine definierte Schreibweise fest. Und stellen Sie sicher, dass Ihre Mitarbeiter die Regeln kennen. Denn was nicht passieren darf ist, dass jeder Mitarbeiter Bindestriche nach Belieben setzt und damit die Bemühungen um gesteigerte Lesbarkeit konterkariert.

3.3.4 Lange Wörter umformulieren

Eine elegante, aber nicht immer leichte Umgehung langer Komposita ist die Umformulierung. In vielen Fällen werden nicht nur die Wörter in Ihrem Text kürzer, sondern der Sprachstil ändert sich. Richtig eingesetzt kann dies im Hinblick auf die Verständlichkeit und die Kundenansprache eine sehr positive Auswirkung auf Ihren Text haben, das zeigen folgende Beispiele:

So nicht:	Besser so:
Abschlussrechnung	Ihre letzte Rechnung
Lösungsvorschläge	Das können wir für Sie tun: …
Mindestvertragslaufzeit	Ihr Vertrag endet frühestens am …
Vereinbarungsgemäß	Wie mit Ihnen vereinbart …

Der Text wird damit aktiv, da Sie plötzlich Verben statt sperriger Substantive verwenden. Außerdem bieten Umformulierungen auch Raum für eine persönliche und motivierende Leseransprache. Wenn Sie statt »*um Rücksendung wird gebeten*« direkter »*bitte schicken Sie uns*« schreiben, wird Ihr Text nicht nur einfacher zu lesen, sondern wirkt auch persönlicher, konkret und lösungsorientiert. Zudem schaffen Sie es, das für eine positive Leseransprache so unverzichtbare Wort »bitte« einzufügen.

Aber beachten Sie dabei, dass manche Wörter nicht ersetzbar und somit alternativlos sind – mögen Sie noch so unschön sein. Das gilt vor allem für Fachbegriffe, die einen ganz spezifischen Sachverhalt beschreiben. Eine weitere Herausforderung kommt mit der Umformulierung von langen Wörtern einher: Aus einem Wort machen Sie mehrere. Dies wiederum hat Einfluss auf die Satzlänge. Es kollidieren also zwei Regeln miteinander – hier sind Kreativität und Kompetenz des Texters gefragt.

Beim Umgang mit langen Wörtern wollen wir Ihnen ans Herz legen, die Regeln im gesamten Unternehmen und für möglichst alle Wörter verbindlich festzulegen. Denn jeder Mitarbeiter hat ein anderes Verhältnis zu Wörtern. Wenn Sie also verhindern wollen, dass jeder Mitarbeiter anders mit Wörtern umgeht, benötigen Sie Regeln. Wie Sie diese Regeln entwickeln und auch an die Mitarbeiter vermitteln stellen wir Ihnen im letzten Teil des Buches vor.

3.4 Aktiv statt passiv

Wenn wir über verständliche Sprache sprechen, dürfen wir nicht die Verwendung von Passiv außer Acht lassen. Dazu aber gleich vorweg: Das Passiv ist nicht per se ein Verstoß gegen die Verständlichkeit. Nur wenn es an falscher Stelle oder unnötigerweise eingesetzt wird, kann es zu einer Barriere werden. Auch wer eine moderne Sprache im

Unternehmen einsetzen möchte, muss sich mit der Verwendung des Passivs beschäftigen und lernen, es richtig und vor allem sparsam einzusetzen.

Das Hauptproblem mit dem Passiv im Deutschen ist, dass es oft nicht erkannt wird. Die Grammatikstunden der Schulzeit liegen lange zurück und sind sowieso oft nicht in bester Erinnerung. Eine der wichtigsten Aufgaben in diesem Zusammenhang ist es also, Mitarbeiter soweit zu bringen, passive Satzkonstruktionen überhaupt zu erkennen. Allzu schwer ist es nicht: Passiv wird mit den Hilfsverben »sein« oder »werden« und dem Partizip II eines Vollverbs gebildet, z. B. *gefunden werden* oder *geöffnet sein.*

Wird das Passiv erst einmal erkannt, wird der Rest zum Kinderspiel. Das stellen wir in unseren Schulungen immer wieder fest: Gibt man den Teilnehmern Übungsblätter, auf denen Passivsätze in einem Fließtext erkannt werden müssen, gelingt dies oftmals nicht. Gibt man den Teilnehmern hingegen Übungsblätter, auf denen gekennzeichnete Passivsätze in Aktivsätze umformuliert werden sollen, dann ist dies für die Teilnehmer eine einfache Übung. Sensibilisieren Sie also Ihre Mitarbeiter für passive Satzkonstruktionen. Bringen Sie ihnen bei, das Passiv zu erkennen, auch wenn das viele an die Schulzeit erinnert.

Was aber ist problematisch an Passivsätzen? Das Passiv beschreibt eine Handlung oder einen Prozess bzw. einen Zustand oder ein Resultat. Wer allerdings die Handlung ausübt oder dafür verantwortlich ist, ist entweder unwichtig oder nicht bekannt. Deshalb hat das Passiv ja auch eine wichtige Funktion. Wenn man sagt »*bei mir wurde eingebrochen*«, dann ist das Passiv an dieser Stelle sinnvoll. Dass es sich um »unbekannte Täter« handelt, ist selbstverständlich und nicht gesondert erwähnenswert. In der Kommunikation von Unternehmen, speziell mit Kunden und Mitarbeitern, kann das passiv aber eine negative Wirkung für Ihre Kommunikation haben, denn:

1. Wir sprechen den Adressaten nicht persönlich an, der Text wirkt distanzierend und unverbindlich.
2. Wir verschleiern, wer handelt und verschenken die Chance, uns selbst als den aktiv Handelnden darzustellen.

Besonders beliebt ist das Passiv bei negativen Sachverhalten, auch wenn dies häufig ganz unbewusst geschieht. Denn Negatives lässt sich ganz wunderbar hinter dem Passiv »verstecken«. Bei positiven Sachverhalten werden wir aber in der Sprache oft ganz automatisch aktiv. Wir nennen Ross und Reiter. Zur Veranschaulichung zwei ganz typische Beispiele: Wird ein Produkt oder ein Service teurer (Kosten für Handy, Strom oder Kontoführung), dann werden die Informationen gern in Passivkonstruktionen verpackt (»*die Gebühren wurden angepasst*«). Wird hingegen ein Produkt oder ein Service günstiger – was eher selten der Fall ist – dann formulieren wir ganz automatisch aktiv (»*Wir haben die Preise gesenkt*«).

Das ist die (berühmt-berüchtigte) sprachliche Schutzfunktion des Passivs, derer sich Autoren häufig unbewusst bedienen. Aus gutem Grund: Damit möchte man vermeiden, aus Kundensicht negative Information in direkten Zusammenhang mit dem Unternehmen zu bringen. Und es gibt durchaus gute Argumente, die für ein solches Vorgehen sprechen. So ist es beispielsweise im Marketing selbstverständliche Praxis, ein Produkt oder eine Marke in einem positiven Umfeld oder Kontext zu platzieren. Also bloß nicht mit »*teuer*« oder »*Preissteigerung*« direkt in Verbindung bringen.

Das ist auch unbestritten richtig. Und dennoch halten wir es für falsch, den Leser hinters Licht zu führen. Wir plädieren für aktive Sätze – auch bei unerfreulichen Nachrichten! Denn die scheinbar vorteilhafte Wirkung einer als Verschleierungstaktik eingesetzten Passivkonstruktion hält nicht lange an. Und sind Sie einmal enttarnt, ist die Wirkung weit negativer, als die unerfreuliche Information. Das ist in etwa vergleichbar mit Kleingedrucktem als »Sternchentext«: Irgendwann merkt der Leser, dass hier negative Aspekte versteckt werden sollen. Und dann ist es auch ganz schnell wieder vorbei mit der positiven Wirkung für Marke oder Produkt. Solche Taktiken hinterlassen einen faden Beigeschmack.

> Kommunizieren Sie klar, verständlich und transparent, auch bei negativen Sachverhalten!

Passivsätze müssen also nicht komplex sein, um die Verständlichkeit zu erschweren. Vielmehr sind Passivsätze von Haus aus meist zu wenig konkret, um eine Information genau zu vermitteln – was letzten Endes auch zu einer Barriere für die Verständlichkeit werden kann.

Greifen wir nochmals das Beispiel von oben auf: »*Die Gebühren wurden angepasst*«. Dies ist ein typisches Beispiel für die Verwendung von Passiv als sprachliche Nebelkerze. Bei dieser Formulierung stellt sich nämlich zwangsläufig die Frage, wer die Gebühren angepasst hat. Die Regierung? Das Unternehmen? Eine geheimnisvolle unbekannte Macht? Jeder Leser wird relativ schnell eine Antwort finden können, aber warum muss er diese Frage überhaupt beantworten? Kann das Unternehmen bzw. die Behörde nicht klar und deutlich schreiben: »Wir haben die Gebühren angepasst« oder noch besser: »Wir haben die Gebühren erhöht« – darum geht es hier nämlich. Um das Erhöhen, nicht das Anpassen. Am besten nennt der Verfasser auch noch Gründe für die Anpassung. Denn das ist die Frage, die den Leser interessiert. Und wenn es plausible Gründe gibt, ist es besser dafür Verständnis zu schaffen, als den Leser rätseln zu lassen.

Aktiv formuliert wird die Aussage für den Betroffenen/Kunden zwar nicht schöner, aber zumindest ist der Sachverhalt transparent und klar formuliert: »*Wir erhöhen die Gebühren zum 01.07.2014 um 4,50 Euro. Gerne erklären wir Ihnen die Gründe: …*«.

Praxis-Tipp

Achten Sie beim Formulieren negativer Sachverhalte besonders darauf, ob Sie Passiv verwenden. Gerade bei negativen Botschaften versuchen wir häufig, uns instinktiv hinter dem Passiv zu verstecken. Passiv bietet uns eine »sprachliche Schutzhülle«, um nicht selbst als Handelnder in die Pflicht genommen zu werden. Dazu noch einige Beispiele:

So nicht:	Besser so:
Der Hinweis ist zu beachten	**Bitte** beachten Sie den Hinweis!
Eine Bestellung kann aktuell nicht ausgelöst werden	**Sie** können erst ab dem 04.04.2018 bestellen.
Die Unterlagen müssen eingereicht werden	**Bitte** schicken Sie uns die Unterlagen bis zum
Es kann nach einer Lösung gesucht werden	Wir kümmern uns gleich darum.

Ein kundenorientiert geschriebener Text, beispielsweise Briefe, Mailings und Webtexte, sollten immer das Ziel verfolgen, das Passiv so weit wie möglich zu vermeiden. In juristischen oder Vertragstexten sieht das oft anders aus, da ist das Passiv oft alternativlos, da hier meist allgemeine Sachverhalte beschrieben werden und nicht immer eine aktive Ansprache des Lesers erfolgen kann.

> Verzichten Sie wo immer möglich auf Passiv und sprechen Sie Ihren Leser persönlich und direkt an!

3.5 Verbalstil statt Nominalstil

Werden in Texten aus anschaulich schönen Verben sperrige Substantive, spricht man von Substantivierung oder Nominalisierungen. Ein Sprachstil, der durch die häufige Verwendung von Nominalisierungen als Nominalstil beschrieben wird. Eine allgemeingültige Definition des Begriffs Nominalstil gibt es in der Linguistik nicht. Die Beschreibungen sind eher schwammig und unpräzise. So bezeichnet der Duden den Nominalstil als »eine als unschön empfundene Häufung von Substantiven, die von Verben abgeleitet sind.«

Ein Beispiel: Aus dem aktiven Verb »schicken« (»*bitte schicken Sie uns das Dokument bis zum ...*«) wird dann das sperrige Substantiv »Rücksendung« (»*um fristgerechte Rücksendung wird gebeten*«).

Am wohlsten, so scheint es, fühlt sich der Nominalstil in Amtsstuben. Er ist charakteristisch für einen Textstil, der gemeinhin als »Behördendeutsch« bezeichnet wird und der für Behördenschreiben, Rechtstexte und Formulare typisch ist. Warum kommen Nominalisierungen typischerweise in Rechts- und Behördentexten vor? Nun, weil sie Abstraktion und Verallgemeinerung von Sachverhalten ermöglichen und dabei die Texte kurz halten. Obwohl kurze Texte ganz im Sinne einer kundenorientierten Kommunikation stehen erreicht man mit Abstraktion und Verallgemeinerung jedoch das Gegenteil: Sie erschweren das Verstehen.

Außerdem wirkt der Nominalstil autoritär. Er beschreibt scheinbar eine Tatsache bzw. ein Ergebnis – es bleibt kein Raum für Diskussionen. Entsprechend unfreundlich bzw. von oben herab und distanziert wirkt der Nominalstil auf den Leser. Das kann sich eine Behörde auf Grund der fehlenden Wettbewerbssituation vielleicht noch erlauben, für Unternehmen ist es unmöglich.

> Verwenden Sie Verben statt sperriger Nominalisierungen, wenn Sie aktiv, modern und kundennah schreiben wollen!

Was für Sprache im Allgemeinen und für so manche Verständlichkeitsregel im Speziellen gilt, trifft auch hier zu: Es gibt immer wieder und nicht immer eindeutig definierbare Ausnahmen. Es kann an einer speziellen Formulierung liegen, am Inhalt eines Textes oder an der Textsorte selbst. So können auch Nominalisierungen manchmal sinnvoll oder gar unumgänglich sein. Beispielsweise bei einer Verschlagwortung von Inhalten oder um Sachverhalte kurz und knapp darzustellen. In manchen Fällen sind Nominalisierungen sogar eine Hilfe für den Leser –weil sie eben Inhalte verdichten und damit schnell erfassbar machen. Das Auge erfasst ein Wort schneller als einen ganzen Satz. So sind Nominalisierungen in Überschriften oder im Inhaltsverzeichnis oft hilfreich und daher sinnvoll. Sie haben in diesem Zusammenhang die Wirkung eines Schlagwortes: So erfasst das Auge beim Überfliegen eines Textes etwa viel eher den Begriff »Kündigung« als eine ausformulierte Überschrift »Wie Sie Ihren Vertrag kündigen können« oder »Wie kann ich kündigen?«

Der Einsatz sprachlicher Mittel, wie beispielsweise Nominalisierungen, kann auch durch die Textsorte begünstigt werden. In juristischen Texten, wie beispielsweise in Verträgen oder Geschäftsbedingungen, haben Nominalisierungen durchaus ihre Berechtigung. Durch sie wird es möglich, die Inhalte zu abstrahieren und zu verallgemeinern. Auch der autoritäre Sound, der durch den Nominalstil erzeugt wird, ist eine willkommene Wirkung für solche Texte.

In Briefen, E-Mails, Webtexten oder in Sozialen Medien haben Nominalisierungen jedoch nichts verloren – sieht man von den oben genannten Ausnahmen ab. Diese eher als »persönlich« oder »individuell« wahrgenommenen Textsorten sollten auf Augenhöhe mit dem Leser kommunizieren. Sie sollten aktiv, lebendig und authentisch sein – alles Eigenschaften, die Nominalisierungen eben nicht auszeichnen.

Sie sehen: Es ist nicht immer ganz einfach, sprachliche Mittel richtig einzusetzen. Sensibilisieren Sie deshalb Ihre Mitarbeiter auch für das Thema Nominalisierungen und stellen Sie klare Regeln dazu auf (wozu auch Ausnahmen gehören).

Praxis-Tipp

Den Nominalstil zu vermeiden, ist ganz einfach. Suchen Sie nach Worten mit den Endungen -ung, -heit, -keit oder -ismus und prüfen Sie, ob diese Wörter früher einmal ein Verb oder Adjektiv waren. Wenn Sie fündig werden, verwandeln Sie das Substantiv einfach wieder in das Verb bzw. Adjektiv zurück und bauen Sie den Satz demensprechend um – und schon liest sich Ihr Satz weniger bürokratisch, wirkt aktiver und moderner. Beispiele:

So besser nicht:	Sondern lieber so:
Um fristgerechte Rücksendung wird gebeten	Bitte schicken Sie uns bis zum …
Die Einhaltung und Befolgung der Brandschutzverordnung ist einzuhalten.	Bitte befolgen Sie die Brandschutzverordnung…
Nur durch vollständige Ausfüllung und Unterschrift kann die Bearbeitung Ihres Antrags zeitnah erfolgen.	Gern bearbeiten wir Ihren Antrag so schnell wie möglich. Schicken Sie uns dazu den Antrag einfach ausgefüllt und unterschrieben zu.

3.6 Konkret statt abstrakt

Ein weiteres Thema, bei dem auch der Nominalstil häufig eine Rolle spielt, ist der Abstraktionsgrad der Sprache in einem Text. Abstrakte Texte sind meist ein Problem für die Verständlichkeit. Je komplexer wir die Welt um uns herum wahrnehmen, desto mehr sehnen wir uns aber nach Vereinfachung, nach Simplifizierung. Mit der stark ansteigenden Menge an Information, die täglich auf uns hereinprasselt, hat ein klarer Text mit konkreter Aussage eine viel höhere Chance, bewusst wahrgenommen bzw. gelesen zu werden.

Texte können durch verschiedene Eigenschaften abstrakt wirken. Dazu gehören beispielsweise Passivsätze und Nominalisierungen. Aber auch auf inhaltlicher Ebene können Texte schnell abstrakt werden.

Das Problem dabei: abstrakte Texte sind nicht nur schwerer zu verstehen, sondern wirken zwangsläufig auch intransparent – zumindest dann, wenn es sich nicht um eine philosophische Abhandlung oder eine soziologische Theorie handelt. Denn: Wer etwas zu verbergen hat, drückt sich gern so aus, dass möglichst wenige Leser auf das zu Verbergende aufmerksam werden. Achten Sie in diesem Zusammenhang einfach einmal auf die Aussagen von Politikern und (Sport-)Funktionären. Schlechte Nachrichten werden in wortreichen Formulierungen versteckt, während positive Nachrichten in der Regel klar und auf den Punkt ausgesprochen werden.

So hat man beispielsweise »sein Ziel erreicht«, wenn das Geschäftsjahr erfolgreich war, aber man befindet sich im »Zielkorridor«, wenn das Jahr nicht ganz optimal verlaufen ist. Der Zielkorridor ist dabei ein abstrakter Begriff. Was ist ein Zielkorridor? Hier wird bewusst ein abstraktes Wort gewählt, das dem Leser viel Interpretationsspielraum lässt und dem Autor die Verantwortung für das gesagte oder geschriebene abnimmt (wer »nichts« sagt, kann auch für nichts zur Rechenschaft gezogen werden).

Das Ausweichen auf abstrakte Beschreibungen findet man auch in der schriftlichen Kommunikation von Unternehmen – und das gilt nicht nur für Vertragsbedingungen oder undurchsichtige Finanzprodukte. Ein typisches Beispiel sind werbliche Mailings: Vorteils- und Verkaufsargumente werden prominent platziert und verständlich beschrieben. Mögliche Nachteile oder Einschränkungen werden in weniger klaren

Formulierungen versteckt. Im schlimmsten Fall als abstrakter, juristischer »Sternchen-text«– es soll ja schließlich auch keiner sehen oder gar verstehen.

Ein immer wiederkehrendes Beispiel sind die Ausnahmeregelungen von bestimmten Angeboten, z. B. bei Preisgarantien von Energie-Anbietern (▶ Abb. 1 und 2):

Im ursprünglichen Schreiben wurde die hervorgehobene Preisgarantie im Text mit einem Sternchen versehen:

»Wählbare Preisgarantie und Vertragslaufzeit«*

In der Fußzeile des Briefs sind dann die Einschränkung in einer kleineren Schriftgröße zu finden:

» Die von uns gewährte Preisgarantie umfasst für den genannten Zeitraum den Energiepreis sowie Netznutzungsentgelte. Von der Preisgarantie ausgeschlossen sind daher gesetzlich vorgeschriebene Steuern, Abgaben und Umlagen.«*

In der auf Verständlichkeit und Kundennähe optimierten Variante des Briefs wird die Einschränkung direkt im Zusammenhang mit dem Angebot erwähnt – offen und transparent:

*»**Garantiert günstige Preise**: Wählen Sie eine Preisgarantie für 12 oder 24 Monate. Damit erhalten Sie von uns den garantiert günstigen Preis für Strom und die Nutzung der Stromnetze. Steuern, Abgaben und Umlagen sind gesetzlich vorgeschrieben – selbst wir können den Preis dafür leider nicht garantieren.«*

Wollen Sie ein vertrauensvolles Verhältnis mit Ihren Kunden aufbauen? Dann ist es wichtig, die Informationen – auch und gerade die negativen – in konkrete Aussagen zu packen.

> Nennen Sie die Dinge beim Namen – formulieren Sie konkret statt abstrakt!

Es gibt aber auch einen weiteren Grund, der Sie darin bestärken sollte, konkret zu formulieren: Konkrete Aussagen schaffen Bilder in den Köpfen Ihrer Empfänger. Und genau diese Bilder gilt es zu erzeugen, wenn Kommunikation gelingen soll. Nicht nur im Marketing und in der Werbung, wo Bilder positive Emotionen schaffen (sollen), sondern auch in E-Mails, Briefen und anderen alltäglichen Unterlagen. Sprachbilder sind ähnlich wichtig, wie die Bilder der Werbung. Beides geht über das Auge direkt ins Hirn. Die Information fängt dort an zu arbeiten, die Sprachbilder lösen unterbewusst Prozesse aus, die die Wahrnehmungen und Handlungen der Empfänger beeinflussen. Oft wird unterschätzt, welche starken Bilder klare Sprache erzeugen kann. Und dabei kann ein (Sprach-)Bild manchmal mehr sagen als tausend Worte.

Dazu ein Beispiel: Erinnern Sie sich noch an die Beschreibung eines früheren Finanzministers zur Auswirkung der Geschäfte ausländischer Finanzinvestoren? Nein? Möglicherweise erinnern Sie sich aber, wenn wir das Bild, das er damals verwendet hat, erwähnen: Heuschrecken! Jetzt erinnern Sie sich wieder? Kein Wunder, denn das Bild der Heuschrecke war stark. Der Zuhörer hat unmittelbar das Bild von Heuschrecken-Schwärmen im Kopf, die über die Ernten herfallen und die Felder ratzekahl leer fressen. Der abstrakte Begriff »ausländischen Finanzinvestoren« hingegen hat nicht die Stärke, solche Bilder im Kopf zu schaffen. Man kann sich unter diesem abstrakten Begriffen nur wenig vorstellen.

> Schaffen Sie mit Wörtern positive Bilder!

Für Ihr Unternehmen kann es von großem Vorteil sein, wenn Sie klare Bilder und Aussagen verwenden. Die Wirkung ist für die Wahrnehmung einer Marke, eines Unternehmens oder eines Produkts entscheidend: Nicht nur für die Verständlichkeit und Transparenz.

Betrachten wir hierzu noch ein Beispiel aus der Praxis: In einer Anzeige schreibt ein Unternehmen »mit jedem Kauf unterstützen Sie soziale Projekte in der Region«. Dieser Satz soll die regionale Verwurzelung und das soziale Engagement des Unternehmens vor Ort unterstreichen – im Grunde ein zentraler Sachverhalt. Denn Regionalität ist ein Wert, der stark im Kommen ist. Menschen geben heute mehr Geld für Kartoffeln im Supermarkt aus, wenn sie glauben, dass diese aus der Region stammen.

Die Formulierung »soziale Projekte in der Region« ist aber etwas unglücklich, weil für den Leser völlig abstrakt und somit wenig effektiv. Sie transportiert keine Bilder, denn die Wortwahl »soziales Projekt« bleibt für den Leser abstrakt. Konkret formuliert müsste der Sachverhalt wie eines der folgenden Beispiele formuliert werden: »Mit jedem Kauf unterstützen Sie den Kindergarten Regenbogen« oder »mit jedem Kauf unterstützen Sie das Fußballprojekt KidsKick«. Es ist richtig und wichtig darauf hinzuweisen, dass das Unternehmen seine soziale Verantwortung ernst nimmt. Ohne konkrete Angaben hört es sich allerdings wie eine Floskel an und ist nicht überprüfbar. Dies schafft keine Bilder im Kopf. Mit dem konkreten Hinweis auf den Kindergarten oder ein Nachwuchsprojekt im Fußball entstehen hingegen Bilder – auch wenn man das Projekt nicht kennt oder selbst keine Kinder hat. Aber genau diese Bilder sind wichtig. Mit Sprache Bilder schaffen, ist ein starkes Mittel, um Botschaften in den Köpfen Ihrer Leser zu verankern. Und dann funktioniert Ihre Kommunikation.

Ein weiteres Beispiel: Letztens landete eine E-Mail von einer Firma in unserem Postfach, mit der wir einen Termin vereinbart hatten. Die E-Mail begann mit den Worten »aus gegebenen Anlass müssen wir unseren Termin verschieben«. Was wohl der gegebene Anlass war? Keine Lust? Krankheit? Terminüberschneidungen? Möglichkeiten gibt es viele. Nun ist die Planung dahin und der Termin muss neu organisiert werden. Da liegt es nahe, die abstrakte Formulierung negativ zu interpretieren: Der Absender hat ein furchtbares Zeitmanagement, war überfordert oder hat den Termin schlicht verschwitzt. Keine gute Basis für eine lange und positive Geschäftsbeziehung. Besser wäre es doch gewesen, den »gegebenen Anlass« konkret zu benennen: »Es tut uns sehr leid, aber der zuständige Kollege ist längerfristig erkrankt. Da wir Ihnen in dieser kurzen Zeit keinen angemessenen Ersatz bieten können, müssen wir den Termin verschieben«. Bei einer konkreten Aussage hat der Leser dann keine unmittelbare Gelegenheit, eine negative oder unerwünschte Interpretation der Information vorzunehmen.

Praxis-Tipp

Formulieren Sie den Sachverhalt konkret und direkt. Dabei können Ihnen die folgenden Hinweise helfen:

- Nennen Sie die Dinge beim Namen und beschreiben Sie Sachverhalte so kurz, aber auch so präzise wie möglich!
- Verstecken Sie Einschränkungen oder rechtliche Hinweise nicht in juristischen Formulierungen oder im Kleingedruckten. Seien Sie kreativ und versuchen Sie solche Informationen gleichwertig in den Text einfließen zu lassen.
- Vermeiden Sie umständliche Verweise! Benennen Sie die Dinge direkt, anstatt auf andere Stellen und Dokumente zu verweisen. Schreiben Sie anstelle von »*Sie erreichen uns unter o. g. Tel.-Nr.*« besser: »*Sie erreichen uns unter: 0987-123 456*«. Anstatt eines abstrakten rechtlichen Hinweises wie »*vgl. §9 SGB*« ist eine klare Beschreibung weniger Abschreckend wirkt die Formulierung: »*Weitere Informationen finden Sie in Paragraph 9 des Sozialgesetzbuchs (SGB).*«
- Werden Sie bei Zeit- und Datumsangaben konkret: Ersetzen Sie Floskeln wie »*um rechtzeitige Rücksendung wird gebeten*« mit konkreten Angaben: »*Bitte schicken Sie uns die Unterlagen bis zum 23. Januar 2028*«.
- Vermeiden Sie Abkürzungen, auch diese sind meist abstrakt! Wer schon mal in einem internen Meeting eines Konzernunternehmens teilgenommen hat, weiß wovon wir sprechen. Sätze wie »*Vor der Integration in DOPE muss LEG die QS der BUZ-TB vornehmen*« sind für Außenstehende ein Buch mit sieben Siegeln. Schreiben Sie ungebräuchliche Abkürzungen aus, zumindest bei erster Nennung.
- Formulieren Sie so, dass aus Buchstaben Bilder werden! So wie einfache Beispiele helfen können, komplexe Sachverhalte zu erklären, können die richtigen Worte einen Text einfacher und klarer machen. Eine Möglichkeit ist der Einsatz »bildhafter« Wörter wie »Heuschrecke« statt »ausländischer Finanzinvestor«.

3.7 Klare Inhalte – kurz und knapp

Lange Sätze und lange Wörter sind eine Barriere für die Verständlichkeit, das wissen wir nun. Aber nicht nur die Länge von Sätzen und Wörtern, sondern auch die Länge eines Textes kann zum Hindernis einer erfolgreichen Kommunikation werden. Ihr Leser möchte in der Regel schnell und auf den Punkt informiert werden – zumindest dann, wenn es um Produktinformationen, Abrechnungen, Mahnungen, Bescheide und ähnliche Texte geht. Kurze und präzise Information sind wie Rettungsringe in der schier unendlichen Flut alltäglicher Informationen. Wer hat schon Lust einen eng beschriebenen, zweiseitigen Brief eines Unternehmens – ganz gleich ob von einer Versicherung,

Ihrem Autohaus oder dem Finanzamt – zu lesen, nur um am Ende des Textes festzustellen, dass die Kernbotschaft in zwei Sätze gepasst hätte.

Das heißt: Wenn Sie nicht viel zu sagen haben, sagen Sie bitte auch nicht viel. Häufig beobachten wir jedoch ein gegenteiliges Schreibverhalten, vor allem bei kritischen oder negativen Sachverhalten. Ein immer wiederkehrendes Beispiel hierfür sind die Ankündigungen von Preiserhöhungen, beispielsweise bei Stromanbietern oder Krankenkassen. Nicht selten besteht der größte Teil des Textes aus »beschwichtigenden« Nebeninformationen, zum Beispiel zur zertifizierten Servicequalität des Unternehmens, zur in einer Umfrage ermittelten Zufriedenheit der Kunden oder auch zu den wachsenden Unkosten im Umfeld des Unternehmens. Garniert mit Floskeln, Füllwörtern und sonstigem Alibi-Text kann man da schnell auf 2 bis 3 Seiten kommen. Irgendwo dazwischen eingefügt oder gern auch ganz ans Ende gequetscht, wird das Wesentliche versteckt.

Der Begriff »versteckt« ist hier nicht zufällig gewählt, denn gerade bei Texten mit kritischen oder negativen Inhalten, hat die Textmenge oft genau diese Funktion: Unangenehmes soll möglichst unauffällig übermittelt werden. Hier soll die »bittere Medizin« mit etwas »Zucker« versüßt werden. Prinzipiell ist an einer behutsamen Kommunikation nichts auszusetzen, insbesondere bei sensiblen Kommunikationsanlässen. Es sollte beim Leser aber keinesfalls der Eindruck entstehen, Sie wollten ihn für dumm verkaufen und die Fakten durch sprachliche Nebelkerzen verschleiern. Eine Möglichkeit, dies zu vermeiden, ist die Gliederung Ihrer Information nach Relevanz: Platzieren Sie die wichtigsten Inhalte Ihrer Kommunikation im ersten Drittel Ihres Textes. Damit steigern Sie die Chance, dass Ihre Kernbotschaft den Leser erreicht. Wenn Sie weitere Details in Ihrem Text beschreiben möchten, haben Sie dazu auch im Anschluss, nach der Kerninformation, noch Gelegenheit.

> Stellen Sie die wichtigsten Informationen an den Anfang Ihres Textes!

Auch wenn Sie darauf achten, die Inhalte Ihrer Texte nach Relevanz zu gliedern, empfehlen wir genau zu überlegen, ob und wie viele Details Ihr Text benötigt. Denn mit langen, ausschweifenden und detailschwangeren Texten geht ein weiteres Problem einher: Sie werden oft gar nicht gelesen. Wenn etwa ein Brief aus 3 Seiten Fließtext ohne Punkt und Komma besteht, unübersichtlich strukturiert ist und ohne leserfreundliches Layout auskommt – dann ist die Gefahr groß, dass der Leser erst gar nicht anfängt, Ihren Brief zu lesen. Der Brief landet dann auf dem »Mache-ich-nachher-Stapel« Ihrer Schreibablage und verschwindet dann irgendwann ungelesen im Altpapier. Mit kurzen, übersichtlichen und leserfreundlich gestalteten Texten steigern Sie die Motivation des Lesers, sich mit Ihrem Text zu befassen. Damit erhöhen Sie die Chance, Ihre Botschaft zu übermitteln.

Wir greifen hier gern auf die KISS-Formel aus der Praxis zurück. Das KISS-Prinzip steht für: »Keep it short and simple«. Im Bereich der Gebrauchstauglichkeit (Usability) von technischen Geräten oder Anwendungen hat sich das Prinzip bewährt: Je einfacher bedienbar ein Gerät oder ein Programm ist und je kürzer die Wege zum Ergebnis oder dem gewünschten Verhalten, umso erfolgreicher ist das Produkt. Beispielhaft seien hier moderne Smartphones genannt. Produkte, die auf Grund ihrer Einfachheit unglaublich erfolgreich waren oder immer noch sind. Auf einen Text übertragen bedeutet das Prinzip: Reduzieren Sie die Inhalte auf das Notwendige und bieten Sie Ihrem Leser einen schnellen Erfolg. Man spricht in diesem Zusammenhang auch gern von »Content-Usability«.

Sich auf das Wesentliche zu beschränken ist keine einfache Aufgabe. Sind die Verfasser doch zumeist der Meinung, dass alles, was sie zu Papier gebracht haben, inhaltlich wertvoll und im Grunde unverzichtbar ist. Nicht zuletzt deshalb, weil sie es selbst geschrieben haben. Hier bedarf es der Fähigkeit des kritischen Blickes auf die eigene Arbeit, indem die Perspektive des Lesers eingenommen wird: Versuchen Sie zu erfassen, was der Leser von Ihnen und Ihrem Text benötigt.

> Reduzieren Sie Informationen auf die für Ihre Zielgruppe wesentlichen Inhalte!

Dazu ein Beispiel aus der Praxis: Eine Krankenkasse informiert Ihre Kunden mit folgenden Text über Unterlagen, die sie benötigt:

»Senden Sie nach der Eingliederung des Zahnersatzes die Zahnarztrechnung im Original, die eine detaillierte Auflistung der erbrachten zahnärztlichen Leistungen sowie den Tag der Eingliederung des Zahnersatzes enthalten soll, zusammen mit den Laborbelegen zur genauen Zuschussberechnung und Erstattung an uns.«

Aus Sicht des Sachbearbeiters sind in diesem Satz alle Informationen gleichermaßen wichtig. Er benötigt jede zahnärztliche Leistung im Detail, er benötigt die Laborbelege und er benötigt den Tag der »Eingliederung«. Aber versetzen wir uns für einen Moment in den Kunden.

Als erstes fällt auf, dass kein Laie von einer »*Eingliederung*« des Zahnersatzes sprechen würde, wenn er die Behandlung (beim Zahnarzt) meint. Oder haben Sie schon einmal Ihren Nachbarn sagen hören: »Ich war heute bei der Eingliederung meines Zahnersatzes«. Man sollte also versuchen, die Sprache unserer Kunden zu verwenden: »*Nach Ihrer Behandlung…*«. Als zweites fällt auf, dass jede Zahnarztrechnung immer alle Leistungen enthält. Stellen Sie sich einmal vor, Sie bekommen diesen Brief und gehen zu ihrem Zahnarzt und sagen ihm, er soll auf der Rechnung doch bitte alle Leistungen aufführen. Ihr Zahnarzt würde Ihnen dann einfach sagen »*passt schon*« und Sie merkwürdig anschauen, denn dazu ist er sowieso gesetzlich verpflichtet. Es reicht in diesem Fall also völlig aus, wenn wir den Kunden mit folgendem Text informieren (wobei wir gleich einen Vorgriff auf das nächste Kapitel einbauen und die Information zur besseren Übersichtlichkeit entsprechend strukturieren):

»Nach der Behandlung berechnen wir den Zuschuss und erstatten Ihnen die Kosten für Ihren Zahnersatz. Senden Sie uns dazu bitte einfach folgende Unterlagen:

- *Alle Rechnung im Original*
- *Die Belege aus dem Labor.«*

Zu guter Letzt noch ein, zugegebenermaßen etwas spitz formulierter Rat: Manchmal ist das Beste, was Sie für die Verständlichkeit der Unternehmenskommunikation tun können, einen Text erst gar nicht zu schreiben. Dieser Hinweis mag provokant wirken und ist doch ernst gemeint: kommunizieren Sie mit Ihren Zielgruppen, wenn es notwendig ist oder den Empfängern einen Mehrwert bietet und nicht aus reiner Freude am Schreiben. Denn, ob wir es wahrhaben wollen oder nicht, unsere Zielgruppen warten in den meisten Fällen nicht drauf mit unnötigen Informationen »belästigt« zu werden – auch wenn wir uns und unser Unternehmen unwiderstehlich finden.

3.8 Klare Strukturen – übersichtlich und lesbar

Auch wenn wir die vorhergehenden Regeln beachten, sind lange Texte nicht immer zu vermeiden, um bestimmte Inhalte zu transportieren oder komplexe Sachverhalte zu vermitteln. Denken Sie beispielsweise an Allgemeine Geschäftsbedingungen, Verträge, Bedienungsanleitungen oder Geschäftsberichte. Hierbei ist die Struktur und Gestaltung Ihres Textes für den Kommunikationserfolg entscheidend.

Denn: Eine der höchsten Hürden, die Sie als Texter dem späteren Leser entweder in den Weg stellen oder aus demselben räumen können, ist die Gestaltung des Textes. So wie man von Liebe auf den ersten Blick spricht, entscheidet sozusagen auch bei Texten der erste Blick über die Liebe des Lesers zu Ihrem Text!

Blei- oder Textwüsten ohne Gliederung und Struktur sind eine der Hauptbarrieren für einen schnellen und einfachen Zugang zum Text. Das Auge liest mit, könnte man hier sinngemäß formulieren. Noch bevor Ihr Leser ein Wort erfasst hat, sieht er den gesamten Text. Und wenn er darin nur eine unstrukturierte, für ihn bedrohliche Textwüste sieht, dann wird seine Bereitschaft zur genaueren Lektüre gegen null tendieren. Um im Bild zu bleiben: Aus Liebe zum Text wird dann – im schlimmsten Fall – Abneigung und Ablehnung!

Dies ist besonders in Zeiten einer unübersichtlichen und schier endlosen Informationsvielfalt besonders zu beachten. Untersuchungen zeigen, dass die Leser heutzutage, vor allem im Internet, nicht im klassischen Sinn lesen. Es wird nicht Wort für Wort von oben links nach unten rechts gelesen. Vielmehr werden Texte meist einfach nur überflogen. Das Auge »springt« im Text und scannt den Inhalt nach Anhaltspunkten, die darauf hinweisen, dass der Inhalt interessant ist. Also beispielsweise hervorgehoben Schlagwörtern und durch Spiegelstrichen strukturierten Argumenten.

Um den Leser an die Botschaft eines Textes heranzuführen, müssen Sie das Auge des Lesers »verführen« – das kann, um es gleich vorweg zu sagen, mit einfachen Mittel passieren. Mit einer klaren Gliederung und Struktur ist ein Text für den Betrachter attraktiver als eine unübersichtliche »Buchstabensuppe«. Das heißt, um einen leicht lesbaren und verständlichen Text zu erstellen, muss neben dem Inhalt auch die Form an die Bedürfnisse des Lesers und Bedingungen bei der Informationsaufnahme angepasst werden. Nicht nur im Internet ist es besonders wichtig, dass Texte gut strukturiert sind. Auch Briefe, Geschäftsbedingungen, Broschüren oder Newsletter müssen optisch ansprechend strukturiert werden, um den Kunden zum Lesen zu animieren.

Sie können einen Text mit den folgenden, ganz einfachen Mitteln strukturieren und damit die Inhalte für den Leser verständlicher machen.

1. **Absätze**: Eine sehr gute Methode, um umfangreiche Texte zu gliedern und zu strukturieren sind Absätze. Sie proportionieren den Text dadurch nicht nur in inhaltlich »verdaubare Happen«, sondern ermöglichen auch die Zusammenfassung von zusammengehörenden (Sinn-)Einheiten im Text. Zudem machen Leerzeilen zwischen Absätzen einen Text luftiger und vermitteln dem Leser optisch: Ich bin ein leicht zu lesender Text! Versuchen Sie in Briefen, E-Mails und bei Onlinetexten Ihre Absätze auf 4-6 Zeilen zu reduzieren. Ein Tipp hierzu: Oft hat man das Problem, dass eine Zeile auf die nächste Seite hüpft. Oft löscht man dann Leerzeilen, um den gesamten Text auf eine Seite zu bringen. Machen Sie das nie! Versuchen Sie in diesem Fall eher unnötigen »textlichen Ballast« abzuwerfen. Wenn es nicht anders geht, können Sie die Leerzeilen auch verkleinern. Dieser kleine Trick hilft oft dabei, den Text trotz der Absätze auf eine Seite zu bekommen.

2. **Hervorhebungen**: Über die Gestaltung von Texten und hier insbesondere über Hervorhebungen können Sie dem Leser eine wichtige Navigationsunterstützung bieten. Besonders prominent platzierte oder durch Hervorhebungen herausgestellte Textstellen weisen dem Leser den Weg zu den relevanten Informationen. Grundsätzlich sollten Texthervorhebungen nur sparsam und konsistent eingesetzt werden, weil sie ansonsten ihre gewünschte Wirkung einbüßen können. Es gibt eine Reihe von Hervorhebungsmaßnahmen, die Sie einsetzen können:

   - **Schrift kursiv oder fett hervorheben**: Wir empfehlen als Hervorhebungen im Text Fettschrift zu verwenden. Kursive Schrift ist eine eher dezente Hervorhebung und wird oft übersehen.
   - **Großbuchstaben** (Versalien): Setzen Sie Großbuchstaben sparsam ein, am besten nur bei einzelnen (Schlag-)Wörtern. Längere Textabschnitte mit mehr als 2 Zeilen in Versalien sind sehr schwer lesbar. Und vergessen Sie beim Einsatz von Versalien auch bitte nicht, dass sie einer Information auch einen gewissen Nachdruck verleihen können, der nicht immer angebracht ist. Eine Handlungsaufforderung oder ein Ausruf kann leicht als »Anschreien« wahrgenommen werden, vor allem wenn ein Ausrufezeichen hinzukommt. Gerade in den sozialen Netzwerken sind Versalien der Ausdruck für »Schreien« – von daher sollten wir diese Konvention berücksichtigen und eher darauf verzichten.
   - **Schrift- und Hintergrundfarben**: Farben als Hervorhebungsmittel sind mit Vorsicht zu genießen. Nicht nur, dass Farben eine wertende Wirkung haben können (rot = falsch/ grün = richtig), sie sind auch für Menschen mit Farbenblindheit oder Farbenfehlsichtigkeit (Rot-Grün-Sehschwäche) nicht hilfreich. Von der Rot-Grün-Farbschwäche sind immerhin etwa 5 Prozent der Bevölkerung in Deutschland betroffen. Zudem wollen wir auch nicht, dass unsere Dokumente aussehen als hätte sie ein 5-Jähriger gestaltet. Dies kann beim Einsatz von (am besten mehreren) Farben allerdings schnell passieren.
   - **Unterstreichungen**: Unterstreichungen sind ein beliebtes und klar erkennbares Hervorhebungsmittel. Sie heben nicht nur eine Information optisch hervor, sondern

können auch verstärkend auf die Botschaft wirken. Daher werden sie gerne bei Warnhinweisen eingesetzt. Kommen Unterstreichungen sehr häufig in einem Text vor, können sie das Schriftbild unruhig erscheinen lassen und den Text unleserlich machen. Außerdem werden Unterstreichungen bei Online-Texten oft mit Links verwechselt. Als Hervorhebung von Überschriften sind sie jedoch gut geeignet.

- **Aufzählungszeichen** (»Blickfangpunkte«): Aufzählungszeichen sind nicht nur geeignet, um Informationen zu strukturieren, sondern auch ein wirkungsstarkes Hervorhebungsmittel. Sie ziehen den Blick des Lesers auf sich und sind besonders geeignet eine Kerninformation aus dem restlichen Text herauszustellen.

3. **Überschriften**: Ein weiteres Mittel, um einen Text zu strukturieren und dem Leser optische Ankerpunkte anzubieten, sind (Zwischen-)Überschriften. Denn auch ein Text mit mehreren Seiten voller Absätze hilft beim Überfliegen kaum, relevante Inhalte zu erspähen. Überschriften und Zwischenüberschriften können hier sehr hilfreich sein. Voraussetzung ist, dass sie richtig eingesetzt werden:

- Heben Sie Überschriften durch Fettschrift oder eine größere Schrift hervor.
- Wählen Sie Überschriften mit maximal 5-6 Wörtern, bei Zwischenüberschriften dürfen es sogar noch weniger Worte sein.
- Versuchen Sie in (Zwischen-)Überschriften aussagekräftige Schlagworte zu verwenden.
- (Zwischen-)Überschriften sollten einen eindeutigen Bezug zum darauffolgenden Inhalt haben.
- Wenn Sie mehrere Überschriften-Hierarchien verwenden, unterscheiden Sie die Hierarchieebenen ebenfalls mit Hervorhebungsmitteln, wie Schriftgröße oder Einrückungen.

Das folgende Beispiel verdeutlicht, wie mit relativ einfachen Mitteln ein unübersichtlicher Text klar strukturiert und »zum Überfliegen« gestaltet werden kann.

Wie man an diesem Beispiel gut sehen kann, reichen schon einfache Formatierungen und eine übersichtliche Struktur aus, um ein Dokument völlig anders wirken zu lassen. Von daher unterschätzen Sie diesen Aspekt bitte nicht. Er entscheidet darüber, ob Ihre Texte gelesen werden oder nicht. Und Sie sehen es ja selbst: Hier handelt es sich um keine Raketenwissenschaft, sondern vielmehr um die konsequente Anwendung einiger weniger Regeln.

Der Ursprungsbrief

Sehr geehrte Damen und Herren,
bezüglich der Anfrage zu einer Schulung können wir Ihnen hiermit mitteilen, dass die von Ihnen angefragte Schulung zu dem gewünschten Termin stattfinden kann. Wie bereits im Angebot festgehalten ist von Ihrer Seite aus dafür zu sorgen, dass am Tag der Durchführung die technischen Voraussetzungen für einen reibungslosen Ablauf gewährleistet sind und es auch zu keinen zeitlichen Verzögerungen beim Aufbau des Veranstaltungsraumes kommt. Den Teilnehmern sind zudem von Ihrer Seite aus die Schulungsunterlagen in ausgedruckter Form im Anschluss an die Veranstaltung auszuhändigen, das gewünschte Zertifikat wird durch unseren Schulungsleiter den Teilnehmern ausgehändigt. Beachten Sie bitte zudem die Begrenzung der Teilnehmer, die wir Ihnen im Angebot mitgeteilt haben.
Ihren Auftrag haben wir mit Dank entgegengenommen und sehen einem reibungslosen Ablauf entgegen.
Mit freundlichen Grüßen
Ihr
Schulungsteam

Der überarbeitete Brief

Sehr geehrte Frau Kundin,
vielen Dank für Ihr Interesse an unserer Schulung. Gerne bestätigen wir Ihnen den gewünschten Termin!

Alle wichtigen Informationen im Überblick:

- Die Schulung findet statt am **14.10.2016 von 08:00 – 16:00 Uhr**.
- Ort ist **54321 Schulingen, Wissensstraße 4, Raum 18B**.

Damit die Schulung ein Erfolg wird:

- Unser Dozent benötigt einen **Beamer und ein Flip-Chart**.
- Drucken Sie bitte die **Unterlagen für die Teilnehmer** aus.

Haben Sie noch weitere Fragen? Wir sind gerne unter XXXX für Sie da!

Mit herzlichen Grüßen
Ihr
Schulungsteam

Abb. 5: Zwei Briefe, eine unübersichtliche (oben) und eine besser lesbare und verständlichere Variante (unten)

3.9 Verständlichkeit – eine Zusammenfassung

Verständliche und auf Ihre Kunden ausgerichtete Sprache ist eine grundlegende Voraussetzung, dass Ihre Unternehmenskommunikation gelingt. Wenn Sie dauerhaft erfolgreich kommunizieren möchten und auch dauerhaft Kosten der Kommunikation einsparen wollen, dann sollten Sie sich möglichst verständlich ausdrücken. Denn es gilt:

- **Verständlichkeit reduziert Rückfragen von Kunden**: Sie sparen damit bares Geld und Ihre Mitarbeiter können sich besser um die Dinge kümmern, die wichtig sind.
- **Verständlichkeit steigert den Absatz Ihrer Produkte und Dienstleistungen**: Nur, wenn Ihre Zielgruppen verstehen, warum sie Ihre Produkte oder Dienstleistungen kaufen sollen, werden Sie dies auch tun.
- **Mit verständlicher Kommunikation funktionieren interne Abläufe schneller und effizienter**: Wenn Mitarbeitern klar ist, was sie tun sollen, machen sie dies schneller und meist auch richtiger.
- **Verständlichkeit schafft Transparenz und Vertrauen**: Diese beiden Aspekte sind die Voraussetzung für eine langfristig erfolgreiche Beziehung mit Ihrem Kunden.
- **Verständlichkeit macht Sie für Kunden von der Konkurrenz unterscheidbar**: Den Wettbewerb der Zukunft führen Sie nicht über Produkte, sondern über Dienstleistung und Kommunikation. Wer heute in der Kommunikation die Nase vorne hat, steht im Wettbewerb zukünftig auf Seiten der Gewinner.
- **Verständlichkeit stärkt Ihr Profil und Image durch Sprache, die funktioniert**: Gerade mit Sprache bilden Sie die Vorstellung Ihrer Kunden von Ihrer Marke. Sprache wird dabei häufig unterschätzt. Nutzen Sie die Macht der Wörter, um Ihr Unternehmen zu einer klaren und starken Marke zu machen. Durch eine klare und starke Sprache, die Ihre Kunden verstehen.

Wenn einem erst einmal klar ist, auf welche vielfältige Weise verständliche Unternehmenskommunikation wirkt, erledigt sich die Frage, ob ein Unternehmen sich dieses Themas annehmen sollte, ganz von alleine. Wir wollen Ihnen aber auch nichts vormachen, denn der Aufwand, den Sie zur Umsetzung einer verständlichen Unternehmenskommunikation betreiben müssen, kann erheblich sein. Aber eines ist sicherlich auch klar: Es handelt sich bei diesem Aufwand um eine Investition, die sich unmittelbar bemerkbar und nachhaltig bezahlt macht.

Der erste und wichtigste Schritt zu einer verständlichen Unternehmenssprache ist die Sensibilisierung für dieses Thema und die konsequente Anwendung der Regeln für verständliche Sprache. Die vorangegangenen Regeln dienen als Werkzeuge, um Sie diesem Ziel näher zu bringen. Die gute Nachricht dabei ist: Es sind relativ wenige Regeln, mit denen Sie Verständlichkeit in der Unternehmenskommunikation wirksam umsetzen können. Die schlechte Nachricht: Um Verständlichkeit dauerhaft einsetzen zu können, müssen Sie sich auch Gedanken um betriebliche Prozesse machen. Wie führen Sie Verständlichkeit ein? Wie sichern Sie die Qualität Ihrer Kommunikation nachhaltig? Wie vermitteln Sie die Regeln an neue Mitarbeiter? Diese Punkte greifen wir im letzten Teil des Buches wieder auf, wenn wir Ihnen eine Anleitung für die Umsetzung an die Hand geben.

Die goldenen Regeln der Verständlichkeit nochmals zusammengefasst:

- Schreiben Sie kurze Sätze und verzichten Sie auf unnötige Verschachtelungen.
- Regeln Sie den Umgang mit Fachbegriffen und sprechen Sie die Sprache Ihrer Kunden, nicht die Sprache Ihrer Rechts-, Entwicklungs- oder Fachabteilung.
- Verwenden Sie einfache Begriffe statt langer und komplexer Worte.
- Verzichten Sie auf unnötiges Passiv und sprechen Sie Ihren Leser persönlich an.
- Verben machen einen Text aktiv und lebendig, Nominalisierungen hingegen lassen die Sprache sperrig und unpersönlich wirken.
- Schreiben Sie konkret statt abstrakt: Verzichten Sie auf Verweise. Geben Sie Beispiele für abstrakte Sachverhalte und erläutern Sie komplexe Zusammenhänge.
- Werfen Sie Ballast ab – achten Sie auf eine sinnvolle und logische Gliederung und schreiben Sie nur das, was der Kunde wissen muss.
- Das Auge liest mit: Strukturieren Sie Ihren Text für eine bessere Lesbarkeit. Portionieren Sie Ihre Inhalte und nutzen Sie Bullet-Points um lange Aufzählungen zu strukturieren und den Leser durch eine bessere Struktur zu führen.

Mit diesen einfachen Basistipps können Sie Ihre Kommunikation bei konsequenter Anwendung schon deutlich verständlicher gestalten. Selbstverständlich gibt es viele weitere Aspekte einer hochwertigen Sprache, die hier nicht behandelt worden sind. Hier geht es zunächst vor allem um die Verständlichkeit. Mögen die einzelnen Kriterien für sich alleine gesehen als wenig wirksam erscheinen, so ist ihre Kraft in der Summe nicht zu leugnen – versuchen Sie es!

Bei der Umsetzung von verständlicher Sprache im Unternehmen wird uns immer wieder die Frage nach der Nachhaltigkeit und Kontrolle von Sprachqualität gestellt. Wie können Sie prüfen, ob Ihre Regeln eingehalten werden? Gibt es Kennzahlen für die Sprachqualität? Auf diese Fragen wollen wir im nächsten Kapitel eingehen.

3.10 Kann man Verständlichkeit messen?

Mit den oben dargestellten Regeln können Sie die Verständlichkeit Ihrer Texte deutlich verbessern. Aber wie gut ist die Umsetzung ausgefallen? Ist das Ergebnis verständlich genug oder könnte es noch verständlicher werden? Um diese Fragen zu beantworten, müssten Sie »messen« können, wie verständlich der Text durch Ihre Maßnahmen geworden ist. Erst damit validieren Sie, ob Ihre Regeln vollumfänglich greifen oder wo Sie noch steuernd eingreifen müssen. Aber kann die Verständlichkeit von Texten tatsächlich gemessen werden?

Die gute Nachricht vorweg: Ja, man kann Verständlichkeit messen. Es gibt sogar mehrere Methoden, die Sie einsetzen können. Und dennoch: Es ist nicht ganz einfach, den Grad der Verständlichkeit Ihrer Dokumente zu messen. Verständlichkeit hängt von vielen Faktoren ab und diese alle in der Bewertung abzubilden, ist nur sehr schwer möglich. Vor allem auch deshalb, weil viele Einflussfaktoren im Verstehensprozess auf Seiten der Kunden liegen und Sie darauf keinen Einfluss haben.

Sie haben nur wenige Möglichkeiten, auf Faktoren wie Vorwissen, Konzentration oder Motivation der Empfänger/Leser Ihrer Texte einzuwirken oder diese gar in Tests zu messen. Daher werden Sie immer nur messen können, wie hoch die Chance ist, dass Ihr Text verstanden wird. Sie können nur messen, ob Ihr Text »eher verständlich« oder »eher unverständlich« einzustufen ist. Sie können nur messen, wie schwer Ihr Text ist – aber nicht, wie viele Ihrer Leser ihn verstehen werden. Denn Sie haben keinen Einfluss darauf, ob Ihr Text am Sonntagmorgen, ausgeschlafen, mit einem Cappuccino tiefenentspannt auf der Terrasse oder mit einem schreienden Baby auf dem Arm zwischen Tür und Angel gelesen wird. Dennoch können und sollten Sie die Verständlichkeit und Qualität Ihrer Texte messen. Wir wollen Ihnen daher verschiedene Möglichkeiten und Methoden vorstellen, wie Sie die Verständlichkeit Ihrer Dokumente messbar machen können:

- Expertenanalysen
- Nutzertests
- Lesbarkeitsformeln.

Die Messung von Verständlichkeit, dies soll gleich vorab gesagt werden, ist komplex. Denn es gibt »harte« Faktoren in der Sprache (Verhältnis von Fremdwörtern zu geläufigen Wörtern, Häufigkeit komplexer Sätze, Verwendung von Passivsätzen u. a.). Diese können Sie einfach messen. Daneben beeinflussen aber auch »weiche« Faktoren die Wirkung von Sprache (wie beispielsweise Empathie, kundenfreundliche Tonalität, Aufbau und Gliederung von Informationen). Harte Faktoren lassen sich leichter messen, weil auf standardisierte Verfahren bei der Erfassung zurückgegriffen werden kann, beispielsweise durch Lesbarkeitsformeln oder Software-Programme wie TextLab. Bei den weichen Faktoren sollten Sie eher auf Experten und Nutzer zurückgreifen, um wichtige Nuancen zu erkennen.

Ideal ist es, wenn Sie verschiedene Methoden kombinieren, um einen möglichst umfassenden Blick auf die Sprache Ihrer Texte zu bekommen. Allerdings können auch manche der vorgestellten Methoden einzeln und isoliert eingesetzt werden. Und auch wenn Sie alle 3 Methoden einsetzen – Sie werden Verständlichkeit immer nur relativ und annähernd messen können. Aber das ist doch schon deutlich mehr als gar nicht zu messen und dauerhaft im Nebel zu stochern.

3.10.1 Expertenanalysen – der Schulterblick vom Profi

Eine der verbreitetsten Methoden ist die Prüfung von Texten durch Experten. Bei diesen Verfahren prüfen Experten nicht nur, ob die Texte verständlich sind, sondern auch ob vorgegebene Sprachregeln eingehalten werden und die Sprache den richtigen Ton trifft. Üblicherweise sind Expertenanalysen regelgeleitet. Das heißt, dass Experten die Texte nicht »aus dem Bauch heraus« prüfen, sondern systematisch nach ganz konkreten Regeln und/oder Prüfkriterien vorgehen. So wird sichergestellt, dass die Subjektivität bei der Prüfung auf ein Mindestmaß reduziert wird.

Eines der bekanntesten Experten-Verfahren ist das zwischen 1969 und 1974 von den Hamburger Psychologen Inghard Langer, Friedemann Schulz von Thun und Reinhard Tausch entwickelte »Hamburger Verständlichkeits-Modell«. Es sollte mit diesem Modell eine objektive Methode zur Prüfung von Texten entwickelt werden, die über die rein formalen Kriterien hinausgeht. Die Forscher griffen bei der Entwicklung auf Erkenntnisse aus der Lesbarkeitsforschung zurück, die bereits Merkmale für die Verständlichkeit von Texten formuliert hatte. Allerdings sollten nicht, wie bis dahin weit verbreitet, nur Wort- und Satzmerkmale, sondern auch Merkmale wie Textgliederung und -organisation sowie die inhaltliche Redundanz der Texte, miterfasst werden. Das Hamburger Verständlichkeits-Modell bewertet dabei 4 Dimensionen von Texten:

- Einfachheit
- Gliederung
- Prägnanz
- Anregung

Zu jeder Dimension werden verschiedene Ausprägungen bewertet, in der Dimension Einfachheit also beispielsweise:

EINFACH	+2	+1	0	−1	−2	KOMPLEX
Kurze Sätze						Lange Sätze
Geläufige Wörter						Ungebräuchliche Wörter
Fachwörter erklärt						Fachwörter nicht erklärt
Konkret						Abstrakt
Anschauliche Beispiele/ Bilder						Keine Beispiele/ Bilder
Klare Gliederung						Unübersichtliche Gliederung

Anhand dieser Bewertungsdimensionen wird der Text dann von mindestens zwei Experten bewertet. So ist es möglich, eine Vielzahl an Kriterien systematisch von Experten prüfen zu lassen und die Ergebnisse zu quantifizieren. Hundertprozentig objektiv ist ein solches Verfahren sicherlich nicht, aber die Methode ist sehr hilfreich, um alle relevanten Merkmale eines Textes systematisch zu erfassen und zu bewerten.

Das Modell kann außerdem wunderbar an Ihre eigenen Regeln angepasst werden. Wenn Sie beispielsweise bei Online-Texten eine Grenze von 15 Wörtern pro Satz festlegen, dann wird die Dimension Satzlänge nicht abstrakt (sind die Sätze zu lang oder eher kurz), sondern ganz konkret (gibt es noch Sätze mit mehr als 15 Wörter) formuliert.

Expertenanalysen lassen sich auch in Unternehmen sehr gut in die Prozesse der Texterstellung und -prüfung integrieren. Dabei muss nicht unbedingt ein wissenschaftliches Verfahren wie das Hamburger Verständlichkeitsmodell angewandt werden. Sie können auch ganz einfach Texte anhand eines Kriterienkatalogs oder Leitfadens prüfen und kritische Stellen im Text hervorheben, um eine Optimierung einzuleiten. Mit einem solchen Vorgehen generieren Sie zwar keine wissenschaftliche Bewertung Ihres Textes und können die Ergebnisse schwerer quantifizieren. Aber wenn es darum geht, die Einhaltung von Regeln zu prüfen und die Qualität von Texten im Arbeitsalltag zu sichern, ist auch ein solches Vorgehen effizient und äußerst hilfreich.

Die Experten für die Prüfung der Texte können interne Mitarbeiter sein, z. B. Kolleginnen und Kollegen aus Ihrer Textredaktion. Die Prüfung kann aber auch außerhalb des Unternehmens bei einer neutralen Stelle angesiedelt sein, beispielsweise in einer Agentur. Die Experten sollten

- die Regeln Ihrer Sprache kennen,
- die Ergebnisse systematisch erfassen und
- konkrete Verbesserungsmaßnahmen einleiten können.

Bei der Expertenanalyse stellt sich jedoch nicht nur die Frage, wer diese Prüfung durchführt, sondern auch wann diese Prüfung durchgeführt wird – also bei welchen Dokumenten und in welcher Stufe der Veröffentlichung. Es ist illusorisch anzunehmen, dass jede E-Mail und jeder Brief sowie jedes Schriftstück das Ihr Unternehmen verlässt durch Experten geprüft werden kann. Aber es ist ebenso eine Illusion zu glauben, dass Sie eine verständliche Sprache ohne Prüfungen dauerhaft etablieren können.

Wir empfehlen die Expertenanalyse vor allem bei Schlüsseltexten einzusetzen. Dies können beispielsweise Ihre auflagenstärksten Dokumente, die Informationen zu Kernprodukten, wichtige Imagetexte oder die unternehmensweit eingesetzten Standard-Textbausteine sein. Expertenbewertungen sind hier eine sehr sinnvolle und durchaus praktikable Methode zur Prüfung der Verständlichkeit Ihrer Texte. Solche Verfahren können mit überschaubarem Aufwand entwickelt und dann langfristig effektiv eingesetzt werden. Wir empfehlen, dass diese Methoden fest in Ihren Prozessen verankert wird. Im Idealfall mit Experten aus dem eigenen Unternehmen, um Zeit und Ressourcen möglichst effektiv einzusetzen.

3.10.2 Nutzertests – den Kunden mit ins Boot nehmen

Viele Unternehmen beziehen heute schon in der Phase der Produktentwicklung den Kunden mit ein. Ganz typisch ist das Mitwirken von Kunden in der Marktforschung und bei der Optimierung der Gebrauchstauglichkeit von Produkten und Dienstleistungen (Usability-Tests). Gleiches empfehlen wir für die Prüfung der Verständlichkeit von Texten in der Unternehmenskommunikation. Denn wer könnte besser beurteilen, ob Dokumente verständlich sind als die Gruppe, die diese Dokumente später auch verstehen soll? Es gibt verschiedene Methoden, um Zielgruppen einzubinden. Zu den gängigsten Methoden zählen:

- Interviews und Lesbarkeitstests,
- Gruppendiskussionen und Fokusgruppen-Tests.

Bei diesen Methoden werden Kunden und Zielgruppen zu ganz konkreten Texten und/ oder Kommunikationsmaßnehmen befragt. Dabei können Sie mit Ihren Kunden entweder in Gruppen diskutieren oder Sie führen Einzelinterviews durch. Im Interview haben Sie die Möglichkeit, tief in die Struktur eines Textes »einzutauchen« und sich intensiv mit Ihrem Gesprächspartner auszutauschen. Das ist in einer Gruppendiskussion schwieriger. Dafür haben Gruppen oft eine stärkere Dynamik und kommen so oft zu sehr kreativen Lösungen.

Bei der Wahl der richtigen Methode, stellt sich immer die Frage, was genau Sie testen wollen und was genau Ihr Ziel ist. Wenn Sie einen Text Wort für Wort und Satz für Satz durchgehen wollen und einen Einblick in den Verstehensprozess eines einzelnen Lesers erhalten wollen, ist das Interview geeignet. Wollen Sie aber kreativ an einem Text arbeiten und Ideen für Ihre Unternehmenssprache entwickeln, dann ist die Gruppendiskussion oder ein Fokusgruppen-Test die bessere Wahl.

Immer wieder aufs Neue sind wir bei Lesbarkeitstests und Gruppendiskussionen überrascht, welch interessante Einblicke in die Probleme und Wirkungen von Texten durch die Einbindung von Kunden ermöglicht werden. In Kapitel 10 stellen wir Ihnen einen von uns häufig eingesetzten Lesbarkeitstest etwas näher vor, den sogenannten Readability-User-Test. Neben den eben beschriebenen Instrumenten bieten sich bei Sprache zudem noch folgenden Methoden an:

- **Lückentests (Cloze-Tests):** Diese wissenschaftliche Methode kann ebenfalls eingesetzt werden, um die Verständlichkeit eines Textes zu überprüfen. Der Testleser erhält hierzu einen Lückentest, bei dem er fehlende Wörter ergänzen muss. Die Erfolgsquote der richtigen Antworten lässt dann Rückschlüsse zu, inwieweit der Text richtig verstanden wurde.
- **DAU-Test:** Machen Sie es sich einfach, wenn Sie an einem Dokument sitzen und nicht einschätzen können, ob es verstanden wird oder nicht: Suchen Sie sich jemanden, der keine Ahnung vom Thema hat und fragen Sie, ob alles verstanden wird. Falls nicht – überarbeiten Sie den Text. Diese Test-Methode war lange auch als »Hausfrauen- oder Putzfrauen-Test« bekannt – warum man diese Bezeichnungen nicht mehr verwendet ist selbstredend. Übrigens, die Bezeichnung DAU-Test ist der Usability-Forschung entliehen, hier steht DAU für den »dümmsten anzunehmenden User«. Auch nicht unbedingt politisch korrekt, aber dafür sehr klar formuliert.
- **Test der Lesegeschwindigkeit:** Manchmal wird auch die Lesegeschwindigkeit als Indiz für die Verständlichkeit und Lesbarkeit eines Textes herangezogen. Wir halten diesen Test allerdings für wenig aussagekräftig, da die Lesegeschwindigkeit auch mit der Lesekompetenz und der Lesegewohnheit zu tun hat und nicht nur auf die Textverständlichkeit zurückzuführen ist.
- **Tests für Lern- und Behaltensleistungen:** Bei diesen Verfahren wird das »Gelernte« nach dem Lesen eines Textes abgefragt – ganz wie in der Schule. Ob ein Text tatsächlich verstanden wurde, nur weil er rezitiert werden kann, ist allerdings fraglich. Wir haben die Befürchtung, dass hier eher der Proband und nicht der Text getestet wird. Deshalb setzten wir diese Methode in der Unternehmenspraxis nicht ein.

3.10.3 Lesbarkeitsformeln – objektive Verständlichkeitsmessung

Eine weitere Methode, um die Verständlichkeit von Texten zu messen, sind Lesbarkeitsformeln bzw. Verständlichkeitsindizes. Wie die namensgebenden Begriffe »Formel« und »Index« bereits erahnen lassen, handelt es sich bei dieser Methode um ein statistisches Verfahren. Die Verständlichkeit wird im wahrsten Sinne des Wortes gemessen. Genauer gesagt: Die formale Verständlichkeit von Texten wird anhand messbarer Text-Kriterien eingeschätzt.

Wie das geht? Wir möchten dies an einem einfachen Beispiel deutlich machen: Wenn wir davon ausgehen, dass kurze Wörter in der Regel einfacher zu lesen und zu verstehen sind als Wortungetüme mit vielen Buchstaben (und Silben), dann haben wir schon alleine für diese Regel verschiedene Variablen, um die Wortverständlichkeit zu messen:

- Sie können in einem Text die durchschnittliche Wortlänge in Buchstaben messen.
- Sie können die Silbenhäufigkeit pro Wort in einem Text messen.
- Sie können den Anteil an besonders langen Wörtern mit vielen Buchstaben und/oder Silben in einem Text messen.
- Sie können einen Grenzwert setzen und messen, wie oft dieser überschritten wird.

Diese Variablen decken den Aspekt der Wortbeschaffenheit auf Zeichenebene ab. Die Wortverständlichkeit lässt sich aber auch durch andere Wortmerkmale in einem Text messen. Sie können beispielsweise messen, wie hoch der Anteil »bekannter Wörter« in Ihrem Text ist. Dies sind Wörter, die im Sprachgebrauch besonders häufig verwendet werden. Listen mit den häufigsten Wörtern werden von Sprachinstituten und Universitäten (etwa dem Institut für Deutsche Sprache oder der Universität Leipzig) bereitgestellt.

Was aber hat der Anteil bekannter Wörter mit Verständlichkeit zu tun? Nun, besonders häufig gebrauchte Wörter sind in der Regel geläufige Wörter. Das heißt, diese Wörter werden mit hoher Wahrscheinlichkeit von relativ vielen Menschen verstanden – zumindest besser als seltene, ungebräuchliche Wörter. Ist also der Anteil von solchen verständlichen Begriffen in einem Text besonders hoch, kann man davon ausgehen, dass der Text von einer breiten Leserschaft verstanden werden kann. Die Erkenntnis, dass sich der Verständlichkeitsgrad eines Textes anhand bestimmter Textvariablen bestimmen lässt, ist nicht ganz neu. Seit den 1920er Jahren haben sich Wissenschaftler genauer mit diesem Phänomen beschäftigt. Der Anfang der Lesbarkeitsforschung – so wird dieser Wissenschaftszweig genannt – wird oft auf die Veröffentlichung von Edward L. Thorndikes »The Teacher's Word Book« aus dem Jahr 1921 datiert. Dieses Werk dokumentiert die am häufigsten gebrauchten Wörter in gedruckten Texten. Die Untersuchungen zeigen, dass die Verständlichkeit in Beziehung zu häufig gebrauchten und bekannten Wörtern steht. Dabei wurde folgende Erkenntnis gewonnen: Je mehr bekannte Wörter in einem Text verwendet werden, umso leichter ist ein Text zu lesen und zu verstehen.

Von diesem Punkt ausgehend untersucht die Lesbarkeitsforschung verschiedene Methoden, um anhand objektiv messbarer Textvariablen die Lesbarkeit bzw. Verständlichkeit eines Textes einzustufen. Eine wichtige, wenngleich umstrittene Errungenschaft der Lesbarkeitsforschung bilden die erwähnten Lesbarkeitsformeln oder Verständlichkeitsindizes.

Hierbei handelt es sich um Gleichungen, die anhand mehrerer messbarer Textmerkmale eine Aussage zur formalen Verständlichkeit eines Textes treffen können. Die Textmerkmale, die in die Formeln einfließen, können dabei ganz unterschiedlich sein und/oder unterschiedlich stark gewichtet werden. Die zur Verrechnung ausgewählten Merkmale variieren von Formel zu Formel. Die Variablen können z. B. die durchschnittliche Satzlänge, der Anteil Wörter mit mehr als 3 Silben, die durchschnittliche Zahl von Buchstaben pro Wort, die Bekanntheit der verwendeten Wörter oder die durchschnittliche Anzahl an Wörtern pro Satz(-teil) sein.

Nach den Ergebnissen zahlreicher Lesbarkeitsstudien kommt der Wortlänge (in Silben und/oder Buchstaben) und der Satzlänge bei der Vorhersage der Verständlichkeit von Texten eine besonders große Bedeutung zu. Aber auch weitere Kriterien wie die Wortbekanntheit oder Anteil unterschiedlicher Wörter wurden in der Forschung einbezogen. Dies hatte eine wichtige Erkenntnis zur Folge: Das Hinzufügen weiterer Faktoren über einen aussagekräftigen Wort- und Satzfaktor liefert meist keinen bedeutenden Erklärungszuwachs. Denn die meisten Variablen zur Messung der Wort- bzw. Satzschwierigkeit korrelieren stark untereinander. Mit der Messung einer Variable werden also auch andere Variablen indirekt mit gemessen. So sind beispielsweise häufig gebrauchte Wörter in der überwiegenden Mehrzahl auch eher kurze Wörter. Durch das Zusammenspiel verschiedener sprachlicher Eigenschaften (»Variablen«) messen Lesbarkeitsformeln wesentlich mehr als in den Formeln enthalten ist. Das ist einer der Gründe, weshalb die Aussagekraft von Lesbarkeitsformen oft stärker ist als die Messung einfacher Satz- und Wortmerkmale vermuten lässt. Und hier liegt wohl auch das Geheimnis des Erfolges dieser Lesbarkeitsformeln.

Flesch Reading Ease

Es wurden im Laufe der Jahre etliche Formeln entwickelt oder bestehende modifiziert. Es gibt für viele (west-)europäische Sprachen eine Reihe von Lesbarkeitsformeln. Und bis heute sind Lesbarkeitsformeln in Wissenschaft und Wirtschaft nach wie vor in Gebrauch. Die international bekannteste Formel ist der Flesch Reading Ease (FRE), benannt nach seinem Erfinder Rudolf Flesch. Eine auf die deutsche Sprache angepasste Variante der Flesch-Formel ist die Amstad-Formel, die ebenfalls nach Ihrem Erschaffer, Toni Amstad, benannt ist. Und so wird der Flesch Reading Ease berechnet:

$$\textit{FRE} = \textbf{206,835} - \textbf{84,6} \times \textit{WL} - \textbf{1,015} \times \textit{SL}$$

- Die Abkürzung WL steht für die durchschnittliche Wortlänge in Silben. Die Anzahl der Silben im Text wird durch die Anzahl der Wörter geteilt.
- Das Kürzel SL ist die durchschnittliche Satzlänge. Die Anzahl der Wörter im Text wird durch die Anzahl der Sätze geteilt.

Die Zahlen basieren auf den statistischen Häufigkeiten von Wortlänge, Satzlänge und Silbenhäufigkeit. Um ein valides Ergebnis zu liefern, sollte ein Textausschnitt von mindestens 100 Wörtern verwendet werden. Für die Berechnung müssen zunächst die Wortlänge in Silben und die Satzlänge bestimmt werden. Werden diese Werte in die Formel eingesetzt, ergibt sich ein Wert zwischen 0 und 100 (Flesch Reading Ease Score). Dabei werden für englische Texte folgende Bewertungen vorgenommen:

- 100 = Sehr einfach zu lesen und zu verstehen.
- 65 = Relativ einfach zu verstehen.
- 30 = Schwer zu verstehen.
- 0 = Sehr schwer zu verstehen.

Auch wenn die Formel im ersten Moment trivial einfach erscheint, führt sie doch zu sehr brauchbaren Ergebnissen. Die Formel wird, neben anderen, heute im englischsprachigen Raum häufig eingesetzt, um die Verständlichkeit eines Textes zu bestimmen.

Der Hohenheimer Verständlichkeits-Index

Eine der heute im deutschsprachigen Raum am häufigsten verwendeten Lesbarkeitsformeln ist der Hohenheimer Verständlichkeits-Index (HIX). Der HIX wurde von Frank Brettschneider und seinem Team entwickelt und validiert. Er funktioniert nach dem gleichen Prinzip wie die »klassischen« Lesbarkeitsformeln – in seine Berechnung fließen folgende Faktoren ein (▶ Abb. 6).

Jeder Parameter – sowohl die Lesbarkeitsformeln als auch die Textparameter – werden gegen eine Skala geprüft und mit einer dem Ergebnis entsprechenden Punktezahl bewertet. Daraus wird der HIX-Wert errechnet. Die HIX-Skala reicht von 0 bis 20. Ein Wert von 0 entspricht der Bewertung »sehr schwer verständlich«, entsprechend steht eine Bewertung von 20 für »sehr einfach verständlich«. Um die Kennzahlen besser einordnen zu können, dienen folgende Referenzwerte:

- Wissenschaftliche Arbeiten erreichen Werte zwischen 0 und 4 Punkten.
- Artikel der Bild-Zeitung erreichen Werte zwischen 16 und 20 Punkten.
- Gute Briefe erreichen (je nach Thema) Werte zwischen 12 und 16 Punkten.

Obwohl sich Lesbarkeitsformeln seit vielen Jahrzehnten in vielen Anwendungsbereichen bewährt haben und auch heute beispielsweise bei der Steuerung von Unternehmenskommunikation sehr erfolgreich eingesetzt werden, gibt es immer wiederkehrende Kritik an dieser Methode. Lesbarkeitsformeln berücksichtigen, so die Hauptkritik, nur einen kleinen Ausschnitt der vielschichtigen Einflussfaktoren von Sprache auf das Verstehen von Information. So können Texte, die zwar nach formalen Kriterien als verständlich bewertet werden, durchaus auch unverständlich sein. Wenn beispielsweise relevante Informationen fehlen oder Fachbegriffe nicht erklärt werden. Zudem ist es

Hohenheimer Verständlichkeits-Index

Skala: 0 = sehr schwer verständlich bis 20 = sehr leicht verständlich

Lesbarkeitsformeln

- Amstad-Formel
- Wiener Sachtextformel
- SMOG-Index
- Lix Lesbarkeitsindex

Einzelmerkmale

- Durchschnittliche Satzlänge
- Durchschnittliche Satzteillänge
- Durchschnittliche Wortlänge
- Anteil Wörter mit > 6 Buchstaben
- Anteil Satzteile mit > 12 Wörtern
- Anteil Sätze mit > 20 Wörtern

Abb. 6: Hohenheimer Verständlichkeitsindex

relativ einfach, die Formeln »auszutricksen« und sie damit ad absurdum zu führen. Sie können völlig zusammenhanglos kurze Wörter in kurzen Sätzen aneinanderreihen und einen tollen Formelwert erhalten, also eine gute Bewertung der Verständlichkeit, obwohl der Inhalt völligen Unsinn darstellt.

Die Lesbarkeitsformeln bewerten nicht den Inhalt, sondern lediglich die Form. Sie haben keinen absoluten Gültigkeitsanspruch. Dazu hat Sprache zu viele Eigenschaften, die über »statistische« Formeln nicht erfasst werden können. Sprache ist mehr als Satz- und Wortlänge. Das ist unumstritten. Und trotzdem: Lesbarkeitsformeln sind eine effiziente Methode, um die formale Verständlichkeit von Texten zu messen. Und zwar im Bereich der »funktionalen« Kommunikation und unter der Voraussetzung, dass die inhaltliche Verständlichkeit anders bzw. zusätzlich bewertet wird.

Lesbarkeitsformeln zur Beurteilung von Texten müssen stets überlegt eingesetzt werden, damit Sie bzw. die Ergebnisse etwas nutzen.

Praxis-Tipps

- Prüfen Sie, welche Formeln Sie in Ihrem Unternehmen einsetzen wollen. Für deutschsprachige Texte sind der Hohenheimer Verständlichkeitsindex (HIX) oder die Flesch Reading Ease (FRE) zu empfehlen.

- Kombinieren Sie formelbasierte Verfahren unbedingt mit anderen Verfahren der Lesbarkeits-/Verständlichkeitsmessung, denn anhand verschiedener Methoden ist eine umfassendere Bewertung möglich.
- Formeln bieten keine Garantie, dass ein Text auch genau so verständlich ist wie es die Formel vorhersagt. Um Vergleichswerte aus verschiedenen Bereichen zu erhalten, sind Formeln ideal. Zudem lassen sich wichtige Daten für »Sprachinitiativen« ermitteln.
- Nutzen Sie möglichst Software-Lösungen für die Datenerfassung und die Ermittlung des Handlungsbedarfs.
- Bedenken Sie bei Formeln stets, dass Sie auch die inhaltliche Verständlichkeit messen müssen – das können Formeln allein nicht leisten.

Sofern Sie diese Punkte beachten, können und werden Lesbarkeitsformeln ein wichtiges Instrument für die Qualitätssicherung im Bereich Unternehmenssprache sein (▶ Kap. 8.10).

4 Verständlichkeit in der Praxis: Versichern heißt verstehen – ein Fallbeispiel

Mit dem Slogan »Versichern heißt verstehen« und dem damit verbundenen Leistungsversprechen startete die ERGO-Versicherungsgruppe 2011 eine große Medienkampagne, die auf den Themen Verständlichkeit und Transparenz basierte. Verständlichkeit wurde zum Kernmarkenwert des Versicherungsunternehmens ausgerufen. Für die damals noch junge ERGO, die in der Vergangenheit mit Imagekrisen zu kämpfen hatte, ein neues und sehr wichtiges Differenzierungsmerkmal im Wettbewerbsumfeld. Die Kampagne hat viel Aufmerksamkeit erhalten und für ein Umdenken in der Branche gesorgt. Das Abschneiden von alten Zöpfen kam nicht nur bei Kunden und Interessenten gut an. Auch Unternehmen aus ganz unterschiedlichen Bereichen fühlten sich daraufhin motiviert, ihre Kundenkommunikation kritisch zu überdenken und ihre Mitarbeiter entsprechend zu schulen. ERGO wurde so in Sachen Verständlichkeit zu einem Vorreiter im Markt.

Zudem hatte das Thema Verständlichkeit noch einen weiteren Effekt: ERGO konnte mit seiner »Klartext-Offensive« auch dem Vertrauensverlust entgegenwirken, der durch die globale Finanz- und Wirtschaftskrise entstanden war. Der Kunde und seine Belange wurden durch diese Initiative konsequent in den Mittelpunkt der Kommunikation gestellt – mit dem Ziel, dass der Kunde versteht, was er kauft. ERGO hatte wie kaum ein anderer Anbieter im Markt verstanden, dass Offenheit und Transparenz der Schlüssel zu einer langfristigen und gesunden Kundenbeziehung ist. In einem Konzern wie ERGO langfristig für mehr Verständlichkeit zu sorgen, ist eine vielschichtige Aufgabe. Schon allein deshalb, weil die Menge der vorhandenen oder täglich versendeten Dokumente beinahe unüberschaubar groß ist. Zudem sind etliche Dokumente (z. B. Vertragsbedingungen) von der Thematik her sehr komplex. Entsprechend schwierig ist es, die Überarbeitung der Texte auch einzustufen.

Wie konnte es dem Unternehmen gelingen, thematisch hochkomplexe Produkte und Sachverhalte nun möglichst einfach zu kommunizieren? ERGO hat aus diesem Thema ein umfassendes Projekt gemacht. Es wurde nicht nur ein Ziel (»mehr Verständlichkeit«) ausgegeben, sondern auch einen Prozess entwickelt, der die Zielerreichung unterstützen und sicherstellen sollte. Dieses Konzept besteht aus verschiedenen Bausteinen und bezieht die Mitarbeiter des Konzerns an allen Stellen mit ein. Im Folgenden stellen wir Ihnen kurz die wichtigsten Bausteine der Initiative vor.

Der Anspruch »Versichern heißt Verstehen«

Jede Änderung in der Unternehmenskommunikation beginnt mit einer kritischen Bestandsaufnahme: Wo stehen wir? Was machen wir gut? Wo können wir besser werden?

Diese Fragen waren für den Versicherer nicht sehr schwer zu beantworten. Relativ schnell war klar, dass an vielen Stellen Verbesserungsmöglichkeiten bestehen. Die Überarbeitung der Bestandstexte eines Versicherers gleicht einem Dammbruch. Schon die schiere Menge an Texten schwemmt solche Projektansätze oft zu Beginn schon in weite Ferne. Sprachprojekte sind leider oft vorbei, bevor sie überhaupt begonnen haben. Und zwar in dem Moment, wenn der Verantwortliche eine Liste mit den bestehenden und zu prüfenden Dokumenten erhält. Wenn aber erst einmal der Damm gebrochen ist, gibt es kein zurück mehr. Damit dies im normalen Arbeitsalltag überhaupt zu bewerkstelligen ist, müssen ausreichend Mittel und Personal aktiviert werden. Da reicht – bildlich gesprochen – kein Schlauchboot mit Drei-Mann-Besetzung: Die Flut an Texten muss von einer ganzen Staffel in neue Bahnen gelenkt werden. Zudem benötigt man im Normalfall externe Profis, die sich in diesem Element auskennen.

Viele Änderungen ziehen eine Reihe von Aufgabe nach sich. So kann die Änderung relevanter Begriffe dazu führen, dass die IT in das Projekt einbezogen werden muss. Dazu ein Beispiel: Ändert eine Versicherung den Begriff »Prämie« zu »Beitrag«, scheint das zunächst keine weitereichenden Konsequenzen zu haben. Will man diese Änderung allerdings durchgängig und rechtssicher umsetzen, muss eine Anpassung auf allen Kommunikationsebenen und auf allen Kommunikationskanälen stattfinden. Es müssen also alle Briefvorlagen und Textbausteine angepasst werden. Diese schlummern zumeist zu tausenden in ganz unterschiedlichen technischen Systemen. Diese Texte zu finden, zu übeararbeiten und dann wieder in die Systeme zu integrieren, ist ein Projekt von ungeahnten Ausmaßen.

Angenommen, das Unternehmen nimmt aber trotz aller Widrigkeiten die notwendigen Änderungen bei den Briefen vor, ist damit die Aufgabe noch lange nicht gelöst. Stellen Sie sich einmal vor, Sie erhalten einen Brief Ihres Versicherers mit der jährlichen Beitragsabrechnung. Als Kunde würden Sie sich vermutlich wundern, wenn der Inhalt stark vom Bisherigen abweicht und für Sie nicht direkt erkennbar ist, was sich hinter dem Schreiben verbirgt. Schließlich erhalten Sie seit Jahren regelmäßig eine sogenannte Prämienübersicht. Das heißt für den Versicherer: Im Idealfall kündigt das Unternehmen Änderungen – auch sprachliche – bereits vorab an, wie dies bei ERGO über die Werbekampagne geschehen ist.

Erschwerend kam bei der ERGO hinzu, dass das Unternehmen verschiedene Versicherer unter einem Dach vereint, die alle aus unterschiedlichen sprachlichen Welten kommen. Nicht immer wurden bei ERGO-Töchtern für die gleichen Sachverhalte bzw. Vorgänge auch die gleichen Worte benutzt. Es gab also nicht nur an vielen Stellen im Text das Potenzial, die Verständlichkeit zu optimieren, sondern es war auch notwendig, verschiedene Unternehmens- und Sprachkulturen zu verbinden. Für ERGO war das von Vorteil: Da ohnehin eine Vielzahl von Dokumenten harmonisiert werden musste, lag es nahe, hier die Verständlichkeit gleich zu berücksichtigen. Das erklärte Ziel der Klartext-Initiative bei ERGO war es, dass die Kunden alle Texte und Informationen, die sie von ERGO erhalten, besser verstehen sollten. Egal, ob es sich um Verträge, Briefe, Mails, Broschüren, Webtexte oder um Telefonberatung handelt. Um dieses Ziel zu erreichen, wurde eine Reihe von Maßnahmen eingeleitet und institutionalisiert.

ERGO Klartext-Regelwerk

Zunächst musste ein Regelwerk entwickelt werden, um zu definieren, was Verständlichkeit im Kontext eines Versicherungsunternehmens überhaupt bedeutet und wie sie erreicht werden kann. Das Konzept wurde von dem Kommunikationswissenschaftler und Verständlichkeitsforscher Frank Brettschneider entwickelt. Die Kerninhalte des neuen Regelwerkes lauteten:

- Kein Bürokratendeutsch,
- keine unnötigen Fachausdrücke, Fremdwörter oder Anglizismen,
- kurze, verständliche Sätze, auch in den Versicherungsbedingungen,
- ein verständliches Versicherungs-ABC für Kunden, um alternativlose Fachbegriffe zu erklären,
- der Hohenheimer Verständlichkeitsindex als »Messlatte«.

Bei der Entwicklung und Umsetzung eines neuen Sprachkonzeptes stehen Unternehmen grundsätzlich vor großen Herausforderungen. Bei einem Konzern wie ERGO sind die Herausforderungen nochmals deutlich größer als bei kleineren Unternehmen. Die ERGO stand bei der Entwicklung und Umsetzung insbesondere vor folgenden Herausforderungen:

- **Große Menge an Kommunikation:** Ein Konzern wie die ERGO hat mehrere tausend Kundenkontakte täglich und eine unüberschaubare Anzahl an individuellen Fällen, die jeweils eine individuell-fallbezogene Kommunikation erfordern. Zudem werden hunderttausende von Briefen verschickt, Verträge geschlossen und E-Mails beantwortet. Es existiert eine unüberschaubare Anzahl von Textbausteinen, die aus verschiedensten EDV-Systemen stammen. Die Angleichung und Optimierung dieser hohen Zahl an Dokumenten war eine der größten Herausforderungen.
- **Verschiedene Sprachwelten:** Der ERGO-Konzern ist aus der Verschmelzung mehrerer renommierter Versicherer entstanden – darunter die führenden Rechtsschutz- und Krankenversicherer D.A.S. und DKV. Jedes Unternehmen brachte seine eigene und individuelle Sprache mit. Es galt also, diese unterschiedlichen Sprachwelten zusammenzuführen und einen gemeinsamen Stand zu entwickeln. Die Mitarbeiter müssen das Konzept annehmen und mittragen.
- **Hohe Anzahl an Mitarbeitern mit unterschiedlichem Sprachverständnis:** Wie in jedem Konzern haben Mitarbeiter ganz individuelle Vorstellungen von Verständlichkeit. So hat der gestandene Jurist ganz andere Vorstellungen von einem einfachen Schreiben als ein Azubi. Die Herausforderung bei einer breiten und unterschiedlichen Mitarbeiterbasis besteht darin, ein gemeinsames Bewusstsein für die Bedeutung einer einfachen Sprache zu entwickeln. Zudem müssen den Mitarbeitern Werkzeuge und Hilfsmittel an die Hand gegeben werden – denn die Mitarbeiter in Versicherungen sind nicht als Sprachexperten angestellt, sondern als Versicherungsexperten. Daher sind Schulungen für die Mitarbeiter ein wichtiger Baustein. Eine Mitteilung im Intranet oder in der Mitarbeiterzeitschrift reicht da nicht aus.

- **Verbindliche Standards und Regeln:** Die hauptsächliche Schwierigkeit besteht darin, die Qualität der Sprache langfristig zu kontrollieren und zu messen. Denn oft werden umfangreiche Regelwerke entworfen und in einem schön gestalteten Handbuch festgehalten. Doch um sie wirklich zu lesen und zu verinnerlichen, fehlt im normalen Arbeitsalltag oft die Zeit. Welcher Mitarbeiter hat schon Zeit und Lust, Regeln auswendig zu lernen oder beim Schreiben eines Briefes zu kontrollieren, ob eine der verwendeten Formulierungen nicht zufällig schon im Handbuch erfasst wurde.
- **Bereitstellung von Werkzeugen zur Durchsetzung der neu entwickelten Sprache:** Wenn ein Unternehmen neue Standards für die Sprache entwickelt, dann müssen Mitarbeiter praxistaugliche Werkzeuge erhalten, mit denen sie die Sprache nachhaltig und effizient auf die Einhaltung der Regeln überprüfen können.

Die Entwicklung von allgemeingültigen Sprachregeln kann dabei nur ein erster Schritt sein. Über reine Sprachregeln hinaus hat ERGO daher auch verschiedene organisatorische und prozessuale Maßnahmen ergriffen. Vor allem die enge Einbindung des Kunden selbst und der Aufbau eines Dialogs mit dem Kunden gehören zu den zentralen Maßnahmen der ERGO Klartext-Initiative. Der Kunden-Dialog wurde auf verschiedenen Ebenen entwickelt. ERGO ist 2012 gestartet mit:

- Verstehensgarantie,
- Kundenbeirat,
- Kundenwerkstatt,
- Kundensprecher,
- Kundenbericht,
- TÜV Siegel.

Die ERGO Verstehensgarantie

Zunächst musste gegenüber den Kunden Vertrauen aufgebaut werden. Eine gegenüber Versicherungen sehr kritische (deutsche) Öffentlichkeit – vor allem nach der Finanzkrise 2008 – lässt sich von wohlmeinenden Slogans und über Medien verbreitete Ankündigungen nicht so schnell wohlwollend stimmen.

Um die Ernsthaftigkeit der Verständlichkeitsbemühungen zu untermauern, hat ERGO eine Verstehensgarantie ausgerufen. Mit dieser Garantie verspricht ERGO seinen Kunden eine verständliche Sprache und nachvollziehbares Handeln – auch bei komplexen Sachverhalten und schwierigen Entscheidungen.

ERGO hat es hier sogar geschafft, die Kunden zur Mitarbeit zu bewegen. Denn viele Kunden haben unverständliche Formulierungen gemeldet, die ERGO dann zügig geändert hat. Damit wurde der Kunde bewusst und gezielt in die Optimierung der Kommunikation mit einbezogen.

ERGO Verstehensprüfung

Im Zuge dessen hat ERGO auch eine hauseigene Verstehensprüfung eingeführt. Zu diesem Zweck wirft ein internes Expertenteam einen kritischen Blick darauf, wie verständlich und transparent z. B. Briefe oder Broschüren tatsächlich sind. Über diese abschließende Qualitätsprüfung versucht ERGO, dem eigenen Anspruch »Versichern heißt verstehen« in allen schriftlichen Kommunikationsbereichen nachzukommen.

Der ERGO-Kundenbeirat

Wenn die neue Kommunikationskultur des Versicherers voll auf die Kunden ausgerichtet wird, ist es natürlich sinnvoll, mit Kunden darüber zu sprechen. Dazu wurde ein sogenannter Kundenbeirat ins Leben gerufen. Dieser Kundenbeirat ist eine Gruppe von Kunden, die sich stellvertretend für alle Kunden mit dem Unternehmen austauscht. Bei ERGO kommt der 25-köpfige ERGO-Kundenbeirat zweimal im Jahr zusammen, um

- Service und Produkte mit ERGO-Verantwortlichen zu diskutieren und Verbesserungen anzustoßen,
- die Kundensicht zu vertreten und das Angebot des Versicherungsunternehmens zu bewerten,
- Ideen und Impulse einzubringen, um das Angebot und die Produkte laufend zu verbessern.

Der Kundenbeirat fungiert als eine Art Interessensvertretung der ERGO-Kunden. Allerdings wird der Kundenbeirat hauptsächlich für die Produktentwicklung und -gestaltung genutzt.

Die ERGO-Kundenwerkstatt

Ergänzend zum Kundenbeirat hat ERGO eine Kundenwerkstatt gegründet, die eng mit der ERGO-Marktforschung zusammenarbeitet. Die Mitglieder der Kundenwerkstatt, die nicht notwendigerweise selbst ERGO-Kunden sein müssen, haben die Gelegenheit, dem Versicherer ihre Meinung zu verschiedensten Themen zu sagen.

Hierzu lädt ERGO seine Kunden in regelmäßigen Abständen zu Umfragen ein. Die Wünsche, Vorstellungen und Bedürfnisse, die in der Kundenwerkstatt formuliert werden, stellen für ERGO eine wichtige Quelle an Kundenmeinungen.

Der ERGO-Kundensprecher

Ein Unternehmen, dessen oberstes Gebot die Zufriedenheit des Kunden ist, muss Maßnahmen ergreifen, um die Zufriedenheit der Kunden auch in kritischen Fällen wiederherzustellen.

Der ERGO-Kundensprecher ist das »Sprachrohr« der Kunden im Unternehmen. Er und sein Team kümmern sich insbesondere um Klärung und Schlichtung von Fällen, in denen Kunden mit einer Entscheidung des Versicherers nicht einverstanden sind oder eine Beschwerde vorliegt. Die Hauptaufgabe des Teams der Kundensprecher ist es, alles durch die Kundenbrille zu betrachten. Ab 2012 wurde dieses Team auch mit der Aufgabe betraut, den Prozess zur Erhöhung der Verständlichkeit bei ERGO zentral zu steuern und weiterzuentwickeln.

Der ERGO-Kundenbericht

Im Kundenbericht wird festgehalten, was das Unternehmen unternimmt, um die Kundenzufriedenheit zu steigern und das Leitbild »Versichern heißt verstehen« umzusetzen.

Der Kundenbericht beleuchtet, was im Betrachtungszeitraum gut lief und wo noch Verbesserungen erzielt werden müssen. Zum Inhalt gehören beispielsweise Gespräche zwischen Kundenbeiräten und ERGO-Mitarbeitern über Themen, die Kunden bewegen. Oder Kunden erzählen von ihren Erfahrungen mit dem Versicherer.

Objektive Qualitätskontrolle

Mitarbeiter benötigen ein Regelwerk, müssen geschult und sensibilisiert sein. Das allein reicht aber leider nicht aus, wenn der Erfolg dauerhaft sichergestellt werden soll. ERGO hat sich im Rahmen der Klartext-Initiative für eine Qualitätssicherung mit der Software TextLab und dem Hohenheimer Verständlichkeitsindex (▶ Kap. 3.11) als relevanter Kennzahl (»Benchmark«) entschieden.

Das bedeutet, dass jedes Dokument mit dem Hohenheimer Verständlichkeitsindex überprüft werden muss. Die Prüfung ist verpflichtend und die Indexwerte werden in einer Datenbank abgelegt. Für jede Dokumentart wurden die Zielwerte ermittelt, die die Mitarbeiter erreichen müssen. So hat zum einen die Steuerungsebene einen schnellen Überblick über die Verständlichkeit einzelner Dokumente und ggf. den konkreten Handlungsbedarf, auf der anderen Seite haben Mitarbeiter eine Orientierung und können Verbesserungsbedarf im Kommunikationsverhalten selbst erkennen.

Die Klartext-Regeln wurden von ERGO in der Software hinterlegt, so dass kein Mitarbeiter auf ein umfangreiches schriftliches Regelwerk zurückgreifen muss, sondern die Regeln auf Knopfdruck parat hat. Zudem wurden die Schreibweisen wichtiger Begriffe hinterlegt. In einem digitalen Glossar finden sich nicht nur die Schreibweisen feststehender Begriffe (mit oder ohne Bindestrich, zusammengeschrieben oder getrennt, mit oder ohne Fugen-S etc.), sondern es wurden auch für eine Vielzahl typischer Begriffe und Floskeln leicht verständliche und juristisch geprüfte Alternativen hinterlegt. So muss nicht jeder Mitarbeiter das Rad neu erfinden, wenn er vor einem komplizierten und mit Fachbegriffen gespickten Text sitzt: Er kann auf einiges zurückgreifen, was bereits an anderer Stelle schon einmal optimiert wurde.

Mitarbeitern wurde daher auch die Möglichkeit gegeben, Verbesserungsvorschläge direkt über die Software einzureichen. Diese Vorschläge wurden dann geprüft und für alle Mitarbeiter freigeschaltet. So entwickelt sich über die Zeit ein umfangreiches digitales Glossar mit Einträgen zu richtigen Schreibweisen, besseren Ausdrucksweisen und »verbotenen« Wörtern und Phrasen.

Mit Brief und Siegel

Jedes »Projekt« ist bei langer Laufzeit mit einem großen Problem konfrontiert: Man muss die Mitarbeiter bei der Stange halten. Man muss sie laufend motivieren, das Projekt weiter voranzutreiben. Gerade Projekte, bei denen es um Unternehmenssprache und -texte geht, können sehr langwierig sein, da die Qualität der Texte von vielen Faktoren beeinflusst wird. So lässt sich z. B. nicht jeder juristische Sachverhalt ohne weiteres in eine einfachere Sprache überführen. Formuliert man solche Texte um, kommen dabei möglicherweise schnell juristische Feinheiten zu kurz. Bis das Ergebnis alle Beteiligten zufriedenstellt, sind oft mehrere Abstimmungsrunden notwendig.

Wer sich an dieses Mammutprojekt herantraut und es erfolgreich meistert, möchten diesen Erfolg auch durch eine Art Schulnote sichtbar dokumentieren: ERGO erhielt als erstes und bislang einziges Versicherungsunternehmen in Deutschland 2013 ein TÜV-Siegel für »Verständliche Kommunikation« mit der Note »gut«. Ein Novum im Markt!

Um dieses Siegel zu erreichen, wurde die Klartext-Initiative der ERGO vom TÜV auf Herz und Nieren geprüft. Dabei wurde u. a. Folgendes geprüft:

- Managementmodell: Gibt es für Verständlichkeit ein Modell, aus dem die Maßnahmen abgeleitet werden können?
- Prozess: Existiert ein Prozess, der sicherstellt, dass Dokumente verständlicher werden?
- Umfang: Ist sichergestellt, dass alle Dokumente den Klartext-Prozess durchlaufen haben bzw. durchlaufen werden?
- Klartext-Regeln: Sind die relevanten Regeln vorhanden, sind sie vollständig und sind sie dem Mitarbeiter bekannt?
- Anwendung der Regeln: Werden die Regeln von den Mitarbeitern angewandt und wie wird die Anwendung überprüft?
- Einzeldokumentprüfung: Wurden tatsächlich hunderte Dokumente durch umfangreiche Stichproben auf Verständlichkeit geprüft?

Um die durch Stichproben ermittelten Dokumente auf Verständlichkeit hin zu prüfen, wurde ein Mix verschiedener Methoden eingesetzt. Dabei wurden bei der Stichprobe alle Dokumenttypen einbezogen, um möglichst die gesamte Bandbreite der Kommunikation zu erfassen: Angefangen vom Brief über die Vertragsbedingung bis hin zum Antragsdokument. Folgende Schritte wurden bei der Textprüfung durchgeführt:

- Eine TextLab-Analyse zur Messung der formalen Verständlichkeit.
- Eine Expertenanalyse auf Wort- und Satzebene, um Barrieren zu identifizieren, die durch eine formale Prüfung verborgen geblieben wären.

- Ein Benchmark-Vergleich der ERGO-Dokumente mit identischen Dokumenten der Wettbewerber, um damit zu prüfen, ob die Verständlichkeit bei den ERGO-Dokumenten gleich oder besser (geworden) ist.
- User-Tests, um zu kontrollieren, ob Testleser Fragen zu den Dokumenten oder wichtige Inhalte auch tatsächlich richtig und vollständig erfassen können.

Aus diesen verschiedenen Prüfergebnissen wird eine Gesamtbewertung ermittelt, zudem werden jedes Jahr Nachprüfungen durchgeführt. Hierzu werden zufällig ausgewählte Dokumente kontrolliert sowie die Umsetzung der Verbesserungsprozesse stichpunktartig durchleuchtet. Die ERGO Klartext-Initiative zeigt hier mehrere Punkte auf, die bei der Umsetzung von Verständlichkeit im Unternehmen relevant sind:

- Der Prozess nimmt bei einem so großen Unternehmen wie der ERGO viel Zeit in Anspruch und muss immer wieder befeuert werden. Regeln sind eine wichtige Grundlage, aber die Mitarbeiter benötigen Hilfsmittel (Software), um Verständlichkeit dauerhaft umsetzen zu können.
- Den Nutzer in die Initiative einzubeziehen, ist wertvoll und kann mit einfachen Mitteln dauerhaft sichergestellt werden.
- Es müssen Mittel und Wege gefunden werden, wie die Mitarbeiter nicht nur ausreichend geschult und sensibilisiert werden, sondern auch dauerhaft motiviert werden können, die neue verständliche Unternehmenssprache auch im täglichen Geschäft zu verwenden.

Auf diese Weise hat sich ERGO sozusagen mehrere Jahre lang selbst den Spiegel vorgehalten und dadurch wichtige Erkenntnisse für die Zukunft gewonnen. Heute werden die Themen weiterentwickelt und gehen in anderer Form im Bereich der Unternehmensentwicklung im neu geschaffenen Team Market Management auf.

Die Initiative der ERGO zeigt deutlich, wie umfangreich und komplex die Einführung verständlicher Sprache in einem Unternehmen ist. Die Initiative zeigt jedoch auch, dass es trotz aller Herausforderungen machbar ist. Die Dokumente der ERGO sind heute, über alle Bereiche hinweg, deutlich verständlicher als vor der Initiative. Aber kommen wir nun vom Thema Verständlichkeit zum Thema Corporate Language. Dabei wollen wir Sprache im Unternehmen noch etwas detaillierter betrachten.

5   Corporate Language

5.1   Ihre Marke – der Ausgangspunkt für Ihre Corporate Language

Beim Thema Corporate Language haben wir es mit einem Konzept zu tun, das eng mit dem Konzept der Marke verbunden ist. Um nun die im Folgenden dargestellten Aspekte der Corporate Language richtig in das Konzept Marke einzuordnen, wollen wir zunächst definieren, was wir unter Marke verstehen bzw. in welchem Definitionsrahmen von Marke wir uns bewegen. Darauf aufbauend führen wir Sie in das Konzept der Corporate Language ein und zeigen Ihnen, weshalb Sprache heute ein so wichtiger Bestandteil eines umfassenden Markenkonzepts ist.

Marke ist ein großer Begriff. Ein sehr großer. Eine einfache Definition in einen griffigen Satz zu packen ist kaum möglich. Und wenn, dann muss man sich im Klaren sein, dass dies zu Lasten der Genauigkeit geht. Das ist schon alleine daran zu erkennen, dass das Konzept Marke schon sehr lange besteht: Als Eigentums- und Herkunftsnachweis geht der Markenbegriff bis ins ägyptische und römisch-griechische Altertum zurück. Seitdem haben sich die Rahmenbedingungen von Handel, Industrie, Dienstleistung und Technologie vielfach verändert und weiterentwickelt. Ebenso der Begriff und das Konzept Marke.

Von einer zunächst zeichenorientierten Definition entwickelte sich ein angebotsorientierter Ansatz. Bei der zeichenorientierten Definition bestimmte vor allem die grafische oder juristische »Markierung« eines Produkts oder einer Dienstleistung das Konzept. Passend zu dieser Sichtweise definiert die American Marketing Association eine Marke als Name, Begriff, Design, Symbol oder ein anderes Merkmal, das das Produkt oder die Dienstleistung eines Verkäufers im Unterschied zu anderen identifiziert.[11]

Bei den eher angebotsorientierten Ansätzen erweitert sich die Perspektive um die angebotenen Produkte oder Dienstleistungen. Qualität wird hier zu einem zentralen Merkmal. Später wurde der Verbraucher, also die Zielgruppe einer Marke, stärker ins Visier genommen. Ein schönes Beispiel für eine Definition von Marke im Sinne dieses nachfrageorientierten Ansatzes findet sich in Gablers Wirtschaftslexikon: »Eine Marke

---

11   Vgl. Lars Köster: Grundlagen der Markenbewertung in Konsumgütermärkten, S. 15. In: ders. (Hrsg.): Markenstärkemessung unter besonderer Berücksichtigung von Konsumentenheterogenität. Das Beispiel der deutschen Brauwirtschaft, Wiesbaden 2006, S. 12-65.

kann als die Summe aller Vorstellungen verstanden werden, die ein *Markenname (Brand Name) oder ein Markenzeichen (Brand Mark)* bei Kunden hervorruft bzw. beim Kunden hervorrufen soll, um die Waren oder Dienstleistungen eines Unternehmens von denjenigen anderer Unternehmen zu unterscheiden.«[12]

Aus diesen verschiedenen Perspektiven haben sich schließlich auch integrierte und interdisziplinäre Ansätze entwickelt, die die Anbieter- und die Konsumentenperspektive zusammenführen und sich verschiedener wissenschaftlicher Disziplinen bedienen, um das Konzept Marke zu erfassen. Beispielhaft sei hier eine Definition von Manfred Bruhn zitiert: »Als Marke werden Leistungen bezeichnet, die neben einer unterscheidungsfähigen Markierung durch ein systematisches Absatzkonzept im Markt ein Qualitätsversprechen geben, das eine dauerhaft werthaltige, nutzenstiftende Wirkung erzielt und bei der relevanten Zielgruppe in der Erfüllung der Kundenerwartungen einen nachhaltigen Erfolg im Markt realisiert bzw. realisieren kann.«[13]

Eine solche Definition liegt auch den folgenden Ausführungen zugrunde. So wird das Konzept Marke hier verstanden als vielschichtiger Wirkungszusammenhang zwischen Hersteller, Leistung und Zielgruppen. Sie umfasst sowohl die Eigenschaften des Herstellers (zuverlässig, unkompliziert, hip etc.), die Merkmale von Leistungen (leistungsstark, cool, teuer etc.) und die Erwartungen der Zielgruppe (Vertrauen, Orientierung, Zufriedenheit).

> Marken sind Unternehmen oder Leistungen mit einer unverwechselbaren Markierung, die ein Qualitätsversprechen transportieren, das die Erwartungen der Zielgruppe erfüllt.

Marken schaffen Identität und dienen der Abgrenzung zu vergleichbaren Konkurrenzangeboten. Ziel einer Marke ist es, dass sich möglichst viele Konsumenten von einer Marke angesprochen fühlen und sich mit ihr identifizieren. Sie sollen dem Hersteller oder der Leistung selbst besondere Eigenschaften und Funktionen zuordnen, die letztlich zur Kaufentscheidungen und langfristig zur Markentreue führen. Eine starke Marke bietet Unternehmen damit folgende Vorteile:

- **Differenzierung**: Die Abgrenzung des eigenen Angebots vom Wettbewerb ist insbesondere bei zunehmender Produktvielfalt und Marktkomplexität notwendig, um die eigene Leistung erfolgreich und dauerhaft durchzusetzen. Diese Differenzierung findet in der Kommunikation vor allem auf der Zeichenebene durch Design, Logo und Farben statt.
- **Kundenbindung**: Verlässliche Marken profitieren von verlässlichen Kunden. Das gilt vor allem in Krisenzeiten. Man denke da nur an die weltweiten Erfolge von iPhone und

---

12   Vgl. http://wirtschaftslexikon.gabler.de/Definition/marke.html (Abruf 28.3.2018).
13   Vgl. Manfred Bruhn: Was ist Marke – Aktualisierung der Definition der Marke, Studienkurzfassung, 2002, abrufbar unter http://www.markenverband.de/publikationen/studien/Was%20¬ist%20eine%20Marke.pdf (Abruf 28.3.2018).

anderen Apple-Produkten. Obwohl das Unternehmen immer wieder für seine Arbeits- und Sozialpraxis in der Kritik steht, halten viele Kunden ihm die Treue. Oder die Verkaufserfolge des VW-Konzerns trotz des internationalen Dieselskandals. Wenn Marken das Vertrauen und die Zuneigung gewonnen haben, verzeihen Kunden viel.

- **Marktwert**: Starke Marken haben eine solide Stellung im Markt und steigern somit den Wert eines Unternehmens oder Produkts. So weisen Unternehmen wie Amazon, Coca Cola oder Google Ihren Markenwert in ihren jährlichen Geschäftsberichten aus. Die Liste der wertvollsten Marken der Welt führen 2017 die Konzerne Apple (Markenwert: 184 Mrd. USD), Google (Markenwert: 142 Mrd. USD) und Microsoft (Markenwert: 80 Mrd. USD) an.[14]

- **Absatz- und Preisvorteile**: Markenprodukte können sich trotz teilweise enormer Preisnachteilen und besserer Vergleichsangebote erfolgreich durchsetzen. Nur so lässt sich erklären, warum sich manche Produkte jahrelang erfolgreich am Markt halten, trotz günstigerer Preise und ähnlicher Qualität beim Wettbewerb.

- **Wachstum**: Marken bieten eine Plattform für Wachstum und die Verbreitung neuer Leistungen (Markenausdehnung). Außerdem bieten Marken einen Vorteil beim Akquirieren neuer Mitarbeiter.

Für Unternehmen bieten Marken gerade in Zeiten rasanter Veränderungen Halt und Vertrautheit. Eine Marke muss also in erster Linie wiedererkannt werden. Dies geschieht in der Kommunikation von Marken vor allem über visuelle Merkmale. Besonders wichtig sind in diesem Zusammenhang das Logo (3 Streifen bei Adidas, Stern bei Mercedes Benz), das Design (Schrift, Bilder und Farben) und der Markenname (zum Beispiel Audi, Nivea oder Zalando). So erkennen wir beispielsweise ein SIXT-Werbe- plakat meist schon auf den ersten Blick, da die visuellen Reize immer demselben Schema folgen. Natürlich gehören auch weitere Merkmale, wie beispielsweise auditive Reize, zum Repertoire einer Marke. So erkennen wir TV- oder Radio-Werbespots allein schon am Sound-Logo von Unternehmen, beispielsweise eine einfache Tonfolge als Werbe-Jingle (z. B. Telekom).

Dass eine Marke ein einheitliches visuelles Auftreten benötigt, um wiedererkannt zu werden, wird heute kaum noch bezweifelt. Bei Sprache ist jedoch der Zusammenhang mit einer Marke weit weniger eindeutig. Sprache spielt hauptsächlich dann eine entscheidende Rolle, wenn es um Markenversprechen in Form von Claims und Slogans geht. Das sind die sprachlichen Muster, an denen wir die Marke erkennen (z. B: »Wenn's um Geld geht Sparkasse« oder »Wir lieben Lebensmittel«).

An dieser Stelle, also an der Schnittstelle von Marke und Sprache, setzt Corporate Language an. Corporate Language geht dabei weit über einfache Werbeversprechen hinaus und beschäftigt sich mit der Frage, wie Unternehmen und Marken durch eine individuelle, klare und einheitliche Sprache das Profil der eigenen Marke schärfen können. Während die Markenkernwerte oder das Markenprofil detailliert ausgearbeitet bzw. das visuelle Erscheinungsbild genau definiert sind, fehlt bei der Sprache häufig der

---

14 Vgl. http://brandz.com/admin/uploads/files/BZ_Global_2017_Report.pdf (Abruf 28.3.2018).

Bezug zur Marke. Hier setzt Corporate Language an: Wie werden Markenkernwerte in Sprache übersetzt? Wie können Sie eine eigene Sprache definieren, um sich vom Wettbewerb zu differenzieren? Welche Maßnahmen sind notwendig und wie gehen Sie vor? Diesen zentralen Fragen gehen wir im Folgenden nach.

5.2   Corporate Language – die Sprache Ihres Unternehmens

Verständlichkeit ist ein wesentlicher Bestandteil einer funktionierenden Kommunikation in Ihrem Unternehmen. Sie macht sich vor allem auf Seiten der Rezipienten der Unternehmenskommunikation positiv bemerkbar. Im Fokus stehen dabei die Bedürfnisse, Wünsche und Kenntnisse der Empfänger. Verständlichkeit (▶ Kap. 2) stellt allerdings nur eine Seite erfolgreicher Unternehmenskommunikation dar – ebenso wichtig ist die (interne) Perspektive des Unternehmens.

Es geht also nicht mehr alleine um die Frage, wie Informationen aufbereitet werden müssen, damit Kunden und Mitarbeiter sie verstehen, ungewollte Geschäftsvorfälle vermieden und Umsätze gesteigert werden können. Es geht darüber hinaus auch um die (Außen-) Wahrnehmung des Unternehmens, seiner Mitarbeiter, der Werte und Kultur. Es geht um Identität und Abgrenzung zum Wettbewerb. Es geht um die Einzigartigkeit und der damit einhergehenden Unverwechselbarkeit eines Unternehmens. Dies alles verbirgt sich hinter unserem Verständnis des Konzepts einer Corporate Language. Welche Elemente dazugehören und welche Maßnahmen zur Umsetzung erforderlich sind, beleuchten wir in den folgenden Kapiteln. Zunächst wollen wir den Begriff jedoch eingrenzen und definieren: Corporate Language, von einigen Autoren auch als Corporate Style oder Corporate Code bezeichnet, beschreibt den individuellen und charakterisierenden Sprachstil und Sprachgebrauch eines Unternehmens.[15] Sie umfasst dabei den gesamten sprachlichen Auftritt des Unternehmens, verbal und schriftlich. Jedes Wort und jeder Text sind Bestandteil der Corporate Language – vom Marken-Claim bis zum Anstellungsvertrag für Mitarbeiter.

> Corporate Language bildet eine begriffliche Klammer um sämtliche sprachlichen Eigenschaften und Aktivitäten eines Unternehmens und dessen Angehörigen.

Dabei geht es neben dem alltäglichen Sprachgebrauch auch um die gesamte Sprachkultur des Unternehmens, um die »sprachliche Identität«. Sprache ist ein Teilbereich des Selbstbildes in Unternehmen und gehört zu den Merkmalen eines Unternehmens, die heute unter dem Schlagwort Corporate Identity zusammenfasst werden. Hierzu zählen:

---

15 Vgl. dazu Kathrin Vogel: Corporate Style – Stil und Identität in der Unternehmenskommunikation, Wiesbaden 2012 und Martin Dunkl: Corporate Code – Wege zu einer klaren und unverwechselbaren Unternehmenssprache, Wiesbaden 2015.

- Corporate Governance beschreibt die Regeln, Vorschriften, Werte und Grundsätze, die festlegen, wie ein Unternehmen geführt werden sollte.
- Corporate Design beschreibt die visuelle Identität eines Unternehmens. Sie wird sichtbar in der Gestaltung von Unternehmenslogo, Firmensignet, Briefbögen, Visitenkarten und Onlineauftritten, aber in Gebäuden, Innenräumen oder Messeständen. In diesem Kontext werden auch Unternehmensfarben, Schriftarten und Bildsprache definiert.
- Corporate Behaviour beschreibt das Verhalten in der Praxis und die realen Handlungsweisen der Mitarbeiter eines Unternehmens gegenüber den zentralen Anspruchsgruppen (Stakeholdern): Kunden, Zulieferern und interessierte Öffentlichkeit.
- Corporate Philosophy oder Corporate Culture beschreibt das Selbstverständnis des Unternehmens und die grundlegende Wertebasis. Diese geht zumeist auf den Gründer des Unternehmens zurück und definiert (historisch gewachsene) Werte, Normen, Rollen und Verhalten.
- Corporate Social Responsibilty beschreibt den Grad der institutionellen Berücksichtigung und praktischen Relevanz von Ethik, Moral und Verantwortung im Unternehmen. Dies betrifft vor allem solche Tätigkeiten, die Auswirkungen auf die Gesellschaft, Mitarbeiter, Umwelt oder das gesamte wirtschaftliche Umfeld haben.
- Corporate Communication umfasst die gesamte Unternehmenskommunikation – sowohl nach innen als auch nach außen. Corporate Communication findet Anwendung bei Werbemaßnahmen, in der Öffentlichkeitsarbeit und bei unternehmensinterner Kommunikation.

Vordergründig wird Corporate Language lediglich als ein »natürlicher« Bestandteil der Corporate Communication verstanden. Richtig daran ist, dass Unternehmen immer eine Corporate Language haben, ob gewollt oder nicht. Denn: Dem Axiom von Paul Watzlawick folgend, ist es unmöglich, nicht zu kommunizieren – auch für Unternehmen. Sie haben demnach also gar keine Wahl: Jedes Unternehmen hat eine Corporate Language.

Doch diese Sichtweise greift nach dem hier vertretenen Ansatz von Corporate Language zu kurz. Denn Corporate Language bedeutet auch, dass die in Unternehmen gebrauchte Sprache nicht nach dem Zufallsprinzip entsteht, sondern kontrolliert und auf Ihre Marke abgestimmt ist. Corporate Language bedeutet, dass die Art und Weise wie Ihre Mitarbeiter intern und nach außen kommunizieren, also welche Sprache sie dabei verwenden, detailliert geregelt ist. Die Sprache der Mitarbeiter muss dabei immer nach den gleichen Regeln erfolgen – im Idealfall erkennen Ihre Kunden nach dem ersten Satz, mit wem Sie es zu tun.

Corporate Language bezeichnet also in erster Linie die systematisch gebrauchte, vereinheitlichte, charakteristische und damit erkennbare Sprache eines Unternehmens. Sie transportiert neben Informationen auch die Markenwerte des Unternehmens zu den verschiedenen Anspruchsgruppen. Corporate Language bezeichnet das ausgefeilte und einzigartige Design Ihrer Unternehmenssprache.

5.3 Corporate Language – Sprache als Markenzeichen

Die Verankerung einer Corporate Language kann einen wesentlichen Baustein bei der Schaffung und Pflege einer Marke oder von Unternehmen werden: Die Sprache des Unternehmens vermittelt dann unternehmensspezifische Werte und folgt dabei solchen Regeln, die zum Unternehmen, seinen Leistungen und den Zielgruppen passen. Bei Unternehmen, die bereits über eine Marke verfügen oder selbst eine Marke darstellen, ist dieser Prozess einfacher herbeizuführen, denn es bestehen viele Anknüpfungspunkte für die Sprache. Die Markenkernwerte müssen dafür in die Sprache des Unternehmens übersetzt werden und in der Kommunikation konsequent angewendet werden.

Oft wachsen Werte in einem Unternehmen über Jahrzehnte – und ändern sich durch geschäfts- und produktpolitische Neupositionierungen. Oder sie hängen wie bei den großen Konsumgüter- oder Automobilherstellern eng mit dem Produkt zusammen. Gerade innerhalb einer Branche mit sehr ähnlichen und vergleichbaren Leistungen entscheiden oft die Werte des produzierenden Unternehmens über die eigenständige Positionierbarkeit und damit über den Markenerfolg. Wichtig ist, dass die Werte einer Marke authentisch und stabil sind. Denn die Identifikation eines Konsumenten mit der Marke hängt stark von deren Beständigkeit und Verlässlichkeit ab. Dies gilt auch für die Sprache.

Sehr häufig kommt es in der Praxis zum Bruch in der Kommunikation, wenn es um die Sprache der verschiedenen Kommunikationsmedien geht. Testen Sie es selbst: Suchen Sie sich beispielsweise ein beliebiges Unternehmen mit einem lustigen Werbespot. Schauen Sie sich dann vom selben Unternehmen die Antwort auf eine Beschwerde- oder ein Mahnschreiben an. Erkennen sie das Unternehmen mit dem lustigen Werbespot an der Sprache der Mahnung wieder? Erkennen Sie ein durchgängiges Kommunikationskonzept? Gibt das alltägliche Markenerlebnis durch Sprache – Call-Center, Rechnungen, Verträge, Kündigung – die in der Werbung »versprochenen« Werte wider?

Die Vielfalt an Kommunikation, Anlässen, Formaten und die große Anzahl an Mitarbeitern, die kommunizieren, ist oft die größte Barriere bei der Einführung einer Corporate Language. Denn Ihr Unternehmen kommuniziert auf vielen verschiedene Arten mit Kunden, Mitarbeitern, Partnern und Stakeholdern, mit Presse, Verwaltung, Bewerbern, Azubis, Öffentlichkeit oder gar mit dem Wettbewerb. Sie schreiben Texte für Briefe, Textbausteine, Produktbeschreibungen, E-Mails, Social Media, PR, Marketing, und Vertragstexte. Sie senden Glückwünsche, Angebote, Absagen und erstellen Gebrauchsanleitungen, Intranet-Texte und Arbeitsanweisungen. Folgen alle diese Texte von allen Mitarbeitern immer den gleichen Regeln? Finden sich in den Texten Ihre Markenwerte? Und in allen Texten die gleichen? Und wer prüft das bei Ihnen? Und wie?

Das Ziel eines Konzeptes für die Corporate Language ist es, die Sprache des Unternehmens auf allen Kanälen und zu jedem Kommunikationsanlass einheitlich, konsistent und markenkonform umzusetzen. Corporate Language muss es Ihren Zielgruppen ermöglichen, dass sie Ihr Unternehmen und Ihre Marke jederzeit auch an den sprachlichen Mitteln erkennen.

Corporate Language ist die sprachliche Markierung Ihres Unternehmens und wird zum Differenzierungs- und Identifikationsfaktor. Damit Ihre Kommunikationspartner wissen, mit wem sie kommunizieren. Damit alle wissen, wofür Ihre Marke steht und worauf man sich verlassen kann.

5.4 Von den (Marken-)Kernwerten zum Sprachleitbild

Wie eine Markenpositionierung erarbeitet wird, kann hier nicht behandelt werden. Dies ist Aufgabe von Werbefachleuten oder Markenmanagern und findet in einem Kontext statt, in dem selten die Corporate Language im Fokus steht. Gleichwohl kann die Einführung einer Corporate Language durchaus Anlass für die Identifizierung eigener Markenwerte sein – falls ein Unternehmen diese noch nicht kennt, dann wird es höchste Zeit. Sollte sich ein Unternehmen gerade im Prozess der Markenfindung oder Markenneupositionierung befinden, ist dies immer auch ein guter Anlass die Corporate Language ebenfalls mitzuentwickeln.

In vielen Unternehmen, insbesondere den größeren, existiert bereits eine klare Markenpositionierung mit verbindlichen Markenwerten. Dies ist für uns der Ausgangspunkt, um auf die Schnittstelle zwischen Marke und (Unternehmens-)Sprache einzugehen und dabei aufzuzeigen, wie Sie Ihre Markenwerte in angemessene Sprache übersetzen. Das Vorgehen, das wir hierzu vorstellen, funktioniert dabei für kleine und für große Unternehmen gleichermaßen.

Der erste Schritt umfasst die Herleitung eines Sprachleitbildes. Dieses definiert, wie Ihre Sprache ausgeprägt sein soll. Es steckt den Rahmen ab, in dem sich die Sprache Ihres Unternehmens bewegt. Ein konservatives Unternehmen mit einem anspruchsvollen und vermögenden Kundenkreis ist gut beraten, ein anderes Sprachleitbild zu definieren als ein innovatives Start-up das Lifestyle-Produkte für unter 20-Jährige entwickelt.

Wie sieht das Übersetzen von Markenwerten in Sprache dabei konkret aus? Zunächst müssen den Kernwerten sinnvolle Sprachcharakteristika zugeordnet werden. Das bedeutet, dass Sie, am besten gemeinsam mit einem Team, überlegen, was Ihre Markenwerte sprachlich bedeuten könnten. In der Praxis ist dies allerdings nicht ganz einfach. Oft haben Unternehmen eine ganze Reihe von Schlagworten für die Kernwerte, die sprachlich schwer unter einen Hut zu bekommen sind. Oder es ist schwierig, für die Kernwerte passende sprachliche Ausdrucksformen zu finden.

Nehmen wir einmal an, der Claim/Slogan eines Unternehmens lautet: »Für Menschen da sein«. Die dazugehörigen Kernwerte heißen »Nähe«, »Engagement« und »Verlässlichkeit«. In die Praxis übertragen bedeutet das für ein Unternehmen, dass dort Service wichtig ist und dass man versucht, die Nähe zum Kunden – räumlich wie auch persönlich – tagtäglich umzusetzen. Gleichzeitig vermitteln die Kernwerte, dass Ihre Kunden auf die Marke bauen können, denn das Unternehmen und alles seine Mitarbeiter sind engagiert und vertrauenswürdig. Das Markenversprechen »für Menschen da sein« und die entsprechenden (Marken-)Werte können nun in ein Sprachkonzept überführt werden. Dies könnte in unserem Beispiel folgendermaßen aussehen:

- Sprachlich kann Nähe verschiedene Aspekte annehmen: Sie muss auf Augenhöhe stattfinden. Sie muss die Perspektive des Kunden einnehmen. Sie muss nah dran sein, an der Sprache der Kunden. Sie muss auch menschlich nah sein. Das heißt, sie muss persönlich sein. Daraus lässt sich beispielsweise das Sprachprinzip ableiten: *Wir kommunizieren persönlich.*
- Verlässlichkeit in der Sprache vermitteln Sie mit gleichbleibender Sprachqualität und konsistenter Wortwahl. Die Sprache muss aber vor allem verständlich und transparent sein, Informationen sollten auf den Punkt kommen und der Kunde sollte sich auf einen einheitlichen Sprachstil verlassen können. Auch dieses Leitbild kann zu einem Sprachprinzip umformuliert werden: *Wir kommunizieren verständlich.*
- Engagement in der Sprache bedeutet, dass Sie aktiv kommunizieren, Sie verwenden eine positive Sprache und bieten Ihren Zielgruppen einen Dialog an. Hier könnte das Sprachprinzip lauten: *Wir kommunizieren aktiv.*

Diese drei Sprachprinzipien bilden die Grundlage des Sprachleitbildes. Aus diesem Leitbild werden dann später alle konkreten Regeln für die Corporate Language abgeleitet. Das hierbei zum Ausdruck kommende Sprachleitbild lässt sich in einen einfachen, einprägsamen Leitsatz gießen: *Wir sprechen und schreiben verständlich, aktiv und persönlich.*

Ein sehr schönes Beispiel für ein authentisches Sprachleitbild bietet die Corporate Language der deutschen Niederlassung von Canada Life (▶ Abb. 7). Das kanadische Versicherungsunternehmen blickt auf eine mehr als 170-jährige Geschichte zurück und ist heute international aktiv, mit Standorten in vielen Ländern der Welt. Die kanadischen Wurzeln spielen für das Unternehmen dennoch eine große Rolle. Sie geben Sicherheit und Identität – wichtige Faktoren, um sich im nationalen und internationalen Wettbewerb von anderen Versicherungsunternehmen zu differenzieren. Die Markenbotschaft »Frischer Wind. Klare Flüsse. Feste Wurzeln.« ist dabei eine wichtige Markierung und steht für Innovation, Transparenz und Verlässlichkeit. Diese Werte sollen sich auch in der Corporate Language widerspiegeln. Aus den Markenwerten wurde ein Sprachleitbild abgeleitet mit drei Sprach-Grundprinzipien: Wir sind verständlich (Klare Flüsse), wir sind modern (Frischer Wind), wir sind kompetent (Feste Wurzeln). Daraus wurde ein Sprachmodell als Grundlage der Corporate Language entwickelt.

Man kann das Sprach-Leitbild auch ausführlicher kommentiert gestalten, wie etwa Canada Life dies tut: In der Visualisierung des Sprachleitbilds sind bereits Regeln und Konkretisierungen des Leitbildes verankert. So ist die Ausprägung »wir schreiben kurze Sätze« eine regelähnliche Konkretisierung, die dem Mitarbeiter hilft, das abstrakte Leitbild besser umzusetzen.

Das Sprachmodell und die daraus abgeleiteten Leitsätze bilden das Fundament für ein konkretes Regelwerk. Die Markenwerte bilden hier sozusagen den Kitt, der die Unternehmenssprache zusammenhält. Auch wenn diese Grundlagen nicht direkt sichtbar sind, bleiben sie doch unverzichtbar.

Denn das Sprach-Leitbild alleine ist für die Praxis unbrauchbar und nichts weiter als eine leere Formel. Leben erhält das Sprach-Leitbild erst mit der Anwendung in die alltägliche Kommunikation – von der CEO-Rede in der jährlichen Hauptversammlung

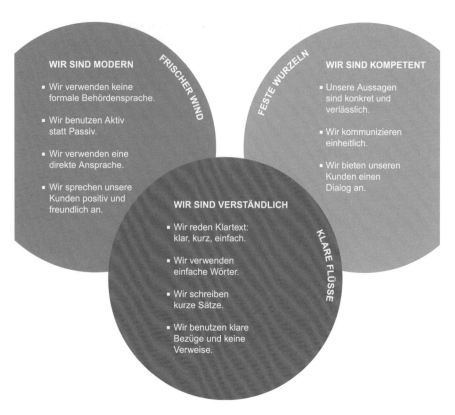

Abb. 7: Die 3 Sprachprinzipien von Canada Life.

über die Gebrauchsanweisung bis zur Antwort auf Beschwerden. Um die Verankerung von Markenkernwerten in sprachlichen Mustern über Kanäle und bei allen Anlässen sicherzustellen benötigt es konkrete Regeln und Standards, die jeder Mitarbeiter als Werkzeuge in der Kommunikation einsetzt.

Aber es bedarf auch eine Reihe weiterer Maßnahmen, die die Anwendung überhaupt ermöglichen. Lassen Sie uns daher einen Blick auf die Regeln einer Corporate Language werfen, bevor wir uns mit weiteren wichtigen Rahmenbedingungen für eine erfolgreiche Umsetzung beschäftigen.

6   Sprachregeln für Ihre Corporate Language

So wie es im Bereich der Verständlichkeit konkrete Regeln zur Durchsetzung gibt, muss auch die Corporate Language, die die Sprachpraxis in den verschiedenen Bereichen des Unternehmens bestimmt, durch verbindliche Standards und Regeln verankert werden.

Die für Ihr Unternehmen definierten Regeln zur Verständlichkeit sind selbstverständlich ein wesentlicher Bestandteil der Corporate-Language-Leitlinien. Hinzukommen aber auch noch weitere Regeln, die vor allem auf eine wirkungsstarke Wortwahl, eine angemessene Tonalität und einen markenkonformen Sprachstil abzielen.

6.1   Am Anfang war das Wort

Ein Wort ist ein Wort ist ein Wort? Nein, ganz und gar nicht. Die Wahl der richtigen Worte, schriftlich oder mündlich, ist für die Unternehmenskommunikation von zentraler Bedeutung. Falsche, missverständliche oder der Situation nicht angemessene Worte können gewollt oder ungewollt großen Schaden anrichten. Im Umkehrschluss bedeutet das aber auch: Wer weiß, wie mit Worten umzugehen ist, kann die tollsten Dinge damit anstellen. Besonders eindrucksvoll wird dies in Untersuchungen und Studien aus dem Bereich der Verhaltensökonomie und Psychologie unter Beweis gestellt. Beispielsweise liefert das psychologische Konzept des Primings spannende Ergebnisse über die Macht der Wörter.

Priming beschreibt die Beeinflussung der Verarbeitung (Kognition) eines Reizes, indem Gedächtnisinhalte durch den Reiz aktiviert werden. Durch einen Reiz werden im Gehirn Gedächtnisinhalte aktiviert, die aufgrund früherer Erfahrungen und Erlebnisse spezifische Assoziationen auslösen. Das Gehirn sucht passende Inhalte zu dem betreffenden Reiz. Dieser Prozess verläuft unbewusst und dennoch werden sowohl Ihr Verhalten als auch Ihre Gefühle und Ihr Gedächtnis von diesem Effekt beeinflusst.[16]

Im Bereich des semantischen Primings geht es speziell darum, wie die Verwendung von Wörtern unser Denken und Verhalten beeinflusst. Dabei wird untersucht, wie Menschen bzw. ihre Gedanken unbewusst durch Wörter gelenkt und gesteuert werden können. Ein besonders eindrucksvolles Beispiel für die Wirkung von Wörtern zeigte sich in einem Experiment des Sozialpsychologen John Bargh aus dem Jahr 1996, das als

---

16 Vgl. Priming in psychologischem Kontext, In: Malcolm Gladwell (Hrsg.): Blink. Die Macht des Moments, Frankfurt/New York 2005, S. 58 ff.

»Florida-Effekt« bekannt wurde.[17] Man legte den Teilnehmern des Experimentes Wörter vor und bat sie, daraus ganze Sätze zu bilden. Viele Teilnehmer dachten, es ginge darum, ihre Sprachkenntnisse oder Sprachfähigkeiten zu testen, weil diese Art von Test beim Erlernen des Schreibens häufig eingesetzt wird. Die Teilnehmer erhielten folgende Wörter, um daraus Sätze zu bauen:

besorgt sie immer um ihn
blühen Heim Fenster die Kirschen
Ball still werfen den er
Schuh geben reparieren alt der
beobachtet langsam anderen er gelegentlich
geht Park er einsam in
Himmel grau nahtlos ist der
sich zurückziehen sollte er vergesslich
vor immer Fernseher einschlafen sie
runzeln Sonne die Rosinen lässt

Aus diesen Wörtern sollte vollständige Sätze gebildet werden. Dabei war es völlig egal, ob die neu gebildeten Sätze grammatikalisch richtig oder falsch, kreativ oder unkreativ waren, wie schnell die Teilnehmer aus den Wörtern ganze Sätze bilden konnten, wie komplex die Sätze waren. Denn im eigentlichen Test wurde nicht ermittelt, ob die Teilnehmer aus den Wörtern vernünftige Sätze bildeten. Vielmehr bestand der Test darin, zu messen, wie lange die Teilnehmer für den Weg in den Übungsraum benötigten und wie lange sie nach dem Test für den Rückweg gebraucht haben.

Das Ergebnis war hochspannend: Nachdem die Teilnehmer den Test absolviert hatten, gingen viele Teilnehmer den Gang deutlich langsamer zurück als sie gekommen waren. Die Wirkung war natürlich nicht bei allen Testpersonen gleich – aber die Dauer veränderte sich über alle Testpersonen hinweg deutlich. Warum hat das Bilden von ganzen Sätzen aus einzelnen, zufällig erscheinenden Worten einen Einfluss auf die Gehzeit der Teilnehmer des Experiments? Sehen wir uns zur Erklärung die Liste nochmals genauer an; in die Sätze wurden bestimmte (Schlüssel-)Begriffe eingestreut, die unbewusst auf unser Gehirn Einfluss nehmen können:

besorgt sie immer um ihn
blühen **Heim** Fenster die Kirschen
Ball **still** werfen den er
Schuh geben reparieren **alt** der
beobachtet **langsam** anderen er gelegentlich
geht Park er **einsam** in

---

17 Vgl. J. A. Bargh, Chen, M., & Burrows, L.: Automaticity of social behavior: Direct effects of trait construct and stereotype priming on action, *In:* Journal of Personality and Social Psychology, *Nr.* 71, 1996, S. 230-244.

Himmel **grau** nahtlos ist der
sich zurückziehen sollte er **vergesslich**
vor immer Fernseher **einschlafen** sie
runzeln Sonne die Rosinen lässt

Die Teilnehmer wurden durch diese Begriffe unbewusst darauf »programmiert«, über das Thema Alter nachzudenken. Der bewusste Teil des Gehirns hat von diesem plötzlichen Themenwechsel vermutlich gar nichts mitbekommen. Doch der unbewusste Teil war so beschäftigt, dass sich viele Teilnehmer nach dem Test wie ein alter Mensch verhalten haben: Sie sind langsam durch die Tür hinaus und den Korridor hinuntergegangen.

Dieses und viele ähnliche Experimente zeigen, dass Worte wirken – vor allem unbewusst, dafür aber umso stärker. Dies gilt natürlich gerade auch für die Unternehmenskommunikation. Jedes Wort zählt. Jedes Wort ruft eine andere Wirkung beim Kunden hervor. Jedes Wort »programmiert« Ihren Kunden anders. Daher kann es einen großen Unterschied machen, ob Sie bei der Antwort an den Kunden den Begriff »Reklamation« oder »berechtigtes Anliegen« verwenden. Ob Sie »vielen Dank« oder »herzlichen Dank« schreiben. Oder ob Sie schreiben, dass ein Produkt »langfristig ohne Probleme funktioniert« oder schreiben, dass das Produkt »ein Leben lang hält«.

Worte beeinflussen unsere Gedanken und unser Handeln in ähnlicher Weise wie erlernte Rollenbilder oder etablierte Stereotypen, indem sie unsere Erinnerungen und unser Erfahrungswissen aktivieren.

Es geht im Rahmen der Corporate Language nicht nur darum, durch Verwendung bestimmter Wörter unbewusst beim Kunden ablaufende Prozesse im Sinne des Unternehmens zu aktivieren. Vielmehr kann und muss durch die richtige Wortwahl auch die Marke in der Unternehmenssprache zementiert werden. Es geht also weniger um die rein »technische« Funktion von Wörtern, sondern vielmehr um die »emotionale« Bedeutungsebene von Wörtern in Bezug auf die Marke und darum, welche Assoziationen man mit welchen Wörtern beim Kunden auslösen kann.

Unser Tipp

Die richtige Wortwahl ist der Schlüssel zum Kunden! Setzen Sie Worte bewusst, konsistent und systematisch ein – dann erzielen Sie einen hohen Wirkungsgrad in der Kommunikation.

6.1.1 Markenkonforme Begriffe

Was genau sind markenkonforme Begriffe? Wie kann man über Worte eine Marke und das Markenversprechen transportieren? Was müssen Mitarbeiter bei Verwendung einer markenkonformen Corporate Language beachten?

Betrachten wir dazu nochmals das Beispiel aus Kapitel 5.3. Darin hatten wir als Markenwert die Aussage »für Menschen da sein« festgelegt. Etwas, das man in Fernsehspots oder anderen Werbematerialien relativ einfach mit emotionalen Bildern vermitteln kann. Eine Aussage, die sich zudem gut als Claim oder grafisches Element in Briefen unterbringen lässt oder als Banner auf der Webseite verwendbar ist.

Aber es ist wichtig, dass diese Aussage auch in den Wörtern verankert wird, die im Kontakt mit dem Kunden verwendet werden. Andernfalls bleiben die (Marken-) Kernwerte ein leeres Versprechen, das beim Kunden nicht die gewünschte Wirkung erzielt. Was bedeutet dies aber ganz konkret für die Sprache des Unternehmens? Dies soll für den Kernwert »Nähe« anhand von Beispielen mit markenkonformen und nicht markenkonformen Aussagen verdeutlicht werden (▶ Abb. 8).

Nähe als Markenkernwert kann dabei verschiedene Ausprägungen annehmen die bei der Übersetzung in Sprachmuster berücksichtigt werden müssen. Nähe kann dabei folgende Dimensionen annehmen:

- Menschliche Nähe: Man kommuniziert auf Augenhöhe, man zeigt Verständnis für den Kunden, man nimmt die Belange des Kunden ernst.
- Räumliche Nähe: Man ist persönlich für den Kunden da, es sind kurze Wege vom Kunden zum Unternehmen.
- Zeitliche Nähe: Die Anfragen von Kunden werden schnell bearbeitet, Lösungen werden schnell gefunden, Waren werden schnell verschickt.

Jede dieser Dimensionen führt zu anderen sprachlichen Mustern wie wir an den Beispielen unten aufzeigen wollen (▶ Abb. 8).

So nicht:	Schon besser:	Passend zur Marke:
Von Rückfragen bitte ich abzusehen.	Haben Sie noch Fragen? Ich bin gern für Sie da.	Haben Sie noch Fragen? Rufen Sie mich einfach unter <Tel.nr.> an. Ich bin gern persönlich für Sie da!
Ihre Beschwerde ist bei uns eingegangen und befindet sich in der Bearbeitung.	Vielen Dank für Ihr Schreiben vom <Datum>. Wir werden es schnellstmöglich der weiteren Bearbeitung zuführen.	**Vielen Dank** für **Ihren** Brief vom <Datum>. Ich **kümmere** mich **persönlich** um alles Weitere und melde mich in Kürze bei Ihnen.
Eine fristgemäße Rücksendung des Antrags ist unbedingt erforderlich.	Um Ihren Antrag schnell zu bearbeiten, ist eine fristgemäße Rücksendung erforderlich. Schicken Sie ihn deshalb bis <Datum> an uns.	**Vielen Dank** für **Ihr** Interesse an XY. **Gerne** bearbeiten wir Ihnen Antrag **so schnell wie möglich** – senden Sie ihn daher **bitte** bis zum <Datum> an uns. Wir **kümmern** uns dann um alles Weitere.

Abb. 8: Beispielhafte, markenkonforme Formulierungen für den Markenkernwert »Nähe«

So nicht:	Schon besser:	Passend zur Marke:
Durch den Tod des Versicherungsnehmers erlischt Ihre Familienversicherung. Setzen Sie sich umgehend mit Ihrem Berater in Verbindung.	Durch den Tod des Versicherungsnehmers ergeben sich einige Änderungen. Bitte setzen Sie sich mit uns in Verbindung um das weitere Vorgehen zu besprechen.	Wir möchten Ihnen zum Tod Ihres Ehemannes **unser aufrichtiges Beileid aussprechen**.

Abb. 8: Beispielhafte, markenkonforme Formulierungen für den Markenkernwert »Nähe« – Fortsetzung

Man sieht also, wie einfach Markenkernwerte in der Sprache verankert werden können – es gilt einfach die richtigen Begriffe und Formulierungen zu wählen und diese einheitlich und sprachlich konsistent zu verwenden. Entscheidend ist aus Kundensicht nämlich die Summe der Aussagen: Je häufiger Formulierungen verwendet werden, die sich mit den Markenkernwerten decken, desto eher werden diese auch beim Kunden ankommen und mental verankert.

Dabei ist es gerade im Tagesgeschäft hilfreich, wenn vorwiegend solche Begriffe verwendet werden, die zur Marke und ihren Kernwerten passen. Bei dem Slogan »Für Menschen da sein« sind das beispielsweise folgende Wörter und Formulierungen (▶ Abb. 9).

Markenwert	Wörter	Phrasen
Menschlichkeit	• Verständnis • kümmern • Vertrauen • helfen	• Wir freuen uns … • Herzlich willkommen … • Schön, dass Sie …
Für Kunden da sein	• persönlich • gern • zuverlässig • gemeinsam	• Zur Seite stehen … • Können wir noch etwas für Sie tun? • Individuell und ganz nach Ihren Wünschen … • Auf uns können Sie zählen … • Rufen Sie mich einfach an …

Abb. 9: Begriff und Phrasen/Standardformulierungen, die zum Begriff »Nähe« passen

Zu jedem Markenwert lassen sich eine Vielzahl von Begriffen und Formulierungen entwickeln, die den Markenwert transportieren. Es gilt also, diese Begriffe und Formulierungen ganz bewusst in der Alltagssprache zu verwenden. Dabei muss stets zwischen der sprachlichen (Passen die verwendeten Begriffe zur Marke und ihren Kernwerten?) und der grammatikalischen Ebene (Passt der Satzbau zur Marke und den Kernwerten?) unterschieden werden.

Die sprachlich-kommunikative Verankerung von Markenkernwerten ist also neben der Verständlichkeit eines der zentralen Bestandteile einer Corporate Language. Es ist ganz einfach und, so zeigt es die Praxis, doch zugleich so schwer: Das, wofür Sie stehen (wollen) muss sich einfach in Ihrer Kommunikation widerspiegeln. Das bedeutet, Sie müssen die entsprechenden Worte verwenden. Wenn Sie für »Einfachheit« stehen wollen, sollten Sie also nicht schreiben »Ein Rückruf ist unter der oben angegebenen Telefonnummer zu den üblichen Geschäftszeiten möglich« sondern besser »rufen Sie mich einfach unter 01234 434 5667 an – ich bin gern für Sie da«.

Bei der Umsetzung einer Corporate Language können also schon so kleine Wörter wie »einfach«, »persönlich« oder »kümmern« eine bedeutende Rolle spielen. Hinzu kommt natürlich noch, was Sie dem Kunden mitteilen und was nicht. Wenn Sie dem Kunden aufgrund eines Todesfalles schreiben müssen, bedeutet »Nähe« oder »Menschlichkeit«, dass Sie dem Kunden zuerst Ihr Beileid aussprechen. Oft sind es solche kleinen Selbstverständlichkeiten, die in der Kommunikation fehlen.

Unser Tipp

Entwickeln Sie zu allen Markenwerten begriffliche Muster die Ihre Werte transportieren. Verbannen Sie alle Begriffe und Phrasen die Ihrer Marke widersprechen.

Dies ist ein wichtiger erster Schritt bei der Konzeption Ihrer Corporate Language. Als nächstes wollen wir nun auf weitere Aspekte eingehen, die eine Corporate Language definieren.

6.1.2 Positive Wortwahl

Machen wir zunächst einen kleinen Test: Wichtig ist, dass Sie beim Lesen nicht an rosa Elefanten denken, unter keinen Umständen. Andernfalls funktioniert der Test nicht. Haben Sie das geschafft? Oder haben Sie doch an rosa Elefanten gedacht? Wahrscheinlich schon, denn Wörtern bilden – wie bereits gezeigt – Reize, die (unbewusste) Reaktionen auslösen. So haben die Begriffe »rosa Elefant« wahrscheinlich auch bei Ihnen unweigerlich zum »Bild« eines rosa Elefanten vor ihrem inneren Auge geführt. Bei manchen wird es sogar ein Elefant gewesen sein, der aussieht wie ein fliegender Elefant von Walt Disney. Nur in rosa.

Wörter beeinflussen unser Fühlen, Denken und Handeln. Wörter lassen Bilder in unseren Köpfen entstehen. Besonders wertvoll für diese Art der Wortwirkung ist eine positive Sprache. Sie erzeugt eine positive Grundhaltung – das hilft auch bei negativen oder schwierigen Themen. Die Kommunikation wirkt durch positive Sprache eher lösungsorientiert statt konfliktverstärkend. Positive Begriffe und die Vermeidung von Verneinungen aktivieren die Leser anstatt sie einzuschränken. Bejahende Aussagen fördern das Verstehen und ermutigen eher zum Handeln als negative Begriffe. Aber erwarten Sie nicht zu viel von positiven Wörtern. Eine negative Botschaft ist und bleibt eine negative Botschaft. Das ändern Sie mit Worten nicht bzw. sollten Sie auch auf keinen Fall ändern! Alles was Sie tun können, ist die mentale Situation zu beeinflussen, in denen Ihr Kunde die negative Botschaft verarbeitet (▶ Abb. 10).

Klassische Formulierung	Positive Formulierung
Ihre Beschwerde ist bei uns eingegangen.	Vielen Dank für Ihre Mühe uns so ausführlich Ihre Erfahrungen zu schildern. Wir nehmen dies sehr ernst und kümmern uns sofort um ….
Um Nachteile zu vermeiden …	Damit Sie die Vorteile auch weiterhin nutzen können …
Durch ein hohes Beschwerdeaufkommen sind alle Leitungen belegt – es kommt zu Wartezeiten.	Wir bitten Sie um etwas Geduld – der nächste freie Mitarbeiter ist in wenigen Minuten für Sie da.
Der ausstehende Betrag ist bis zum <Datum> fällig. Sollte bis dahin keine Zahlung eingehen, sehen wir uns gezwungen gerichtliche Schritte einzuleiten.	Heutzutage bekommt man viel zu viel Post. Deshalb geht manchmal auch etwas Wichtiges unter. So wie wahrscheinlich unsere Rechnung. Deshalb haben wir Sie Ihnen heute nochmals geschickt. Und freuen uns, wenn Sie bis zum <Datum> überweisen.

Abb. 10: Formulierungen, mit denen man einen negativen Kommunikationsanlass in höflichem Ton vermitteln und dabei positive Schlüsselwörter verankern kann

Insbesondere der letzte Fall in obiger Abbildung ist kompliziert, denn eine Mahnung ist eine Mahnung. Es sei denn, man spricht stattdessen von »Erinnerung«, dann kann man lustig, nett, verständnisvoll, innovativ oder kreativ an eine ausgebliebene Zahlung oder Leistung »erinnern«. Man hat allerdings keine Mahnung verschickt – diese muss dann, wenn der Kunde nicht bezahlt, aus rechtlichen Gründen irgendwann trotzdem folgen; spätestens zu diesem Zeitpunkt stellt sich die Frage, wie eine moderne und funktionierende Mahnung aussehen soll. Wir zeigen Ihnen einige Beispiele, wie Sie zu verschiedenen Anlässen positiv formulieren können:

Beispiel: Mahnung

Es ist sehr schwierig, in einen Mahnvorgang positiv zu formulieren und im Grunde unmöglich, wenn bereits ein juristisches Mahnverfahren begonnen hat. Daher bedeutet »positiv formulieren« für den Sonderfall Mahnung, dass Sie für jede Stufe im Mahnprozess unterschiedliche Formulierungen benötigen. Kundenorientiert zu schreiben heißt in diesem Fall einfach, verständlichen Klartext zu schreiben, Drohungen und bestimmte Reizwörter (Beschwerde oder Problem) nicht zu verwenden, dafür aber positivere Triggerwörter (Lösung). Dies kann gerade in frühen Stadien einen entscheidenden Vorteil bringen. In diesem Kontext könnte ein Mahnvorgang folgendermaßen aussehen:

1. Stufe: Die (Zahlungs-)Erinnerung kann kreativ oder sogar überraschend (positiv) formuliert werden.
2. Stufe: Die erste Mahnung sollte lösungsorientiert bzw. kundennah formuliert sein. Dem säumigen Kunden wird eine Lösung (z. B. ein Gespräch, Ratenzahlung) angeboten, zugleich wird aber auch direkt, verständlich und in aller Deutlichkeit auf die Konsequenzen weiterer Verzögerungen hingewiesen; Drohungen sind dabei nicht nötig.
3. Stufe: Die zweite Mahnung spricht Klartext, wobei die negativen juristischen Folgen im Mittelpunkt stehen sollten. Diese Inhalte müssen verständlich formuliert sein – die Lösung liegt in der sofortigen Zahlung bzw. Leistungserfüllung, einen anderen »Ausweg« gibt es nicht mehr.

Es zeigt sich, dass im Rahmen der Corporate Language vor allem der Umgang mit negativen Begriffen definiert werden muss. Gerade negative Begriffe programmieren Kunden unbewusst in eine Richtung, die ein Unternehmen vermeiden sollte. Wer direkt oder indirekt droht, der erhält in der Regel negative Kundenreaktionen als Antwort: Wer bedroht wird, reagiert mit Wut, Trauer, Angst, Aggression und Enttäuschung und wird diese negativen Emotionen weitergeben – im Internet, im Gespräch oder an die Mitarbeiter der Hotline. Aus dieser Perspektive ist der unnötige Gebrauch negativer Begriffe und Formulierungen grob fahrlässig, weil er unnötig und fast immer vermeidbar ist.

Betrachten wir nochmals unser Beispielunternehmen mit der Kernbotschaft »Für Menschen da sein«, die zugehörigen (Marken-)Kernwerte waren »Nähe«, »Engagement« und »Verlässlichkeit«. Mit einer solchen Positionierung sollte man in der Unternehmenskommunikation generell auf Begriffe und Formulierungen verzichten, die das Gegenteil ausdrücken.

Beispiel 2: Beschwerde

Was passiert, wenn Sie Ihrem Kunden folgenden Satz schreiben: »Ihre Beschwerde ist bei uns eingegangen und wird zeitnah bearbeitet«? Ganz abgesehen davon, dass man Engagement in sprachlicher Hinsicht anders formulieren sollte, hat diese Formulierung vor allem negative Auswirkungen. Indem Sie den Begriff Beschwerde verwenden, programmieren Sie Ihren Kunden exakt auf den Vorgang, der seinen Ärger ausgelöst hat. Dies ist kein guter Einstieg in einen lösungsorientierten Dialog, denn der Kunden sieht sich damit emotional genau in der Stresssituation, wegen der er sich ursprünglich beschwert hatte.

Verwenden Sie stattdessen positive oder zumindest neutrale Begriffe, die unzufriedene Kunden auf Lösung und konstruktiven Dialog programmieren anstatt (unbewusst) auf das Problem zu fokussieren. Eine solche Formulierung könnte folgendermaßen lauten: »Vielen Dank, dass Sie sich die Zeit genommen haben, uns so ausführlich zu informieren. Wir kümmern uns um eine schnelle Lösung für Sie und melden uns in den nächsten Tagen bei Ihnen«. Sie steigen an dieser Stelle positiv in einen Dialogprozess ein, der klar das Ziel einer Lösung hat. Aber übertreiben Sie es nicht. Aussagen wie »Vielen Dank für Ihre Beschwerde« sind vielleicht gut gemeint, aber dennoch unglücklich. Bleiben Sie authentisch und versuchen Sie, immer den angemessenen Ton zu treffen. Und denken Sie auch daran, dass Sie in einem Konzept für eine unternehmensweite Corporate Language gerade die Fälle regeln müssen, die nicht (nur) positiv be-/umschrieben werden dürfen.

Beispiel 3: Fristsetzung

»*Das Formular muss unbedingt fristgerecht eingereicht werden*« – diese Formulierung ist das genaue Gegenteil zu der Kernbotschaft »Kundennähe«. Sie ist passiv, spricht den Kunden nicht persönlich an und gleicht eher einem Befehl, als einer freundlichen Erinnerung. Warum nicht alternativ schreiben: »*Herzlichen Dank für Ihren Auftrag. Gerne möchten wir Sie so schnell wie möglich als neuen Kunden begrüßen. Bitte senden Sie uns dazu einfach das Formular bis TT.MM.JJJJ zu – wir kümmern uns dann um alles Weitere!*« Mit einer solchen Formulierung haben Sie nicht nur den Kunden in den Mittelpunkt gestellt, eine höfliche Bitte eingefügt und den Leser direkt angesprochen, sondern nennen auch konkret das Datum und unterstützen damit auch die intendierte Reaktion – nämlich das Formular rechtzeitig bearbeiten zu können. Denn Sie stellen ja mit dem »Kümmern« noch direkt die »Belohnung« in Aussicht und signalisieren Ihrem Kunden damit, dass er im Unternehmen »gut« aufgehoben ist.

In diesem Themenfeld gibt es eine ganze Reihe von negativen Formulierungen, die man mit einfachen Mitteln ersetzen kann. Diese und ähnliche Phrasen sollten man kategorisch aus der Kommunikation verbannen, vor allem, wenn das Unternehmen und seine Mitarbeiter als verlässlich, modern oder kundenorientiert wahrgenommen werden wollen:

- … können wir nicht …
- … müssen Sie zwingend …
- … ist unumgänglich …

Anstatt zu sagen, was nicht geht, sagen Sie besser, was möglich ist. Frei nach dem Motto »Geht nicht, gibt´s nicht« sollten Sie versuchen, die positiven Seiten zu beleuchten – als Alternativen zu den obigen Formulierungen bieten sich hier an:

- Wir kümmern uns…/ Wir melden uns dazu in den nächsten Tagen bei Ihnen…
- Bitte senden Sie uns…/ Bitte achten Sie darauf, dass…
- Gerne bieten wir Ihnen folgende Alternative…

Nicht immer, aber häufig kann man mit kleinen Umformulierungen negative Begriffe aus der Kommunikation verbannen und stattdessen positive Begriffe verankern die beim Kunden völlig andere Emotionen auslösen.

Hinzu kommt noch ein weiteres Phänomen: Viele Deutsche beschreiben Sachverhalte negativer als sie tatsächlich sind und zeigen sich (leider) sehr geübt darin, selbst positive Dinge eher negativ auszudrücken. Deshalb sollte man auf doppelte Verneinungen verzichten, eine besondere »deutsche Spezialität«. Wir schreiben eher »lassen Sie diese Gelegenheit nicht ungenutzt« und verankern das negative Wort »ungenutzt« als direkt positiv zu formulieren: »Nutzen Sie…«. Unfreiwillig kurios ist auch die Formulierung »liegt nicht im Bereich des Unmöglichen«, um auszudrücken, dass das Unternehmen einen Wunsch erfüllen kann und will – viel besser wäre es, einfach zu schreiben: »Gerne realisieren wir diesen Wunsch für Sie«.

Achten Sie also unbedingt darauf, negative Begriffe zu identifizieren und durch positive Begriffe zu ersetzen. Eine gute Corporate Language kommt mit sehr wenig negativen Wörtern und Phrasen aus.

Beispiel 4: Vertrieb

Auch Werbebriefe und Vertriebsmailings sind eine heikle Angelegenheit. Äußerst selten freuen sich Empfänger über Werbung. Allzu oft wird sie als nervig empfunden oder erst gar nicht gelesen. Auch hier haben Sie die Möglichkeit, über sprachliche Feinheiten die Wahrnehmung positiv zu beeinflussen.

Kommen wir noch einmal kurz auf das bereits vorgestellte Praxisbeispiel eines Mailings zurück (▶ Kap. 2.2). Bei der durchgeführten Optimierung wurde nicht nur die Verständlichkeit des Anschreibens erhöht, sondern insbesondere auch darauf, negative Begriffe zu vermeiden, wie die folgende Gegenüberstellung des Briefeinstiegs zeigt (▶ Abb. 11).

Ursprünglicher Text	Verbesserter Text
Sehr geehrte/r Herr/ Frau…,	Sehr geehrte/r Herr/Frau…,
der Bonus ist abgeschöpft und die Frei-kWh aufgebraucht. Vergleichen Sie doch mal, ob Ihr Energieanbieter nach Ablauf der befristeten Vergünstigungen noch günstiger ist oder zahlen Sie schon längst zu viel?	ist Ihr Strom immer noch günstiger oder lohnt sich schon der Wechsel? Unser Tipp: Vergleichen Sie uns und profitieren Sie neben fairen Preisen auch von der Sicherheit und Kompetenz Ihrer Stadtwerke Krefeld.

Abb. 11: Beispiel mit einem positiv formulierten Briefeinstieg für den Fall einer auslaufenden Preisvergünstigung

Obwohl sich am Einstieg inhaltlich nichts geändert hat, wird durch das einfache Verankern positiver Begriffe ein ganz anders Sprachklima erzeugt. Mit überzeugendem Erfolg, denn das optimierte Anschreiben führte zu 126 Prozent mehr Abschlüssen, weil in diesem Sinne »positiv programmierte« Leser eher im Sinne des Unternehmens handeln.

Unser Tipp

Positive Worte schaffen eine positive Kommunikationsatmosphäre! Identifizieren Sie Begriffe, die für Ihre Marke negativ konnotiert sind und ersetzen Sie diese mit positiven oder neutralen Wörtern.

6.1.3 Neue und alte Begriffe

Weltweit gibt es etwa 6000 Sprachen. Tendenz sinkend. Sprachen ändern sich und verschwinden. Auch unsere in nationalen und internationalen wirtschafts-, kultur- und Alltagskontext verwendeten Sprachen sind einem stetigen Wandel unterworfen. Es entstehen neue Wörter, etwa durch den Einfluss neuer Technologien oder fremder Sprachen und Kulturen, oder die Bedeutung bestehender Wörter ändert sich. Der Gebrauch von Begriffen kann aber auch abnehmen und manchmal geraten sie sogar völlig in Vergessenheit.

Man denke beispielsweise an das Wort »Internet«. So selbstverständlich wie diese Technologie heute unseren Alltag bestimmt, so selbstverständlich gehört der Begriff inzwischen zur deutschen Sprache. In Unternehmen entstehen laufend neue Begriffe: Produktnamen, Abteilungsbezeichnungen (»Online-Marketing«), Berufsbezeichnungen (»Webmaster«) oder Prozesse (»Datenmanagement«). »Fett« oder »cool« sind heute Alltagsbegriffe, die sehr gut veranschaulichen, wie eine unkonventionelle Verwendung von Begriffen in neuen Kontexten zur Bedeutungserweiterung führen kann. Bei der Aussage »Die Party war echt fett« käme heute niemand auf die Idee, dass hier von Körperfülle die Rede ist. Ähnlich geht es uns mit den vor einigen Jahren noch ungewöhnlichen Begriffen Chatbot, Simsen oder Twittern.

Eine zeitgemäße Corporate Language muss die Veränderung von Wörtern berücksichtigen. Gerade bei Unternehmen, die als innovativ oder modern wahrgenommen werden wollen, müssen neue Wörter und neue Wortbedeutungen in die Corporate Language aufgenommen werden. Neue Trends müssen sich auch in der Unternehmenssprache widerspiegeln. Aber auch hier sollte man sich im Klaren sein, welche Sprache zum Unternehmen und zur Leistung passt. Und hüten Sie sich vor allem vor Übertreibungen, sonst ergeht es Ihnen wie dem Jungpolitiker Fabian Giersdorf aus Roth: Mit der Aussage »Chabos wissen, wer der Babo ist« wollte der Nachwuchspolitiker auf einem Plakat gezielt die Aufmerksamkeit junger Menschen erreichen. Das hat er geschafft, allerdings anders als intendiert: Er erntete Hohn und Gelächter in den sozialen Medien. Warum? Weil es einfach nicht glaubhaft ist, wenn der Vertreter einer Partei, die nicht gerade als jugendlich und hip gilt, sich bei einem Wahlspruch den Songtitel eines Gangster-Rapper namens Haftbefehl bedient. Die Aussage entstammt dem Soziolekt des Deutschraps und bedeutet so viel wie: »Die Jungs (Chabos) wissen, wer der Boss (Babo) ist.«

Wenn man also als Unternehmen zwar als modern, aber dennoch als seriös wahrgenommen werden möchte, sollte man nicht den »Jugendslang« nachahmen. Insbesondere dann nicht, wenn es um vertrauensbasierte und erklärungsbedürftige Produkte oder Dienstleistungen geht. Das wäre zum einen nicht authentisch, zum anderen würde es nicht die Erwartungen der Zielgruppen erfüllen

Neben neuen Wörtern und Wortbedeutungen, interessieren aber auch Begriffe, die nicht mehr in Gebrauch sind und förmlich schon Staub angesetzt haben. Gerade wenn es um moderne Dienstleistungen, Produkte oder Prozesse geht, sollten auf keinen Fall solche altertümlichen Begriffe verwendet werden. Einige Beispiele für verstaubte Begriffe die in Ihrer Kommunikation nichts mehr verloren haben:

- fernmündlich
- Zweitschrift
- Behältnis
- hochachtungsvoll
- Einvernehmen erzielen
- Ablichtung
- Versagung
- Korrespondenz

Nehmen wir beispielhaft den letzten Begriff der »Korrespondenz«. Warum sollte ein modernes Unternehmen auf diesen Begriff verzichten? Einfach erklärt: Der Begriff stammt aus einer Zeit, als Korrespondenz noch mit Gänsekiel geschrieben und mit einer Postkutsche befördert wurde, wo nur wenige Menschen lesen und schreiben konnten, wo Korrespondenz ein Privileg des Adels war.

Jetzt stellen Sie sich einmal vor, ein Kunde schreibt Ihnen eine E-Mail und möchte ein Angebot. Dieses schicken Sie ihm dann per Post und formulieren im beiliegenden Brief »bezugnehmend auf die mit Ihnen geführte Korrespondenz freuen wir uns Ihnen ein maßgeschneidertes Angebot unterbreiten zu dürfen«.

Wenn Sie so schreiben, dann liegen zwischen dem, was der Kunde getan hat (Ihnen eine E-Mail senden) und Ihrer Wortwahl (Korrespondenz), gefühlt Jahrhunderte. Ein solcher Eindruck sollte beim Kunden nicht entstehen, auch nicht unbewusst. Also: tief Luft holen und den Staub von Ihrer Sprache pusten.

Das bedeutet, dass Veränderung der Sprache in der Corporate Language in doppelter Hinsicht berücksichtigt werden müssen: Einmal muss geprüft werden, welche neuen Begriffe übernommen und welche veralteten Begriffe verbannt werden können.

In dem Kontext sollten wir auch auf Wörter achten, die einen Text unnötig aufblähen, ohne dass die Aussage verbessert würde, indem eine unnötige Vorsilbe vor ein an sich kurzes Wort gesetzt wird. Wörter mit Vorsilben wirken oft veraltet und verschnörkelt, wie die folgenden Beispiele zeigen:

- Rückantwort statt Antwort
- Überprüfen statt prüfen
- Übersenden statt senden
- Rückfrage statt Frage

- Ansonsten statt sonst
- Rücküberweisung statt Überweisung

Diese Vorsilben stammen aus der »Behördenwelt«, wir benötigen Sie heute nicht mehr. Die Welt verändert sich und mit ihr die Sprache. Unternehmen, die fit für die Kommunikation von morgen sein wollen, können nicht die Sprache von gestern sprechen.

Unser Tipp

Achten Sie darauf Ihre Wortwahl regelmäßig zu aktualisieren – schicken Sie allzu verstaubte Begriffe und Formulierungen »in Rente« und überlegen Sie, welche neuen Begriffe Sie in Ihre Sprache aufnehmen möchten.

6.2   Konsistente Schreibweisen

Neben der Verwendung von markenkonformen und positiven Wörtern sowie der Vermeidung von veralteten Begriffen geht es bei der Corporate Language auch um vermeintlich banale Dinge wie Konsistenz. Beginnen wir mit der einfachsten Übung, der einheitlichen und korrekten Schreibweise. Viele Unternehmen haben heute bereits umfangreiche Glossare, in denen etwa die Schreibweisen von Produktnamen festgelegt sind.

Es gibt eine Reihe von Bereichen in der Unternehmenssprache, in denen korrekte und konsistente Schreibweisen wichtig sind und die wir im Folgenden kurz darstellen wollen.

6.2.1   Produktnamen

Die meisten Unternehmen verfügen bereits über umfangreiche Glossare, in denen beispielsweise die Schreibweisen von Produktnamen genau festgelegt sind. Es spielt zwar auf den ersten Blick keine Rolle, ob in der Außenkommunikation »SuperFluxx-Kompensator«, »SuperfluXX-Kompensator« oder »Super-Fluxx Kompensator« geschrieben wird. Doch es ist ganz entscheidend, dass alle Mitarbeiter die Begriffe immer gleich schreiben. Denn im Kundenkontakt wirkt die unterschiedliche Schreibweise schnell verwirrend und beliebig. Nicht nur, dass man die uneinheitliche Schreibweise für Rechtschreibfehler halten könnte, die Kunden kommen, etwa bei Bestellungen, Nachfragen oder Reklamationen, leicht durcheinander. Im schlimmsten Fall wird die Order abgebrochen. Inkonsistenzen in der sprachlichen Markierung einer Leistung widersprechen auch der Funktion und dem Selbstverständnis einer Marke, denn diese soll für Wiedererkennung, Verlässlichkeit und Identifikation sorgen. Dabei ist die Schreibweise einer Marke eine ausgesprochen wichtige Markierung auf der Zeichenebene. Stellen Sie sich nur mal vor, man würde Nyke oder Neik statt Nike schreiben.

Praxis-Tipp

Achten Sie also darauf, dass Produktnamen einheitlich geschrieben werden. Im Rahmen der Einführung einer Corporate Language sollte der »Wildwuchs« bereinigt werden. Im Wesentlichen bedeutet dies,

- alternative Schreibweisen zu vereinheitlichen (z. B. entweder »SuperfluXX-Kompensator« oder »Super-Fluxx Kompensator«),
- die Bindestrich-Regel bei dieser Vereinheitlichung konsequent umzusetzen (z. B. »Vollkaskoversicherung« oder »Vollkasko-Versicherung«),
- eine Logik für Schreibweisen bei Produktnamen zu entwickeln, die auch über Produktgruppen hinweg anwendbar ist und für Erkennbarkeit sorgt (»SuperfluXX-Kompensator« und »WasserniXX-Pumpe«)
- auf undurchschaubare Kunstbegriffe und experimentelle Schreibweisen zu verzichten, da diese unter Umständen schwer einprägsam sind und gern falsch geschrieben werden (vielleicht doch lieber »Super-Fluxx Kompensator« als »SuperfluXX-Kompensator«).

Gerade bei Neuentwicklungen besteht die Möglichkeit, die Produktnamen und Schreibweisen im Rahmen der durch die Corporate Language vorgegebenen Regeln einheitlich und widerspruchsfrei festzulegen.

6.2.2 Datum und andere zahlenbasierte Information

Datum, Uhrzeiten und Geldbeträge sind ebenfalls Standards, bei denen auch innerhalb von Unternehmen oft teils gravierende Abweichungen und Unregelmäßigkeiten bestehen. Gerade das Datum schreibt jeder gerne anders. Die Frage, ob mit oder ohne Führungsnull etwa ist ein Klassiker: 1.12.2017 oder 01.12.2017? Den Monat als Ziffer oder Wort, abgekürzt oder ausgeschrieben: 1. Dez. 2017 oder 01. Dezember 2017? Mit vierstelliger Jahresangabe oder zweistellig, also 01.12.2017 oder 1.12.17? Daraus ergibt sich in der Praxis leicht eine riesige Variantenzahl.

Es gibt DIN-Normen für Schreibweisen, jedoch sind auch häufig Varianten zulässig. Daneben gibt es auch weitere Argumente für die eine oder andere Schreibweise: vorhandener Platz, Erkennbarkeit, persönlicher Geschmack, Gewohnheit etc. Was es meistens nicht gibt: eine eindeutige Vorgabe. Im Rahmen Ihrer Corporate Language sollten Sie eine Schreibweise verbindlich festlegen. Natürlich kann man auch Varianten zulassen, jedoch muss jedem Mitarbeiter dann auch immer klar sein, in welchem Fall welche Regel bzw. Vorgabe gilt. Solche Regeln müssen aber auch für weitere zahlenbasierte Informationen festgelegt werden:

- Uhrzeit: 14:00 Uhr, 14.00 Uhr oder 14 Uhr?
- Währungen: Euro, EUR oder €?

- Geldbeträge: 1000 Euro, 1000,00 Euro oder 1.000,00 Euro?
- Telefonnummern: 01234 345-456, (0049) 01234 345-456 oder +49 1234 345-456?
- Banknummern: IBAN mit Leerzeichen nach 4er Block oder ohne?

Auch wenn diese zahlenbasierten Ausdrücke häufig als nicht so entscheidend erscheinen mögen, müssen sie doch im Rahmen der Corporate Language – einheitlich formatiert – festgelegt werden. Denn auch diese formale Einheitlichkeit ist Bestandteil einer funktionierenden und konsistenten Corporate Language. Sie ist ein Merkmal der Qualität, Erkennbarkeit und Verlässlichkeit einer Marke.

6.2.3 Fugen-S

Im Deutschen findet sich bei etwa einem Viertel der aus zwei oder mehr Substantiven gebildeten Wörter ein sogenannter Fugenlaut. Das ist ein Buchstabe, der eingefügt wird, obwohl er zu keinem der beiden Wörter gehört, z. B. Hundeleine oder Liebesbrief. Gerade bei Schreibweisen mit Fugen-S kommt es häufiger zu Verwirrungen, etwa über die Frage, ob man Schadenmeldung oder Schadensmeldung schreiben sollte oder ob es Einkommensteuer oder Einkommenssteuer heißen muss.

Leider hilft uns hier ausnahmsweise auch ein Blick in den Duden nicht weiter. Denn eindeutige Regeln gibt es nicht wirklich und die Zahl der Ausnahmen ist einfach zu groß: So kann man die geliebte Einkommensteuer mit oder ohne Fugen-S schreiben.

Um hier Klarheit zu schaffen, ist es ratsam, die Schreibweise aller Wörter mit Fugen-S im Unternehmen einheitlich festzulegen. Dazu zählt dann auch eine Regel, die definiert, ob Begriffe mit Fugen-S mit Bindestrich getrennt werden dürfen oder nicht.

Wie Sie an den vorangegangenen Ausführungen zu verschiedenen Schreibweisen sehen können, handelt es sich unter Umständen um eine Vielzahl von verschiedenen Regeln und Ausnahmen zu Begriffen und Schreibweisen. Unweigerlich stellt sich die Frage: Was macht man mit den Begriffen, deren Schreibweisen unternehmensweit einheitlich festgelegt worden sind? Wie können diese zugänglich gemacht und genutzt werden? Ganz einfach, man legt eine Black- oder Whitelist für das Unternehmen an. Was das ist, erklären wir Ihnen gern.

6.2.4 Black- oder Whitelists

Nach der Festlegung der einheitlichen Schreibweisen sammelt man die Begriffe in Listen: Die jeweils richtige Schreibweise in der Whitelist, die falsche hingegen in einer Blacklist, die damit im Normalfall deutlich länger ausfällt als ihr Gegenstück – das kann beispielsweise folgendermaßen aussehen (▶ Abb. 12).

Es geht dabei allerdings nicht darum, alle möglichen falschen Schreibweisen zu identifizieren, sondern vielmehr die immer wiederkehrenden Schreibfehler im Unternehmen auszumerzen. Die Rechtschreibfehler muss eine Rechtschreibprüfung identifizieren, das ist nicht Aufgabe der Blacklist. Das Problem liegt allerdings oft darin, dass eine Rechtschreibprüfung oft mehrere Schreibweisen zulässt, auch solche, die zwar aus

Whitelist (= zulässige Schreibweise)	Blacklist (= falsche Schreibweise)
Super-Fluxx-Kompensator	Superfluxx-Kompensator SuperfluXX-Kompensator Super-FluXX-Kompensator Superfluxxkompensator

Abb. 12: Muster für eine Black- oder Whitelist für einen Produktnamen

grammatikalischen Gründen richtig sind, aus Unternehmenssicht aber »falsch«. Diese häufig verwendeten falschen Schreibweisen identifizieren Sie in der Regel durch eine Analyse Ihrer Kommunikation.

Das Sammeln der Begriffe ist dabei nur der erste Schritt, der wichtigere Teil folgt anschließend: Nun müssen Black- und Whitelist den Mitarbeitern zugänglich gemacht werden. Denn was nützen die Regeln, wenn niemand im Unternehmen davon weiß. Allerdings sollte auch dabei mit Pragmatismus und Augenmaß vorgegangen werden: Die Listen müssen im Hinblick auf Umfang und Struktur so gestaltet sein, dass die Mitarbeiter ohne großen Aufwand damit arbeiten können, sonst bleibt das Instrument ungenutzt. Zudem müssen wir in Zeiten hoher Job-Fluktuationen immer auch damit rechnen, dass neue Mitarbeiter sich erst an die Vorgaben gewöhnen müssen. Da hilft es ungemein, wenn die Listen digital genutzt werden können. Viele Programme bieten heute bereits interne Glossare an, teilweise sogar im Rahmen der Rechtschreibprüfung, teilweise als eigenständig nutzbare Module. Prüfen Sie, ob solche Programme in Ihrem Textverarbeitungssystem bereits enthalten sind. Wenn ja – nutzen Sie diese. Oder Sie nutzen Programme, die speziell für Terminologie und Corporate Language entwickelt wurden (z. B. TextLab). Unternehmen können mit diesen Systemen ihre Schreibweisen dauerhaft und über das ganze Unternehmen hinweg einfach steuern. Ohne Software-Unterstützung wird die Vielzahl an Begriffen und Schreibweisen die Mitarbeiter schnell überfordern.

Unser Tipp

Achten Sie immer auf einheitliche und standardisierte Schreibweisen – damit signalisieren Sie Qualität, Professionalität und Verlässlichkeit.

6.3 Tonalität – der Sound Ihrer Texte

Der Ton macht die Musik – das gilt auch für die Corporate Language und hier insbesondere für die Tonalität der Texte. Tonalität ist dabei als der Grundton der Sprache im Unternehmen zu verstehen, der sogenannte *tone of voice*. Der Begriff »voice« (Stimme) impliziert, dass es hier um phonetische Laute geht, also etwa um die Stimme, die wir beim Sprechen akustisch wahrnehmen. Aber auch geschriebene Sprache hat einen Klang und einen Rhythmus. Mit Tonalität beschreiben wir die Atmosphäre und den Stil der verwendeten Sprache in einem Text. Die Tonalität ist aber nicht nur dekorative Verpackung Ihrer Corporate Language, sondern Bestandteil der Positionierung Ihres Unternehmens. Sie stärkt die Identität von Marken und somit auch die Identifikation mit ihnen. Und Sie sorgt für Aufmerksamkeit – ein knappes Gut in der endlosen Flut von Informationen.

Beim Thema Tonalität eröffnen sich große Gestaltungsspielräume für Unternehmen. Der Begriff Tonalität umfasst hier verschiedene Aspekte der Unternehmenssprache:

- Wird eine moderne, floskelfreie Sprache oder ein eher klassisch-gehobener Sprachstil verwendet?
- Wie werden Kunden, Mitarbeiter und andere Anspruchsgruppen angesprochen – eher distanziert-formell oder eher persönlich-informell?
- Ist Ihre Marke eher regional verwurzelt oder sprechen Sie mit Zielgruppen auf der ganzen Welt?
- Passt die Sprache zum übrigen Erscheinungsbild der Unternehmung oder liegen Jahrzehnte sprachgeschichtlicher Veränderungen dazwischen?
- Welchen Ton schlagen Sie an, wenn es ungemütlich wird, beispielsweise bei Kündigungen, Forderungen oder Zurechtweisungen?

Tonalität betrifft dabei alle Texte im Unternehmen – vom Werbe-Mailing bis zur Mahnung. Etliche der bereits besprochenen Sprachregeln beeinflussen den Klang und Ton Ihrer Sprache, zum Beispiel Passivsätze, positive Sprache oder moderne Wortwahl. Wir zeigen Ihnen im Folgenden einige weitere sprachliche Werkzeuge, mit denen Sie die Tonalität Ihrer Sprache schleifen und damit Ihre Kommunikation zum Glänzen bringen können.

Unser Tipp

Achten Sie auf die Tonalität Ihrer Sprache – sie muss zu Ihren Unternehmen, Ihren Kunden und Ihrem Anliegen passen. Und sie muss sich in Ihrer gesamten Kommunikation durchgängig finden.

6.3.1 Meiden Sie Floskeln wie der Teufel das Weihwasser

Die Tonalität der Sprache wird stark durch die Verwendung von Floskeln beeinflusst. In der Rhetorik der Antike verstand man unter einer Floskel einen kurzen und prägnanten Denk- und Sinnspruch, der sich auf verschiedene Kontexte im Alltag anwenden ließ. Im heutigen Sprachgebrauch sind Floskeln hingegen mit einer negativen Konnotation behaftet. Man versteht darunter eher schmückende Formulierungen, inhaltlose Redensarten oder überflüssige Phrasen. Gerade durch den häufigen Gebrauch nutzen sich Floskeln ab, verlieren ihre Wirkung und werden nur noch als überflüssige Sprachschnörkel wahrgenommen. Die Wirkung von Floskeln ist daher oft negativ – obgleich es auch Anlässe gibt, in denen eine Floskel fast unumgänglich oder sogar sehr hilfreich sein kann. Denken Sie beispielsweise an einen Todesfall und eine klassische Beileidsbekundung wie »wir sprechen Ihnen unser aufrichtiges Beileid aus« oder »herzliches Beileid zu Ihrem Verlust«. Gerade in der Kommunikation mit Kunden oder Mitarbeiter ist es sehr schwierig kommunikativ mit einer solchen Situation umzugehen, die vor allem den persönlichen Lebensbereich betrifft und man selten eine persönliche Beziehung zum Kunden pflegt. Hier sind Floskeln sehr hilfreich, um Empathie zu bekunden, ohne dem Empfänger zu nahe zu treten.

Es gilt aber auch: Zu vielen Anlässen ist der Einsatz »gewohnter« Floskeln eher kontraproduktiv. Vor allem dort, wo man besonders persönlich, freundlich und höflich wahrgenommen werden will. Denn gerade dann, ist es sinnvoll, genau zu überlegen, ob und wenn ja, welche Floskeln man einsetzen möchte. Wir möchten Ihnen an einigen Beispielen für typische Floskeln zeigen, warum ihr Einsatz problematisch sein kann und welche Alternativen Sie haben:

Beispiel 1: Leere Worte

»Ich stehe Ihnen für Rückfragen jederzeit gerne zur Verfügung.«

An dieser in der Geschäftskorrespondenz häufig verwendeten Floskel zeigen sich gleich vier Problemfelder:

- Erstens: Rückfragen statt Fragen. Man sollte sich die bürokratisch und altertümlich wirkende Vorsilbe einfach sparen (▶ Kap. 5.1.3).
- Zweitens: Stehen Sie wirklich »gerne« zur Verfügung? Oder schreibt man das einfach, weil man denkt, dies sei höflicher, auch wenn es nicht stimmt?
- Drittens: »Jederzeit« ist in den meisten Fällen komplett falsch, man ist für die Kunden allenfalls während der Geschäftszeiten zu sprechen. Böse Zungen könnten an der Stelle sagen: Glatt gelogen.
- Viertens: Sie stehen nicht »zur Verfügung« – im Grunde gilt diese Aussage nur für das älteste Gewerbe und ist im Hinblick auf Kunden oder andere Ansprechpartner unpassend.

Alternativ könnte man hier beispielsweise formulieren: »Haben Sie noch Fragen? Rufen Sie mich einfach an.« Dadurch tappt man in keines der 4 Floskel-Näpfchen. Aber seien Sie sich bewusst, dass auch diese Formulierung zur Floskel wird – zum Beispiel, wenn Sie telefonisch nicht zu erreichen sind.

Beispiel 2: Veraltet und missverständlich

»Vielen Dank für Ihr Vertrauen in unser Haus.«

Dieser oft verwendete Satz ist nur sinnvoll, wenn ihn ein Architekt oder Bauunternehmer schreibt. Obwohl die meisten Leser die Intention zwar verstehen, sollte man entweder namentlich das eigene Unternehmen oder den Ansprechpartner nennen. Denn in den seltensten Fällen ist mit diesem Satz das Gebäude gemeint.

Die bessere Alternative lautet: »Vielen Dank für Ihr Vertrauen in uns« oder »Wir freuen uns über Ihr Vertrauen in die XX AG!«

Es gibt eine ganz Reihe solcher veralteter und missverständlicher Floskeln. Ein weiteres Beispiel dieser Art ist die Formulierungen:

»Bitte schicken Sie die Unterlagen an obenstehende Anschrift zu meinen Händen.«

Allein der Bezug auf die »obenstehende Anschrift« im Satz ist unglücklich, weil ein Brief auf Geschäftspapier ohnehin die Kontaktdaten enthält. Zudem: Warum soll der Leser etwas an Ihre Hände schicken und nicht an Sie direkt? Woher weiß der Leser wie Ihre Hände überhaupt heißen? Und wie die korrekte Anschrift Ihrer Hände lautet? Die ganze Formulierung wirkt altertümlich und umständlich.

Man schreibt stattdessen heute besser: »Bitte schicken Sie die Unterlagen direkt an mich«.

Beispiel 3: Überheblich und belehrend

»Wie Sie sicherlich wissen…/ Wie allgemein bekannt sein dürfte…/ Wie Sie sicherlich bereits gelesen haben…«

Durch diese belehrenden Formulierungen wird indirekt zum Ausdruck gebracht, dass die nachfolgende Information allgemein bekannt ist bzw. als solche vorausgesetzt werden kann, dass nur der Leser (»der Einfaltspinsel«) vermutlich nichts davon weiß. Versetzt man sich vor diesem Hintergrund in den Empfänger, so könnte er sich dumm, vielleicht sogar wie vor den Kopf gestoßen fühlen. Auf diese Formulierung sollte man also verzichten, denn Kunden und Geschäftspartner sollen grundsätzlich nicht belehrt, sondern informiert werden.

An diesen Beispielen wird deutlich, weshalb veraltete, inhaltsleere oder gar unhöfliche Floskeln aus der Unternehmenssprache verschwinden müssen. Sie lassen Briefe, E-Mails und andere Texte altbacken, missverständlich und oft sogar unfreundlich wirken. Das Problem mit Floskeln ist allerdings, dass sie uns als Autoren oft gar nicht mehr auffallen. Dafür gibt es viele Gründe: Sie sind in der Unternehmenssprache verankert, wir haben Sie von unseren Vorgängern übernommen, wir haben uns an sie gewöhnt und sie sogar liebgewonnen oder die Floskel hat sich einfach gut getarnt. Seien Sie also auf der Hut!

> **Unser Tipp**
>
> Definieren Sie, welche Floskeln erwünscht und welche unbedingt vermieden werden müssen.

Wie oben schon erwähnt können Floskeln oder zumindest standardisierte Formulierungen aber auch sehr hilfreich sein. Das betrifft vor allem sensible Themen, also beispielsweise im Fall von Beileidsbekundungen. Damit stellen Sie sicher, dass unabhängig von der Person, die einen Text verfasst, nur solche Formulierungen verwendet werden, die zu Ihrem Unternehmen passen. Nicht Empathie oder subjektive Empfindungen, sondern die Vorgaben der Corporate Language bestimmen zu solchen sensiblen Anlässen die Kommunikation. Damit vermeiden Sie hilflose oder unpassende Wendungen wie »Kopf hoch« oder »Das Leben geht weiter«.

> **Unser Tipp**
>
> Seien Sie sich Ihrer Floskeln bewusst! Gehen Sie sparsam damit um und verbannen Sie hier nach Möglichkeit allzu Abgedroschenes, Unpassendes und Unwahres.

6.3.2 Direkt und modern – Infinitivkonstruktion sind zu vermeiden!

Die Tonalität eines Textes hängt auch von grammatikalischen Konstruktionen ab. Wir haben bereits in Kapitel 3.4 über Passivkonstruktionen gesprochen, die Sachverhalte für den Leser oftmals eher verschleiern und deshalb vermieden werden sollten. Doch das ist noch nicht alles, auch die (ebenfalls sehr häufig verwendeten) Infinitivkonstruktionen mit »ist zu« passen nicht zu einer kundenfreundlichen Corporate Language. Formulierungen wie »der Beitrag ist fristgerecht zu entrichten« wirken unpersönlich und von oben herab. Das ist oft nicht beabsichtigt. Ganz im Gegenteil: Erstaunlicherweise kommen diese Formulierungen gerade bei sensiblen Kommunikationsanlässen zum Einsatz, da man hier oft eine höfliche Distanz wahren möchte – bloß nicht den Kunden direkt zu unangenehmen Themen ansprechen. Ist beispielsweise eine Kundin in Zahlungsverzug oder muss ein Bürger mit einem Bußgeldbescheid rechnen, dann will der Absender die persönliche Ansprache und die damit verbundene Aufforderung oder Androhung oft vermeiden. Das Gegenteil wird aber erreicht. Hier spielt Tonalität eine entscheidende Rolle für die Wahrnehmung des Empfängers und dessen Anliegen.

Anstelle distanziert und umständlich wirkender Infinitivkonstruktionen sollte der Kunden besser ganz direkt und höflich angesprochen werden. Oft bleibt dann sogar noch Raum für ein freundliches »bitte«, ein extrem positiv besetzter Begriff, der seine Wirkung beim Angesprochenen selten verfehlt. Dies wollen wir an einigen Beispielen verdeutlichen:

Anstelle von...	...schreibt man besser:
»Der Hinweis ist zu beachten«	»Bitte beachten Sie: <Hinweise>«
»Der Betrag ist fristgerecht zu bezahlen«	»Bitte zahlen Sie <Betrag> Euro bis zum <Datum>«
»Die Belege sind vollständig einzureichen«	»Bitte reichen Sie die Belege vollständig ein«

Es lohnt sich Infinitivkonstruktionen mit »ist ... zu« in moderne, direkte Sprache zu übersetzen – der Leser fühlt sich höflich angesprochen und Sie schaffen eine positive Kommunikationssituation. Im Rahmen der Einführung einer Corporate Language werden also nicht nur Begriffe, Schreibweisen und Verständlichkeit kontrolliert, sondern auch grammatikalische und stilistische Spracheigenschaften.

Unser Tipp

Sprechen Sie Kunden und Partner am besten direkt und höflich an. Vermeiden Sie unbedingt behördlich wirkende Infinitiv-Konstruktionen mit »ist zu«.

6.3.3 Angemessene Ansprache – Du oder Sie?

Ein bekannter Einrichtungskonzern hat über seine Werbekampagnen das skandinavische »Du« in Deutschland salonfähig gemacht. Das wurde von den Deutschen durchaus akzeptiert. In modernen Unternehmen stellt sich immer häufiger die Frage, ob man sich »duzen« oder »siezen« muss. Die Antwort darauf ist nicht mehr zwangsläufig so kategorisch wie noch vor einigen Jahren und auch in Branchen, die stets auf Ihre Seriosität bedacht waren, denkt man heute oft schon über Alternativen nach.

Das gilt insbesondere im Kontext sozialer Medien, in denen eine andere Sprachkultur herrscht als in den klassischen Kommunikationskanälen. Nicht selten dringen mit der Zeit solche neue Sprachgewohnheiten aus Nischenbereichen bis in andere Medien und Kommunikationsformen durch und verfestigen sich zum Teil (► Kap. 6.1.3). So gelangen Begriffe, Formulierungen, Phrasen und Floskeln aus Nischenbereichen in den Sprach-Mainstream. Denken Sie nur an Begriffe wie »geil«, »cool« oder »fett«.

Ob das »Du« auch in Ihrem Unternehmen zum guten Ton gehört, sollte wohlüberlegt sein. Hier gilt es genau abzuwägen, ob die Ansprache zum Unternehmen, der Leistung und Zielgruppe passt. Kommt das »Du« nur im Rahmen einer bestimmten Kampagne zum Einsatz oder gehört die »Du-Ansprache« zur Strategie der Kundenkommunikation? Passt diese sehr persönliche Ansprache zu jedem Kommunikationsanlass? Ein Hersteller von Sneaker wird hier sicherlich schneller ja sagen, als ein Anbieter von Unfallversicherungen. Andererseits kann eine Versicherung in der Kommunikation für ein Produkt, das sich beispielsweise speziell an Auszubildende richtet, durchaus darüber nachdenken, diese klar eingegrenzte Zielgruppe auf ausgesuchten Kanälen (Produkt-Webseite, App oder Flyer) mit »Du« anzusprechen.

Wenn Sie sich mit diesem Thema beschäftigen, werden Sie auch zur Frage gelangen: Mit welchem Namen, den Vor- oder Nachname, sprechen wir unsere Kunden beim Duzen an? »Liebe Frau Müller, heute wenden wir uns an Dich…« klingt albern und ist es auch. Wenn Sie sich für das Du entscheiden, seien Sie konsequent und verwenden auch durchgehend den Vornamen Ihres Ansprechpartners. Eine elegante, hanseatische, allerdings nicht sehr verbreitete Variante ist die Verwendung des Vornamens in Kombination mit »Sie«.

Wenn Sie das »Du« nur in gewissen Kontexten anwenden wollen, sollten Sie festlegen, wie Sie damit umgehen, wenn Sie Kunden über diesen Kontext hinaus ansprechen wollen. Um beim Beispiel der Auszubildenden zu bleiben: Was passiert, wenn ein Azubi volljährig wird oder die Ausbildung abgeschlossen ist? Bleiben Sie beim »Du«? Wechseln Sie zum »Sie«? Kündigen Sie diesen Schritt an? Oder bieten Sie ihren Kunden gar die Wahl, ob er weiterhin mit Du oder zukünftig mit Sie angesprochen werden will?

Unser Tipp

Stellen Sie klare Regeln auf, ob und wenn ja, wer in welchem Kontext mit »Du« oder »Sie« angesprochen wird. Erarbeiten Sie diese Regeln idealerweise mit Ihren Kunden.

6.3.4 Verbindlich versus allgemein – Ich oder Wir?

Die Frage, wer den Antrag oder die Anfrage im Unternehmen bearbeitet – also die Frage nach »Ich« oder »Wir« – wird häufig gestellt. Die Antwort darauf lautet wie so oft: Das kommt darauf an, mit wem Sie über welche Inhalte kommunizieren.

Ob ein Mitarbeiter »ich« oder »wir« schreibt, hat Einfluss auf die Tonalität seiner Kommunikation. »Ich« ist persönlicher, wirkt also näher am Kunden und seinem Anliegen. Ob es sinnvoll ist, das so zu schreiben, hängt aber von den Prozessen im Unternehmen ab: Schreiben Sie nur »ich«, wenn Sie auch tatsächlich einbezogen sind, ansonsten ist es schnell unglaubwürdig. Auch wenn der Inhalt Ihres Textes auf einer Firmenentscheidung basiert, auf die Sie keinen Einfluss haben, sollten Sie auf keinen Fall »ich« schreiben (»Ich muss Ihren Antrag leider ablehnen…«).

Andererseits sind Formulierungen wie »ich kümmere mich darum« statt »es wird sich darum gekümmert« viel näher am Kunden und viel persönlicher. Zwar schaffen Aussagen mit »ich« eine höhere Verbindlichkeit – dem Kunden gegenüber ist das jedoch ein starkes Zeichen.

Wenn »ich« nicht möglich ist, sollten Sie zumindest »wir« schreiben anstatt unpersönlich-distanzierte Konstrukte zu verwenden. Denn auch »wir« kann sehr positiv wirken. Ein (kompetentes) Team von Mitarbeitern im Unternehmen nimmt sich der Kundenanliegen an – das klingt durchaus sehr modern. Einige Beispiele die dies verdeutlichen:

Unpersönlich formuliert:	Persönlich (und besser) formuliert:
Der Eingang Ihres Schreibens wird hiermit bestätigt.	Ich habe Ihren Brief erhalten und kümmere mich…
Eine Neuauslieferung ist für die KW 41 geplant	Wir liefern Ihnen das Bestellte schon am <Datum>.
Von Rückfragen ist derzeit abzusehen	Haben Sie noch Fragen? Rufen Sie mich einfach an.

Unser Tipp

Indem Sie festlegen, ob und wann es »ich« oder »wir« heißen soll, wird zugleich geregelt, wie nahe Sie sprachlich bei Ihrem Kunden sein möchten.

6.3.5 Die Perspektive des Kunden – Sie statt Wir

Wenn es um Kundennähe und damit um geschäftlichen Erfolg geht, sollten Ihre Kunden stets im Mittelpunkt Ihrer Kommunikation stehen. Die Unternehmenssprache kann dabei helfen, dass Ihre Empfängergruppen dies positiv zu spüren bekommen. Dabei hilft eine unscheinbare Regel: Immer »Sie« statt »wir«. Kleinen Kindern bringt man bei, dass nur der Esel sich selbst zuerst nennt (»Mama, ich, Vincent und Eve haben im Zimmer ein schönes Feuer gemacht«). Als Eselsbrücke hilft uns diese kleine Kinder-Knigge-Regel auch in der Unternehmenskommunikation: Denn auch in der (Kunden-)Kommunikation von Unternehmen empfehlen wir, den Kunden zuerst zu nennen. Mit der Anwendung dieser Regel sind Sie automatisch angehalten, Ihre Argumentation aus Sicht des Kunden zu führen. Nicht selten ist man dann auch geneigt, eher das positive herauszustreichen. Und es macht durchaus einen Unterschied, ob Sie »wir überreichen hiermit den Preis für Kundennähe« oder »Sie erhalten heute den Preis für Kundennähe« schreiben. Dies gilt insbesondere bei konsequenten Anwendung dieser Regel. Denn wie bei vielen Sprachregeln, sind sie für sich alleine oft kaum bemerkbar. In Summe jedoch haben solche sprachlichen Feinheiten eine immense Wirkung auf Ihren Text.

Aus Sich des Unternehmens	Aus Sicht des Kunden
Wir senden Ihnen…	Sie erhalten heute…
Wir teilen hiermit mit…	Heute erhalten Sie wichtige Informationen zu …
Dank unserer/s neuen <XY>	Profitieren Sie von <XY>
Wir bieten Ihnen…	Ihre Vorteile sind…

Unser Tipp

Stellen Sie Ihren Kunden sprachlich in den Fokus: Beachten Sie die Sie-statt-wir-Regel und nennen Sie den Kunden zuerst.

6.4   Die Zeichen der Zeit – Emojis und Emoticons

Emojis (bildliche Begriffszeichen, die in WhatsApp, SMS oder Chats längere Begriffe ersetzen) bzw. Emoticons (Begriffszeichen, die aus ASCII-Zeichen zusammengesetzt sind) halten auch Einzug in die Unternehmenskommunikation. Wie geht man mit diesem Thema um? Einerseits haben Emoticons oder Emojis in der persönlichen Kommunikation eine wichtige Funktion – sie verkürzen die Botschaften, bringen manche Inhalte sogar besser auf den Punkt und liefern den Rahmen, in dem ein Wort oder Satz verstanden werden soll (Stichwort: Ironie).

Sind Sie deshalb in der Unternehmenskommunikation der Zukunft ebenfalls wichtige Bestandteile? Ob überhaupt und falls ja, bis zu welchem Grad solche modernen Elemente in der Unternehmenskommunikation auftauchen sollten, darüber kann man trefflich streiten. Es empfiehlt sich aber auch in diesem Bereich eine verständliche Regel zu finden – heute gelten folgende Standards:

- Emojis und Emoticons sollten nicht in gedruckten Schriftstücken, also beispielsweise in Briefen, Broschüren oder Formularen, auftauchen.
- In Chats können Emojis und Emoticons das Verständnis schriftlicher Aussagen erhöhen. Doch auch hier und in sozialen Medien, die von Unternehmensseite bespielt werden, gehört der Einsatz gut überlegt und muss klar geregelt werden.
- Auch in der Kommunikation per E-Mail kann es sinnvoll sein, den Einsatz von Emojis und Emoticons genau zu regeln. Je nach Branche, Unternehmen oder Zielgruppe sollte die Verwendung entweder erlaubt (wo möglich und sinnvoll) oder auch komplett verboten werden.

Es gilt vor allem jüngere Mitarbeiter für dieses Thema zu sensibilisieren – denn gerade für diese mit Smartphones aufgewachsene Generation stellt sich die Frage nach der Verwendung von Emojis und Emoticons besonders. In jedem Fall dürften auch an dieser Stelle kategorische Verbote wenig helfen, vielmehr sollte die Unternehmenssprache ihrerseits sensibel auf Veränderungen des Sprach- und Kommunikationsverhaltens in der Unternehmensumwelt reagieren.

Unser Tipp

Emojis, Emoticons, Smileys & Co. gehören mittlerweile zur modernen Kommunikation. Ob und vor allem wo das auch für Ihr Unternehmen gelten soll, legen Sie mit Ihrer Corporate Language fest.

6.5   Exkurs: Standards & Best-Practice bei Briefen und E-Mails

Eine der häufigsten Kontaktpunkte mit Ihrem Kunden ist nach wie vor der Brief oder die E-Mail. Während Technologieunternehmen vom Silicon Valley bis nach Bangalore an intelligenten Chatbot-Algorithmen und vollautomatisierten Textmaschinen basteln, die zukünftig autonom mit dem Kunden kommunizieren sollen, greifen wir im Arbeitsalltag oft auf ganz klassische Medien zurück: Vor allem Briefe und E-Mails gehören nach wie vor zu den beliebtesten schriftlichen Medien in der Unternehmenskommunikation.

In einer zunehmend digitalisierten Umwelt gehören vor allem Briefe zu den letzten »persönlichen« Kommunikationskanälen. Sie sind an uns direkt adressiert, wir können sie in Händen halten, wir werden persönlich angesprochen und der Austausch ist nicht öffentlich. Als digitales Medium kommt die E-Mail dem Brief am nächsten und wird immer häufiger ergänzend zum Brief oder gar als Briefersatz genutzt.

Daher eignen sich Briefe und E-Mails hervorragend, um zu demonstrieren, wie sie eine markenkonforme Sprache an verschiedensten Stellen in einem Dokument umsetzen können – von der Verständlichkeit bis zur Tonalität.

6.5.1   Der erste Eindruck zählt – die Anrede

Wie Sie einen Brief oder eine E-Mail beginnen ist entscheidend für die Wirkung. Sie haben dabei einen sehr großen Spielraum. Und das ist genau die Gefahr, denn Ihre Mitarbeiter werden diesen Spielraum nutzen, solange das Unternehmen keine festen Regeln definiert hat. Das kann dann von Mitarbeiter zu Mitarbeiter variieren (der eine schreibt lieber »Sehr geehrte Damen und Herren«, der andere begrüßt seine Kunden mit »Lieber Herr …«) oder im schlimmsten Fall hängt die Begrüßung einfach von der Tageslaune ab. Mal ist es der »Liebe Herr …«, mal ist es der »Sehr geehrte Herr …« oder wir wünschen einen »Guten Morgen«, auch wenn die E-Mail vielleicht erst am Abend gelesen wird.

Deshalb muss im Rahmen der Corporate Language klar definiert werden, wie der Empfänger begrüßt und verabschiedet wird. Dabei legen Sie fest, welche Begrüßungs- oder Verabschiedungsformeln zulässig sind und welche auf keinen Fall verwendet werden dürfen. Es kann auch verschiedene Regelungen nach Zielgruppe, Arbeitsverhältnis oder Anlass geben. Wichtig ist nur, dass es Regeln für die Ansprache gibt. Trotz der Vorteile einer starken Standardisierung, empfehlen wir auch immer gern, Mitarbeitern gewisse Freiräume zu geben, falls zum Beispiel ein Kunde persönlich bekannt ist oder eine langjährige Beziehung besteht. Im Folgenden sind mögliche Begrüßungsformeln im Überblick zusammengestellt:

Sehr geehrte/r Frau/Herr…	Dies ist eine klassische und sehr förmliche Anrede. Hier machen Sie nichts falsch – werden aber auch nicht als besonders modern wahrgenommen. Bei dieser Anrede ist die Distanz zum Leser am größten.

Guten Tag Frau/Herr…	Etwas moderner und freundlicher, wirkt aber immer noch sehr unpersönlich. Der Vorteil bei dieser Anrede: Sie können sie sehr gut einsetzen, wenn keine Ansprache mit Namen stattfindet.
Hallo Frau/Herr…	Diese Ansprache ist eher alltagssprachlich und unverbindlich. Kann salopp wirken oder im schlimmsten Fall sogar unseriös. Ob diese Anrede passt, hängt von der Zielgruppe, dem Anlass und der Beziehung zum Kunden ab.
Liebe/r Frau/ Herr…	Sprachlich hat diese Anrede eine große Nähe zum Kunden. Sie kann aber auch zu aufdringlich oder gar unpassend wirken – das hängt vor allem vom Anlass ab.
Servus/Moin/Grüß Gott Frau/Herr…	Dialekt ist heute ein Mittel, das beim Kunden immer besser funktioniert. Damit drücken Sie die größtmögliche Nähe aus. Dialekt kann immer dann eingesetzt werden, wenn die Zielgruppe regional eingrenzbar ist. Einen Münchner mit »Moin« oder einen Hamburger mit »Servus« anzusprechen wird nicht ohne Weiteres funktionieren.

Unser Tipp

Regeln Sie den Umgang mit der Begrüßungsformel. Diese darf kein Zufall und personenabhängig sein.

6.5.2 Kurz, verständlich und aktivierend – die Betreffzeile

Die Betreffzeile spielt vor allem in Briefen und E-Mails eine Rolle, hier ist sie aber ein wichtiger Aspekt der Corporate Language.

Der Betreff in einem Geschäftsbrief oder in einer E-Mail ist in der Regel das erste, was der Kunde liest – schon an dieser Stelle wird durch eine unglückliche Gestaltung viel Potential für Klarheit und Kundennähe verschenkt. Oft bestehen »schlechte« Betreffzeilen aus kryptischen Nummern oder standardisierten abstrakt-distanzierten Beschreibungen.

Dabei kann man bereits an dieser Stelle die Kommunikation in positive Bahnen lenken: Begrifflich prägnant und verständlich kann dem Leser klargemacht werden, worum es im folgenden Brieftext gehen wird. Der Leser kann darüber hinaus persönlich angesprochen und bereits an diesem Punkt aktiviert werden.

»Wichtige Mitteilung« oder »Anfrage zum Produkt Nr. 12345-66« – damit wird der Adressat weder angesprochen noch mit einer konkreten Information »abgeholt«. Er muss zunächst den folgenden Text lesen, um zu erfahren, worum es überhaupt geht – das ist leider in der Geschäftskorrespondenz die traurige Realität. Doch das kann man mit ein wenig Überlegung und sprachlichem Geschick deutlich besser machen – also beispielsweise so:

Betreffzeile anstatt so...	...besser so formulieren:
Informationen zu Vertrag Nr. 09876	Ihrer Hausratversicherung: Neue AGB
Anfrage zum Produkt ...	Ihre Anfrage zu unserer Sonnensauna
Wichtige Mitteilung	Neue Tarife ab dem 01.12.2019 – das ändert sich für Sie

Ganz unabhängig vom Inhalt sollten beim Formulieren einer Betreffzeile folgende Punkte beachtet werden:

- Ihr Betreff muss eine Kurzfassung des Briefes sein. Worum geht es?
- Verzichten Sie auf kryptische (Zahlen-)Angaben ohne Erklärung.
- Achten Sie darauf, dass der Betreff maximal 2 Zeilen hat.
- Sprechen Sie den Kunden unbedingt an, wenn es der Anlass zulässt.
- Verankern Sie bereits im Betreff die ersten positiven oder markenkonformen Begriffe.

Es lohnt sich doppelt, wenn Sie sich mit Betreffzeilen beschäftigen: Sie erreichen nicht nur eine höhere Aufmerksamkeit in Ihren Briefen und E-Mails, Sie üben gleichzeitig das Formulieren aussagekräftiger Überschriften und prägnanter Hinweistexte. Denn: Wer eine gute Betreffzeile formulieren kann, beherrscht auch andere kurze Textformen.

Unser Tipp

Formulieren Sie sprechende Betreffzeilen – prägnant, persönlich und konkret. Die Betreffzeile ist Ihre Überschrift und entscheidet, ob Ihr Leser Lust auf Information hat.

6.5.3 Der erste und wichtigste Satz – der Einstieg

Der erste Satz eines Textes ist der wichtigste Satz in einem Brief oder einer E-Mail. Er legt bereits beim Autor fest, wie der restliche Text abgefasst wird. Beginnt man beispielsweise einen Brief in behördlich-distanziertem Tonfall mit »der Eingang des Antrags wird hiermit bestätigt«, dann wird der übrige Text einen ähnlichen Ton beinhalten. Lautet der

Einstieg aber »herzlichen Dank für Ihr Vertrauen in unser Unternehmen«, dann wird sich eher der herzlich-persönliche Ton fortsetzen. Kurzum: Der erste Satz definiert die gesamte Tonalität eines Briefs oder einer E-Mail.

Auch auf der Empfängerseite entscheidet meist schon der erste Satz darüber, ob der weitere Text überhaupt gelesen und wie der Inhalt auf- und wahrgenommen wird. Wie man in den Wald hineinruft, so schallt es wieder heraus – dies gilt auch für Ihre Texte. Denken Sie bitte daran! Wenn der Einstieg in Ihrem Brief oder Ihrer E-Mail unfreundlich (»nach mehrmaliger Aufforderung…«), distanzierend (»hiermit wird der Eingang bestätigt…«) oder gar belehrend (wie allgemein bekannt ist…) wirkt, haben Sie beim Leser schlechte Karten. Gelingt Ihnen hingegen ein persönlicher, höflicher und im besten Fall motivierender Einstieg, haben Sie ein Ass im Ärmel.

Der erste Satz ist also entscheidend und sollte klar geregelt werden. Und auch wenn Sie hunderte oder gar tausende unterschiedliche Dokumente haben, zu völlig verschiedenen Themen, können Sie dennoch Regeln für einen Einstieg festlegen, die bei Einhaltung einen sehr wichtigen Beitrag zu Ihrer Corporate Language leisten. Über welche Regeln sprechen wir? Gerne erläutern wir ein paar Beispiele anhand der Textsorte Brief:

Beispiele für Regeln beim Briefeinstieg

1. Ein Briefeinstieg muss sich immer auf das Anliegen oder die vorhergehende Kommunikation beziehen.
2. Achten Sie darauf, dass im ersten Satz Ihres Briefes immer ein positives Wort und eine persönliche Ansprache des Kunden enthalten sind.
3. Im Briefeinstieg darf keine Fachsprache auftauchen. Wenn unumgänglich dann erst an späterer Stelle im Brief.

Formulieren Sie zu Beginn nach Möglichkeit eine persönliche Anrede, idealerweise mit positiven Worten aus dem Katalog der unternehmenseigenen Corporate Language (z. B. »danke, gerne, herzlichen Dank, herzlich willkommen, schön dass Sie, wir freuen uns«). Je nach (Marken-)Kernwerten können aber auch Wörter wie »einfach, bequem, schnell, rasch, persönlich, kümmern etc.« positive Wirkung entfalten. Hierzu ein Beispiel:

Ausgangstext Breifeinstieg

»Bezugnehmend auf das geführte Telefonat vom 03.04.2017 teilen wir mit, dass eine weitere Bearbeitung des Antrags zum gegenwärtigen Zeitpunkt aufgrund fehlender Unterlagen nicht möglich ist.«

In dieser Einleitung ist weder ein positiver Begriff zu finden noch wird der Kunde persönlich angesprochen. Regel Nummer 2 wird also missachtet. Eine verbesserte Variante des Ausgangstextes könnte folgendermaßen lauten:

Optimierter Briefeinstieg

»Vielen Dank für Ihren Anruf vom 03.04.2017. Wie besprochen benötigen wir von Ihnen nur noch XY – damit können wir Ihren Antrag dann so schnell wie möglich bearbeiten ...«

oder

»Herzlichen Dank für Ihr Vertrauen in uns. Wir wollen Ihren Antrag so schnell wie möglich bearbeiten – schicken Sie uns dazu einfach XY«.

In der überarbeiteten Variante wird der Kunde persönlich angesprochen und eine positive Atmosphäre durch die Verwendung positiver Begriffe geschaffen. Die Chance, dass Ihr Kunde aktiviert wird, ist deutlich größer als beim Ausgangstext. Hinzu kommt der Eindruck, den Sie hinterlassen. Sie sehen, schon die Beachtung einfacher Regeln kann einen großen Unterschied machen.

Besonders anspruchsvoll müssen die Regeln ausfallen, wenn der zu kommunizierende Geschäftsvorgang negativer Natur oder sehr sensibel ist, wenn es also beispielsweise um einen ablehnenden Bescheid oder eine Kündigung geht. Bei einer Kündigung ist eine positive Formulierung (»Herzlichen Dank für Ihre Kündigung, die wir gerne bearbeitet haben.«) ebenso unpassend wie eine unfreundliche (»Wir haben Ihre Kündigung erhalten. Ab dem 02.02.2022 können Sie unseren Service nicht mehr nutzen.«). Stattdessen könnte das Unternehmen, wenn der Kunde einen Vertrag kündigt, schreiben: »Schade, dass Sie uns verlassen möchten« und so sein Bedauern kundtun. Sie haben sogar in dieser denkbar ungünstigen Situation die Chance, den Dialog mit dem Kunden aufzunehmen oder zumindest ein positives Bild zu hinterlassen. Fragen Sie Ihren Kunden doch, ob Sie etwas tun können, damit er seine Entscheidung überdenkt. Oder bitten Sie ihn um Vorschläge, wie Sie zukünftig noch besser werden können.

Ein weiterer, sehr sensibler Kommunikationsanlass sind Todes- oder Sterbefälle. Es gibt kaum ein Umfeld, in dem es schwieriger ist, den richtigen Ton zu treffen. So müssen sich Hinterbliebene oft um die Kommunikation mit Banken, Versicherern und der Krankenkasse kümmern. Keine leichtes Unterfangen für die Unternehmen, die mit diesen Personen in Kontakt treten müssen.

So kann etwa eine Krankenkasse im Todesfall schreiben: »Durch den Tod Ihres Ehemannes/Ihrer Ehefrau ist Ihre kostenfreie Mitversicherung vertragsgemäß erloschen. Setzen Sie sich umgehend mit uns in Verbindung um das weitere Vorgehen zu besprechen. Wir weisen ausdrücklich darauf hin, dass aktuell keine Versicherung besteht« – eine wirklich höflich formulierte, sehr direkte und sachliche Art der Kommunikation.

Bei Anwendung der oben dargestellten Regeln könnte eine verbesserte Variante lauten: »Wir sprechen Ihnen zum Tode Ihres Ehemanns/Ihrer Ehefrau ... unser aufrichtiges Beileid aus. Wir möchten Sie in Ihrer schweren Situation unterstützen – melden Sie sich doch bitte bei uns, sobald Sie können. Durch den Tod Ihres Ehemanns ist auch Ihre Krankenversicherung bei uns gesetzlich beendet worden. Aber keine Sorge – gemeinsam finden wir die richtige Lösung.« An diesen Beispielen sehen Sie, wie sehr sich je nach Einstieg in den Text die Tonalität unterscheiden kann und wie wichtig der erste Satz ist.

> **Unser Tipp**
>
> Legen Sie immer besonderen Wert auf den ersten Satz in einem Dokument. Denn er bestimmt die Tonalität des gesamten Textes und transportiert viel von Ihrer Marke zum Kunden.

6.5.4 Einen guten Eindruck hinterlassen – Abbinder und Grußformel

Wie es in der Anrede bei der Begrüßung Spielräume gibt, wie nah Sie sprachlich beim Kunden sein möchten, so gibt es auch beim Verabschieden verschiedene Möglichkeiten. Auch beim Abbinder (standardisierter Abschlusssatz) und der Grußformel können Sie die Markenwerte Ihres Unternehmens oder Ihrer Leistungen sprachlich transportieren und festigen.

Nutzen Sie die Chance am Ende des Briefes, einen Dialog anzubieten oder zumindest einen guten Eindruck zu hinterlassen. Mit einer Floskel wie »Für Rückfragen stehe ich Ihnen jederzeit zur Verfügung« als Abbinder werden Sie niemanden vom Hocker reißen. Versuchen Sie es doch lieber mit einer freundlichen und modernen Formulierung: »Bei Fragen bin ich gerne für Sie da«. Oder konkret und serviceorientiert: »Kommen Sie gern auf mich zu, wenn ich sonst etwas für Sie tun kann. Sie erreichen mich telefonisch unter 0123 – 456 789«.

Nach dem Abbinder folgt üblicherweise die Grußformel. Auch hier kann die Nähe stark variiert werden. Einige Beispiele sollen dies verdeutlichen:

Hochachtungsvoll	Eine Verabschiedung, die in Unternehmen nur noch selten verwendet wird. Und das ist auch gut so. Der Begriff ist veraltet und drückt größtmögliche Distanz aus.
Mit freundlichen Grüßen	Eine neutrale Formulierung mit der Sie zwar nichts falsch machen, aber eben auch keine besondere Nähe aufbauen.
Mit besten Grüßen	Eine Formulierung, mit der Sie schon mehr Nähe demonstrieren. Allerdings ist im Kontext negativer Sachverhalte hier Vorsicht geboten.
Mit herzlichen Grüßen	Eine emotionale und sehr nahe Verabschiedung. Kann von Unternehmen verwendet werden, bei denen Menschlichkeit im Mittelpunkt steht. Allerdings ist im Kontext negativer Sachverhalte hier Vorsicht geboten.

| Mit sonnigen Grüßen aus/nach… | Liest man mittlerweile häufig, vor allem in E-Mails. Eine moderne, sehr kundennahe Verabschiedung. Allerdings ist auch diese mit Vorsicht zu genießen – denn »sonnige Grüße«, wenn es beim Empfänger regnet, kommen kaum optimal an. Auch »sonnige Grüße aus Hamburg« wirken merkwürdig, wenn der Empfänger in Hamburg sitzt. |

Es macht zudem einen Unterschied wie Ihr Mitarbeiter unterschreibt. Folgende Möglichkeiten gibt es hier:

Dieses Schreiben wurde maschinell erstellt und ist auch ohne Unterschrift gültig.	Als in den 1970er Jahren die ersten Computer eingesetzt wurden, war diese Formulierung vielleicht noch möglich. Heute ist dies ein absolutes No-Go, auch wenn es stimmt!
O. Haug	Unpersönlich und abstrakt. Hier weiß der Empfänger nicht einmal, ob es mit einem Mann (Otto?) oder einer Frau (Olivia?) zu tun hat. Falls möglich, unbedingt zu vermeiden.
Oliver Haug	Schon besser und persönlicher. So wird aus dem Unterzeichner ein Mensch.
Ihr Oliver Haug	Sehr persönlich und nah. Sieht man bei immer mehr Unternehmen. Kann auch ohne persönlichen Namen und nur mit dem Firmennamen verwendet werden: »Ihre Textwerkstatt GmbH«.

Wir empfehlen hier jedem Unternehmen, diejenigen Verabschiedungsformeln zu wählen, die am besten zu den Markenwerten passen. Das moderne, kundennahe Unternehmen kann sich mit »besten« oder »herzlichen Grüßen« verabschieden. Diesen Punkt müssen Sie bei der Entwicklung einer Corporate Language festlegen und verbindlich für Ihre Mitarbeiter regeln, damit Ihre Mitarbeiter sprachliche Leitplanken haben, zwischen denen sie sich bewegen können.

Denken Sie daran, dass die Begrüßung und Verabschiedung einen essentiellen Beitrag zur Tonalität Ihrer Kommunikation leistet. Unterschätzen Sie daher diesen Faktor nicht. Die Erfahrung zeigt dabei: Auch wenn es ein oft unwichtiger Aspekt zu sein scheint, über diese Regeln können Sie wochenlang diskutieren, da jeder Beteiligte eine andere Einstellung zu diesen Punkten hat.

Unser Tipp

Hinterlassen Sie einen guten Eindruck! Mit Abbinder, Grußformel und Namen können Sie sich vom Wettbewerb abheben und eine »persönliche« Note in Ihre Briefe hinterlassen.

6.6 Corporate Language – eine Zusammenfassung

Verständlichkeit bildet zwar die notwendige Grundlage jeder Corporate Language, allerdings reicht eine Corporate Language weit über die reine Verständlichkeit hinaus. Zu einer Corporate Language gehören:

- **Sprachliche Einheitlichkeit**: Es spielt keine Rolle, welche Abteilung oder welcher Mitarbeiter Dokumente verfasst und um was für eine Textsorte es sich handelt. Eines gilt immer: Die Sprache muss erkennbar (»unternehmenstypisch«) sein. Die Corporate Language muss wiedergeben, wofür das Unternehmen steht und welchen Stellenwert der Kunde einnimmt.
- **Sprachliche Regulierung**: Corporate Language sollte kein Zufallsprodukt sein, vielmehr benötigt das Unternehmen ein eindeutiges und detailliertes Regelwerk, das den Mitarbeitern zur Verfügung steht und im Alltag umgesetzt wird.
- **Sprachliche Kontrollierbarkeit**: Die Umsetzung von Corporate Language und das dahinterstehende Regelwerk müssen kontrollierbar sein. Dies erfordert neben intensiven Schulungen der Mitarbeiter auch Hilfen im Arbeitsalltag sowie die Möglichkeiten, korrigierend in die laufende Kommunikation einzugreifen.

Das Wichtigste zu den Einzelaspekten der Corporate Language hier im Überblick:

- Mit einer regulierten Corporate Language wird Sprache zum Markenzeichen und damit werden die (Marken-)Kernwerte bei Mitarbeitern, Kunden und anderen Kommunikationspartner verankert.
- Eine Markensprache muss (wieder-)erkennbar und unverwechselbar sein. Sie unterstützt die Identifikation mit einer Marke und dient zur Differenzierung im Markt.
- Über Corporate Language lässt sich die Tonalität der Sprache im Unternehmen steuern und auf den Kunden ausrichten.
- Corporate Language reguliert die Wortwahl im Unternehmen und hilft bei der Vereinheitlichung von Schreibweisen.

Aber wie setzt man solche anspruchsvollen Konzepte im Unternehmen um? Das wollen wir Ihnen an einem Praxisbeispiel erläutern bevor wir Ihnen eine Schritt-für-Schritt Anleitung geben, mit der Sie Ihre eigene Corporate Language entwickeln und umsetzen.

7 Fallbeispiel Sparkassen: »Menschen verstehen« mit Corporate Language

Es gibt heute viele Unternehmen, die sich mit Corporate Language beschäftigen. Wir möchten hier die Entwicklung und Umsetzung einer Corporate Language am Beispiel der Sparkassen aufzeigen, die mit Ihrer »Markensprache« ein sehr anspruchsvolles, zukunftsorientiertes Konzept entwickelt haben.

7.1 Die Vorgeschichte

Der Deutsche Sparkassen und Giroverband (DSGV) hat Ende 2013 eine Neupositionierung der Marke Sparkasse beschlossen. Den Hintergrund bildeten Ergebnisse aus der Marktforschung, wonach die Marke Sparkasse in der Wahrnehmung der Kunden zu weit weg vom »idealen Geldinstitut« sei. Zwar wurden Sparkassen durchaus positiv gesehen, teils deutlich besser als andere Banken, allerdings gab es einige Ergebnisse die keinesfalls dem gewünschten Markenbild entsprachen sowie den Vorstellungen der Kunden in Bezug auf ein ideales Geldinstitut. So wurden Sparkassen zwar als »räumlich« nah bewertet, aber nicht als »menschlich nah«. Die Sparkassen wurden von einigen Kunden zudem als »bürokratisch« oder »altbacken« wahrgenommen.

Ziel der Markenneupositionierung war damit zum einen eine Schärfung der Marke, zum anderen eine stärkere Differenzierung vom Wettbewerb. Die Markenneupositionierung betraf dabei alle vier Bereiche der Sparkassen:

1. Produkte und Prozesse
2. Mitarbeiter
3. Kommunikation
4. Digital Service(s)

Um die Übersetzung der Markenwerte in Sprache darstellen zu können, müssen kurz die Markenkernwerte dargestellt werden.

Markenkernaussage: Wir machen es den Menschen einfacher, Ihr Leben besser zu gestalten.

Markenkernwerte:

- Menschen verstehen,
- Sicherheit geben,
- Zukunft denken

Diese Markenwerte wurden für die Sparkassen als zentrale Kernwerte erarbeitet. Wie lassen sich nun diese Markenkernwerte in Sprache übersetzen? Wie kann eine Corporate Language entwickelt werden, die diese Markenkernwerte in sprachlich angemessener Form zum Kunden transportiert? Was sollte sich in der bisherigen Kommunikation ändern, um die zukünftige Kommunikation markenkonformer gestalten zu können?

Markenkernwert Menschen verstehen

In Sprache übersetzt bedeutet dies vor allem:

- Die Sparkassen und Ihre Kunden müssen die gleiche Sprache sprechen. Denn nur, wer die gleiche Sprache spricht, kann sich verstehen.
- Sich verstehen bedeutet auch, dass Dinge so verständlich dargestellt werden, dass sie nicht zu Missverständnissen führen können.
- In Briefen konzentriert man sich auf das Wesentliche – denn sich verstehen bedeutet auf das einzugehen, was der andere gefragt hat. Und nicht auf das, was man selbst gerne mitteilen möchte.

Markenkernwert Sicherheit geben

In Sprache übersetzt bedeutet dies vor allem:

- Die Menschen müssen verstehen, was wir ihnen schreiben, denn nur dann haben sie die Sicherheit, auch das Richtige zu tun.
- Begriffe wie »Sicherheit«, »Schutz« oder Vorsorge« sollten verwendet werden, um den Markenwert stärker und häufiger zu transportieren.
- Es wird nichts verschleiert oder versteckt. Kommunikation ist, auch bei negativen Anlässen, immer transparent und offen.

Markenkernwert Zukunft denken

In Sprache übersetzt bedeutet dies vor allem:

- Aktiv zu formulieren. Denn Zukunft lässt sich nur aktiv gestalten, niemals passiv. In der Sprache verzichtet man also, wo dies möglich ist, auf passive Formulierungen.

- Man verzichtet auf veraltete Ausdrucksweisen und Bürokratendeutsch. Denn ein in die Zukunft orientiertes Unternehmen verwendet keine veraltete Sprache.

Als wesentliche Mechanismen, über die solche Markenkernwerte in die Unternehmenssprache übernommen werden können, wurden identifiziert:

- Verständliche Sprache und
- Verwendung markenkonformer Begriffe.

Im Folgenden wird die Verwendung zur Marke passender Begriffe näher thematisiert.

7.2 Die Entwicklung markenkonformer Begriffe

Bei der Verwendung markenkonformer Begriffe geht es darum, Wörter zu verankern, die Markenkernwerte sprachlich positiv transportieren. Zur Erinnerung: Die Sparkassen stehen für folgende Markenkernwerte:

- Menschen verstehen,
- Sicherheit geben,
- Zukunft denken.

Wie lassen sich die Markenwerte nun in der Unternehmenssprache darstellen? Welche Wörter sollten verwendet und auf welche Wörter muss verzichtet werden? Nehmen wir als Beispiel »Sicherheit geben«. Hier ist es wichtig, dass wir Begriffe wie »Ihre Sicherheit, Garantie, zuverlässig, sorgenfrei, ruhig schlafen können, entspannt« etc. verankern. Dadurch soll der Kunde den Markenkernwert erleben können.

Wenn Ihre Karte im Automaten eingezogen wird, weil Sie aus Versehen die PIN mehrfach falsch eingegeben haben, dann könnte ein nicht-markenkonforme Text in etwa wie folgt lauten: »Wegen einer mehrfachen Falscheingabe der PIN am Selbstbedienungsterminal wurde die verwendete Karte eingezogen. Die Karte ist unter Vorlage eines Lichtbildausweises in der zuständigen Filiale binnen 14 Tagen abzuholen.« Diese Textvariante ist sprachlich distanziert, unfreundlich, fachsprachlich und in Bezug auf den Markenkernwert Sicherheit völlig unbrauchbar. Will man stattdessen den Markenkernwert Sicherheit verankern und eine freundlichere, kundenorientierere Sprache verwenden, dann könnte man beispielsweise formulieren: »Ihre Sicherheit liegt uns am Herzen: Deshalb haben wir Ihre Karte am Geldautomaten in XY eingezogen, da die PIN mehrfach falsch eingegeben wurde. Damit wollen wir verhindern, dass Unbefugte mit Ihrer Karte Geld abheben können. Sie können Ihre Karte einfach in Ihrer Filiale XY abholen. Bringen Sie dazu bitte Ihren Personalausweis oder Reisepass mit.« Damit werden gleich mehrere sprachliche Anker für die Markenpositionierung eingesetzt:

- Wir sprechen den Kunden höflich an (Markenwert Menschen verstehen).
- Wir erklären dem Kunden, weshalb die Karte eingezogen wurde (Markenwert Menschen verstehen und Markenwert Sicherheit geben).
- Durch die Formulierung »ihre Sicherheit liegt uns am Herzen« wird der Markenkernwert »Sicherheit geben« überdies nochmals verankert.
- Wir verankern die Einfachheit aus der Markenkernaussage (»Wir machen es den Menschen einfacher, Ihr Leben besser zu gestalten«) durch die genaue Beschreibung der Schritte, die nötig sind, um die eingezogene Karte zurückzuerhalten.

Hieran kann man sehen, dass es nicht nur ein Wort ist, dass die Marke transportiert. Es ist das Zusammenspiel der richtigen Ansprache des Kunden, des Erklärens und die Nutzung der dazu passenden Begriffe. Erst in der Gesamtheit ergibt sich eine markenkonforme Sprache.

Für die Sparkassen ist in der Markenkernaussage »Einfachheit« verankert. Diese Einfachheit und die sich daraus ergebenden Vorteile müssen vom Kunden verstanden werden, durch die Verwendung entsprechender Wörter sollen Kunden und Leser regelrecht »programmiert« werden. Nehmen wir wiederum als Beispiel eine typische Schlussformel: »Für Rückfragen stehe ich Ihnen jederzeit unter der oben angegebenen Telefonnummer zur Verfügung«. Ist hier »Einfachheit« im Sinne des Unternehmens verankert? »Programmieren« wir den Kunden darauf, dass der Kontakt mit der Sparkasse »einfach« ist, dass der Mitarbeiter für den Kunden da ist? Nein, mit keinem Wort. Dabei kann man hier mit einer simplen Umformulierung schon viel erreichen: »Haben Sie noch Fragen? Rufen Sie mich einfach an – ich bin gerne für Sie da!« Klingt gleich ganz anders und – das ist das Ziel der Maßnahme – transportiert die Markenkernwerte deutlich besser:

- Die Einfachheit taucht im Satz selbst auf und bringt es damit »einfach« auf den Punkt.
- Das Gesprächsangebot signalisiert, dass Sparkassen für den Menschen, für den Kunden da sind.
- In dieselbe Richtung zielt die Frage, ob noch offene Punkte zu klären sind.

Hier hat jedes einzelne Wort eine Bedeutung und mit diesem einfachen Mittel werden die Leser und damit die Kunden in Richtung der Markenkernwerte »programmiert«.

In dieser Weise wurden über die Jahre mehr als 50.000 Formulierungen, die für die Markenwerte relevant sind, gesammelt und im Sinne der Corporate Language optimiert. Die markenkonforme Umsetzung wird bei den Sparkassen über die Software TextLab gesteuert, die die Bankmitarbeiter bei markenkonformen Formulierungen unterstützt und die Verständlichkeit der Briefe per Knopfdruck prüft. Seitdem hat sich die Kommunikation der Sparkassen deutlich verbessert und damit einen wichtigen Beitrag zur Markenneupositionierung geleistet.

8   Das 10-Schritte-Modell für Ihre Corporate Language

Wir haben uns nun ausführlich mit dem Thema Verständlichkeit und Corporate Language beschäftigt. Mit unseren Tipps und Vorschlägen für Regeln können Sie nun Ihre ganz eigene und individuelle Corporate Language entwickeln. Anhand der dargestellten Dimensionen und der Praxisbeispiele haben Sie umfangreiche Leitplanken, die Ihnen bei der Entwicklung Ihrer individuellen Sprache helfen.

Zur Umsetzung Ihrer eigenen Corporate Language gehören jedoch auch eine klare Strategie und ein abgestimmtes Vorgehen, in welcher Weise die Corporate Language im Unternehmen umgesetzt werden soll. Im Folgenden geben wir Ihnen ein praktisches 10-Schritte-Modell an die Hand, mit der Sie die Unternehmenssprache effektiv einführen, umsetzen, steuern und die Qualität dauerhaft auf einem inhaltlich und sprachlich hohen Niveau halten können. Unser 10-Schritte-Modell basiert dabei auf vielen Projekten, die wir in den letzten 12 Jahren mit verschiedensten Kunden, vom internationalen Versicherungskonzern bis zum kleinen Stadtwerk, durchgeführt haben.

Der Prozess und die darin enthaltenen Maßnahmen müssen nicht alle und auch nicht in der hier vorgestellten Reihenfolge umgesetzt werden. So unterschiedlich die Sprachen in Unternehmen sind, so unterschiedlich ist auch der Bedarf an den zur Sprachveränderung nötigen Einzelmaßnahmen. So keimt in einem Unternehmen erst das Bewusstsein auf, dass Sprache ein entscheidender Erfolgsfaktor ist, während in einem anderen Unternehmen bereits erste Schritte hin zu einer eigenen Unternehmenssprache eingeleitet worden sind. In manchen Unternehmen soll alles durch eigene Mitarbeiter umgesetzt werden, in anderen benötigt man Unterstützung von externen Experten. Die einen wollen gleich mit der Entwicklung von konkreten Regeln starten, andere wollen die Ist-Analyse vorziehen usw.

Zudem nehmen wir im folgenden Modell die Konzern-Perspektive ein. Das bedeutet jedoch nicht, dass dieses 10-Schritte-Modell für kleine Unternehmen keinen Mehrwert bietet. Ganz im Gegenteil – für kleine Unternehmen ist die Einführung oft viel einfacher. Denn Prozesse können schneller etabliert, die Entscheider schneller kontaktiert und die Mitarbeiter einfacher motiviert werden. Die folgenden Regeln, aus Sicht eines Konzerns beschrieben, lassen sich im Kleinen daher leichter und schneller umsetzen.

Wie Sie letztlich vorgehen ist individuell und hängt von den Rahmenbedingungen in Ihrem Unternehmen ab. Dennoch sind die Maßnahmen und die Reihenfolge der Umsetzungsschritte nicht zufällig gewählt. Vielmehr hat sich diese Vorgehensweise in der Praxis seit Jahren – ganz gleich, in welchem Status sich ein Unternehmen befindet, welche Grundlagen schon vorhanden sind und welche Zielsetzungen durch ein

Corporate Language Projekt verfolgt wird. Und auch unabhängig davon, wie groß ein Unternehmen ist. Unser 10-Schritte-Modell für Corporate Language berücksichtigt dabei alle Aspekte, die Sie für eine erfolgreiche Umsetzung benötigen.

8.1   Binden Sie das Management ein!

Wenn Sie die Grundgedanken einer Corporate Language im Unternehmen umsetzen wollen, dann verabschieden Sie sich am besten sofort von dem Gedanken, dass dies ein Praktikant oder eine eilig zusammengestellte Arbeitsgruppe im Marketing planen und umsetzen kann. Die Umsetzung einer Corporate Language ist nämlich kein Projekt mit einem definierten Start- und Endtermin. Vielmehr haben wir es hier mit einem Kulturwandel zu tun. Und wie immer benötigt ein Kulturwandel Zeit und Ressourcen. Und gute Nerven bei denen, die dafür verantwortlich sind.

Die wichtigste Voraussetzung für eine gelingende Umsetzung von Corporate Language-Strategien ist die Unterstützung durch das Management. Denn bei der Entwicklung von Sprache werden immer wieder Entscheidungen nötig, die über die Kompetenzen des einzelnen Mitarbeiters oder einer Abteilung hinausgehen. So kann beispielsweise das Marketing zwar eine Vielzahl von Briefen und Werbedokumenten sprachlich gestalten, bei Mahnungen oder fachspezifischen Texten werden aber zwingend die jeweiligen Fachabteilungen benötigt. Darum ist die Umsetzung einer Corporate Language eine (kontinuierliche) Gemeinschaftsaufgabe.

Zudem ist die Umsetzung einer Corporate Language-Strategie für die Mitarbeiter oft eine Aufgabe, um die sie sich nicht gerade reißen. Rechnen Sie daher nicht mit Begeisterungsstürmen, wenn Sie Ihre Mitarbeiter über die neue Sprachinitiative informieren. Die Schreibtische sind meist voll bis oben hin, die Mitarbeiter sowieso schon gestresst. Und jetzt kommen Sie und erklären, dass man Dinge, die man seit Jahren auf eine bestimmte Art erledigt hat, in Zukunft ganz anders machen will. Zusätzlich zu den tagtäglichen Aufgaben muss nun auch noch die Sprache kontrolliert werden. Daher gelingt die Umsetzung oft deutlich besser, wenn eine solche Initiative von der Unternehmensleitung ausgeht oder zumindest getragen wird. Denn die Initiative bekommt damit ein ganz anderes Gewicht für den Mitarbeiter. Und hat dadurch von Anfang an bessere Chancen, erfolgreich umgesetzt zu werden.

Zudem empfehlen wir der Unternehmensleitung immer den Startschuss für eine solche Initiative zu geben. Dies kann beispielsweise auf der jährlichen Mitarbeiterversammlung geschehen oder im Rahmen anderer Unternehmensveranstaltungen, bei denen die gesamte Belegschaft zusammenkommt. So wird sichergestellt, dass alle Mitarbeiter von der Initiative erfahren – und dass sie es direkt vom Vorstand oder Chef erfahren. Damit sinkt die Gefahr, dass eine solche Initiative nur als »Marketing-Spinnerei« angesehen wird oder als etwas, vor dem man sich mit Beharrlichkeit drücken kann. Dies alles lässt sich verhindern, indem eine klare »Ansage direkt aus der Chefetage« kommt.

Warum muss die Unternehmensführung zwingend der »Pate« eines solchen Projektes sein?

- Die gesamte Initiative erhält dadurch deutlich mehr Gewicht und dadurch erhöht sich die Chance einer umfassenden und erfolgreichen Umsetzung.
- In strittigen Fragen muss die Unternehmensleitung entscheiden. Als Pate kann sie sich hierbei nicht aus der Verantwortung nehmen. Dadurch können Entscheidungen schneller umgesetzt, Konflikt zügig entschärft und die unternehmensweite Beachtung gefördert werden.
- Die Unternehmensleitung muss immer alle Aspekte der Unternehmenskommunikation im Auge haben – nicht nur das Marketing oder nicht nur die Briefe oder nicht nur die Anleitungen. In der Unternehmensleitung laufen alle Aspekte zusammen und dort müssen sie dann wieder zusammengeführt und strukturiert werden. Dies gilt auch für die Corporate Language.

Sofern die Initiative für Corporate Language nicht direkt von der Unternehmensleitung ausgeht, stellt sich die Frage, wie man Fach- und Führungskräfte dazu motivieren kann, die Patenschaft für ein so ambitioniertes Projekt zu übernehmen. Hierfür geben wir Ihnen gerne ein paar überzeugende Argumentationshilfen an die Hand (► Kap. 2.2):

- Corporate Language eröffnet wirtschaftliche Vorteile für Ihr Unternehmen. Mit einer klaren Markensprache reduzieren Sie Kosten und stärken Vertrieb und Verkauf. Nutzen Sie diese Chance für Ihr Unternehmen.
- Corporate Language hat einen hohen Nutzwert für Kunden. Wenn Kunden plötzlich verstehen, was ihnen geschrieben wird und wofür Ihr Unternehmen steht, geht damit ein Vertrauensgewinn einher. Nutzen Sie daher ein solches Projekt, um für den langfristigen und nachhaltigen Erfolg Ihres Unternehmens heute schon die Weichen zu stellen.
- Mit einem gelungenen Sprachprojekt werten Sie Ihr Image auf und sorgen für eine positive Wahrnehmung Ihrer Marke. Die Unternehmensführung kann mit einer starken Sprache ein klares Statement abgeben und einen bleibenden Eindruck hinterlassen – bei Kunden, Mitarbeitern und in der Öffentlichkeit.

Mit diesen Argumenten können Sie Ihren Vorstand oder Geschäftsführer von der Bedeutung einer Corporate Language Initiative überzeugen und ihn dazu bringen, das Projekt als Pate zu unterstützen oder sogar zu leiten.

> Sprache ist Chefsache – machen Sie die Unternehmensführung zum Paten Ihrer Corporate Language!

8.2 Schaffen Sie Teams und Infrastruktur!

Die Unternehmensführung ist wichtig, um der Corporate Language-Initiative das nötige Gewicht zu geben. Die Umsetzung erfolgt aber an anderer Stelle. Wer sollte also bei der Entwicklung und Realisierung der Corporate Language mit am Tisch sitzen? Und wie läuft das Ganze dann eigentlich ab? Wir möchten Ihnen kurz das neue Team vorstellen, das Sie auf die Beine stellen müssen, um danach noch einige Tipps zu geben, welche Infrastruktur im Unternehmen benötigt wird.

8.2.1 Das Team

Für die Umsetzung Ihrer Corporate Language benötigen Sie vor allem eines – einen großen Tisch. Denn damit die Corporate Language nicht als zeitlich begrenztes Projekt mit begrenzter Halbwertszeit scheitert, müssen viele Beteiligte am Tisch Platz haben. Und Ihr Tisch muss stabil sein – denn die Laufzeit erfolgreicher Corporate Language-Projekte ist lang.

Da Sprache durch alle Ebenen eines Unternehmens dringt und sehr viele Aspekte betrifft, muss die Zusammensetzung des Teams alle einschlägigen Kompetenzbereiche umfassen, um allen Bereichen gerecht zu werden – mit so wenig Kompromissen wie möglich.

> **Unser Tipp**
>
> Je früher Sie die verschiedenen Akteure an den Tisch holen, umso geringer werden später die Vorbehalte sein.

Wir empfehlen dringend, vor allem am Anfang alle Beteiligten abzuholen und im Idealfall auch mitzunehmen. Denn oft provozieren Sie Widerstände, indem Sie nicht rechtzeitig alle Beteiligten einbinden und wichtige Entscheider im Unternehmen einfach vor vollendete Tatsache stellen. Etwas, bei dem man nicht beteiligt war, wird leichter abgelehnt als etwas, dass man von Anfang an mitentwickelt hat. Stellen Sie daher Stühle am Corporate Language Tisch bereit für

a) **Unternehmensleitung**: Am Kopf des Tisches sitzt die Chefin oder der Chef. Die Unternehmensführung definiert, wie weit Sie gehen können und signalisiert, wie bereits oben erläutert, die Ernsthaftigkeit und Reichweite des Projekts.

b) **Führungskräfte**: Die Führungskräfte müssen die Corporate Language später an die Mitarbeiter vermitteln können. Daher ist eine frühe Einbindung entscheidend.

c) **Marketing**: Natürlich muss Ihre Marketingabteilung von Anfang an dabei sein, denn dort wird die Corporate Language meist als erstes umgesetzt und langfristig gepflegt.

d) **Markenmanagement (Brand Management)**: Falls Sie in Ihrem Unternehmen ein Brand Management haben, gehört dieses ebenfalls an den Tisch. Denn Corporate

Language basiert auf Ihrer Marke und macht Ihre Sprache gleichzeitig zu einem »Lautsprecher« für die Werte Ihrer Marke(n).

e) **Fachabteilungen**: Gerade größere Unternehmen haben verschiedene Fachabteilungen mit teils völlig unterschiedlichen Aufgaben und Kommunikationsinhalten. Versuchen Sie aus jeder Fachabteilung einen erfahrenen Mitarbeiter an den Tisch zu bekommen. Denn gerade die erfahrenen Mitarbeiter kennen die fachlichen Stolpersteine am besten. Zudem haben sie meist einen sehr guten Einblick in die Dinge, die heute in der Kommunikation »nicht so gut laufen«.

f) **Interne Kommunikation**: Wenn Ihre Corporate Language im Alltagsgeschäft funktionieren soll, muss sie zunächst intern Akzeptanz finden und von den Mitarbeitern umgesetzt werden. Corporate Language löst einen Kulturwandel im Unternehmen aus – ohne die Mitarbeiter bleibt Corporate Language nicht mehr als eine leere Hülle, sozusagen eine »Luftblase« des Marketings. Das heißt nicht notwendigerweise, dass alle Regeln für die externe Kommunikation auch eins zu eins auf die interne Kommunikation übertragen werden müssen. So kann beispielsweise der Umgang mit Fachbegriffen intern anders gehandhabt werden als in der externen Kommunikation. Auch Anrede- oder Grußformeln können unter Kollegen andere sein. Aber die Grundregeln und die Werte sollten auch intern gelebt und angewendet werden: Nur, was innen funktioniert, hat nach außen eine Chance.

g) **Rechtsabteilung**: Egal wie kreativ, originell und markenaffin Ihre Corporate Language wird – die Rechtsabteilung kann alles kippen. Dies hat meist gute Gründe, denn die Rechtssicherheit im Geschäftsverkehr geht immer und überall vor sprachlicher Kreativität. Keine Corporate Language-Initiative findet intern Akzeptanz, wenn dadurch (rechtliche) Unsicherheiten entstehen. Die Unternehmenskommunikation muss fachlich und rechtlich korrekt sein. Wenn aber die Rechtsabteilung frühzeitig einbezogen wird, dann steigen die Chancen, auch größere Änderungen an der Sprache durchführen zu können. Und die Gefahr sinkt, Dinge zu entwickeln, die am Ende aus rechtlichen Gründen wieder gekippt werden müssen.

h) **Buchhaltung/Forderungsmanagement**: Wie Sie im Unternehmen mit Forderungen umgehen ist in der Regel ein Teil Ihrer Corporate Governance und damit auch Teil Ihrer Corporate Identity. Die Corporate Language ist hier ein wirkungsvolles Mittel, um Ihr Unternehmen in diesem für alle Beteiligten eher unerfreulichen Kontext in ein positives Licht zu rücken. Ganz besonders spannend ist diese Abteilung, da es sich hier um sensible Kommunikationsanlässe handelt. Sie können dabei viel falsch machen – aber auch vieles richtig. Hier zeigt sich, wie authentisch Sie Ihre Werte und Markenversprechen umsetzen.

i) **Sachbearbeiter**: Sachbearbeiter, etwa im Vertriebs- und Servic-Bereich Ihres Unternehmens, haben stets das »Ohr am Kunden«. Sie stehen oft im direkten Austausch mit ihm und wissen daher am besten, wo der Schuh drückt. Zudem müssen die Sachbearbeiter später die Hauptarbeit im Zusammenhang mit der Corporate Language verrichten. Je stärker sie deren Situation berücksichtigen, umso erfolgreicher wird die Umsetzung später.

j) **Beschwerdemanagement**: Gerade das Beschwerdemanagement muss mit »kommunikativen Minenfeldern«, mit Unzufriedenheit und Frust in Form von Beschwerden umgehen. Diese Mitarbeiter sind ebenso kampferprobt wie einfühlsam im sprachlichen Nah- und Distanzkampf mit den (leider unzufriedenen) Zielgruppen. Nehmen Sie das Beschwerdemanagement mit an den Tisch, um auch extreme Kommunikationssituationen von Anfang an zu berücksichtigen.

k) **Presse/Öffentlichkeitsarbeit:** Auch diese Funktion steht laufend im direkten oder indirekten Austausch mit der Öffentlichkeit, mit Kunden, Lieferanten und Mitarbeitern und kann viele Erfahrungen in den Prozess der Umsetzung einer modernen Corporate Language einbringen. Zudem sitzen in der Öffentlichkeitsarbeit immer Sprachprofis, deren Expertise von Beginn an unverzichtbar ist.

l) **Kommunikationsberater/Sprachexperten:** Für viele Veränderungsprozesse gilt: Egal, wie sehr man sich bemüht, man kann nicht aus seiner Haut. Als Teil des Systems ist es für Mitarbeiter sehr schwierig, einen objektiven und unvoreingenommenen Blick auf das eigene Tun zu werfen und Veränderungsbedarf objektiv zu erkennen. Das fängt bei der Fachsprache an und hört bei internen Sprachgewohnheiten auf. Externe (Sprach-)Experten oder Kommunikationsberater haben meist nicht nur einen ganz anderen Blick auf die Sprache des Unternehmens (»Adlerblick«), sie sind vielmehr auch nicht in den überkommenen oder erlernten Sprachmustern gefangen. Zudem können diese über Workshops den Umsetzungsprozess neutral und unvoreingenommen moderieren.

m) **IT-Abteilung:** Auch wenn es oft übersehen wird, Sie brauchen auch für eine erfolgreiche Corporate Language die IT-Abteilung! Nicht nur, weil auch die IT zum Unternehmen gehört und somit auch ihre Vertreter später die Corporate Language zu pflegen haben. Sie brauchen die IT auch deshalb, weil sprachliche Veränderungsprozesse in Unternehmen auch immer Berührungspunkte mit der Informationstechnologie haben: Ob nun in den Textsystemen Einstellungen zu ändern sind, Austauschplattformen bereitgestellt oder Software installiert werden muss. Es gibt heute keine Prozesse mehr im Unternehmen, die ohne IT funktionieren – nicht einmal bei Sprache. Und je früher Sie die IT einbinden, umso zügiger kann die Umsetzung später angegangen werden.

n) **Kunden:** Es mag Sie überraschen, aber Sie entwickeln Ihre neue Corporate Language vor allem für die Kunden. Und daher empfehlen wir, Ihren Kunden von Anfang geeignete Beteiligungsmöglichkeiten zu eröffnen. Wir geben Ihnen im Kapitel 8.5 wertvolle Tipps, wie Sie den Kunden einbinden können. Denn am Ende muss der (sprachliche) Köder, den Sie basteln, dem Fisch (= dem Kunden) schmecken, nicht dem Angler (= den Mitarbeitern). Diese Grundregel funktionierender Kommunikation wird leider oft missachtet.

In Ordnung! Nun sitzen alle am Tisch. Aber wer ist Wortführer? Und wer haut auch mal auf den Tisch, wenn es nicht weitergeht, weil man sich in endlosen Detaildiskussionen zu verlieren droht? Regeln Sie frühzeitig, wer das letzte Wort hat. Damit kürzen Sie manche hitzige Diskussion ab, bevor Porzellan zerbrochen wird, oder Sie vermeiden enervierende Gespräche zu der Frage, ob man nun »sehr geehrter Herr Maier« oder »lieber Herr Maier« schreiben sollte.

Sie müssen auch keine Sorge haben, dass stets alle oben aufgeführten Personen bei jedem Meeting dabei sein müssen. Das würde schon aus logistischen und terminlichen

Gründen nicht funktionieren, weil Sie sonst für jedes Meeting eine Turnhalle mieten müssen. Wir empfehlen, ganz am Anfang alle (potenziellen) Beteiligten zu einem Kick-Off-Meeting einzuladen. Klären Sie in diesem Meeting alle darüber auf:

- Was genau gemacht wird,
- warum es gemacht wird,
- was von wem gemacht wird,
- wann genau es gemacht wird
- und wie es erreicht wird.

Machen Sie allen Beteiligten klar, dass ein Kulturwandel in Bezug auf Sprache die Unterstützung aller benötigt. Nach dem Kick-Off-Meeting sollten alle Beteiligten auf dem gleichen Informationsstand sein und ein gemeinsames Ziel vor Augen haben.

Danach bietet es sich an, in kleineren Arbeitsgruppen weiterzuarbeiten. Bringen Sie dann immer nur die Personen an einen Tisch, die nötig sind. Es gibt danach weitere Gelegenheiten, den ganzen Tisch wieder zusammenzurufen. Bei einigen Kernereignissen sollten Sie versuchen, alle Beteiligten an einen Tisch zu bekommen. Beispielsweise wenn die zukünftige Sprache vorgestellt wird, wenn juristische und formale Aspekte diskutiert werden sollen oder wenn grundlegende Entscheidungen zur Diskussion stehen.

Unser Tipp

Corporate Language ist eine Aufgabe für ein Team – je früher Sie die Beteiligten einbinden, umso größer sind Ihre Erfolgschancen!

8.2.2 Infrastruktur

Als nächstes gilt es die finanzielle, personelle, technische und prozessuale Infrastruktur im Unternehmen bereitzustellen. Die Leitfragen lauten dabei: Wie gehen wir vor und was benötigen wir dafür? Wie bereits dargestellt wird ein Praktikant damit überfordert sein, das Projekt zu stemmen. Auch die Unternehmensleitung wird keine Zeit haben, das Projekt im Detail zu koordinieren und vorwärts zu treiben, selbst wenn sie Pate ist. Sie müssen also schon zu Beginn des Projekts die Rahmenbedingungen schaffen, damit das Projekt erfolgreich bewältigt werden kann. Denn die Corporate Language-Strategie entwickelt sich nicht nebenher und von allein. Es müssen deshalb die im Folgenden näher beschriebenen Punkte beachtet werden.

Budgets

Planen Sie ausreichend große Budgets ein. Gerade wenn Sie externe Hilfe in Anspruch nehmen (müssen), sollten Sie langfristig die erforderlichen Mittel dafür bereithalten. Auch interne Kosten sollten nicht unterschätzt werden. Mitarbeiter müssen für das Projekt freigestellt werden, es fallen Reisekosten an, Kosten für den Druck oder die digitale Aufbereitung der Ergebnisse und nicht zuletzt auch Kosten für technische Hilfsmittel. Ein Scheitern oder eine Verzögerung aus finanziellen Gründen ist ärgerlich, unprofessionell und »rufschädigend« nach innen und außen.

Personen

Legen Sie fest, welche Personen bei der Umsetzung die Steuerung übernehmen sollen. Wer bildet das Corporate Language-Team? Es ist empfehlenswert, ein interdisziplinäres Team aufzustellen. Zu den Kernaufgaben gehören in diesem Zusammenhang

- die Entwicklung von unternehmensweit gültigen Kommunikations-/Sprachregeln,
- die Definition der Prozesse,
- die Überarbeitung von Bestandsdokumenten,
- die Qualitätskontrolle bei der Umsetzung.

Darüber hinaus fungiert das Team als betrieblicher Ansprechpartner für die Mitarbeiter während des gesamten Entwicklungs- und Umsetzungsprozesses.

Wir stellen immer wieder mit Freude fest, dass es in jedem Unternehmen – ganz unbemerkt – sprachbegeisterte und motivierte Mitarbeiter gibt. Im Idealfall finden Sie diese Mitarbeiter, die sich für Sprache und Kommunikation begeistern, und integrieren diese in das Team.

Wenn nun intern Ihr Team steht, haben Sie verschiedene Möglichkeiten wie Sie Ihr Team institutionalisieren:

- Als reale Einheit innerhalb des Unternehmens (Klartext-Stelle oder Corporate Language-Abteilung).
- Als virtuelle Einheit, die bei Fragen per Mail oder über eine Austauschplattform ansprechbar ist.
- Als externe Einheit, die beispielsweise in Ihrer Agentur angesiedelt ist.

Gleichgültig, welche Lösung Sie wählen, Sie sollten diese Kosten von Anfang an berücksichtigen sowie den Zeitaufwand, der Ihren Mitarbeitern entsteht, nicht unterschätzen. Gerade die Hilfe für Kollegen kann oft sehr aufwendig sein, ist aber mit eine der wichtigsten Aufgaben des Teams.

Austauschplattform

Eine Projektgruppe muss heute vernetzt arbeiten können. Es ist zwar wichtig, dass sich die Projektgruppe immer wieder trifft und wichtige Punkte diskutiert, aber viele Arbeiten werden heute virtuell und online erledigt. Gerade dann, wenn die Teammitglieder an verschiedenen Standorten stationiert sind. Wir empfehlen es deshalb, im Intranet einen geschützten Bereich als Austauschplattform bereitzustellen. So können gerade Wortlisten (Blacklist, Whitelist, Schreibweisen) gemeinsam erstellt werden, zum Beispiel in einem offenen Excel-Dokument. Auch Schriftstücke, die im Zuge der Entwicklung der Corporate Language schrittweise optimiert werden, können über diese Plattform ausgetauscht werden. Zudem bietet eine solche Plattform auch Raum, um häufige Fragen zur Corporate Language standardmäßig zu beantworten (FAQ).

Die Plattform kann auch dazu genutzt werden, um Ideen und Feedback von Unternehmensangehörigen zu sammeln. Wenn die Belegschaft die Möglichkeit erhält, aktiv mitzuwirken, steigern Sie dadurch die spätere Akzeptanz der Corporate Language und bereiten der neuen Kommunikation den Boden für den Erfolg. Achten Sie deshalb darauf, die Fragen der Infrastruktur bereits vor dem Projektbeginn zu klären. Sie werden entscheidend dafür sein, ob und inwieweit die Entwicklung einer Corporate Language zum Erfolg wird, gerade wenn viele verschiedene Stellen und Personen im Unternehmen zu involvieren sind.

Prozesse

Bei der Umsetzung der Corporate Language müssen die Unternehmensprozesse wie bei vergleichbaren Veränderungsprozessen kritisch analysiert und später angepasst werden. Nehmen wir das Beispiel von unternehmensbezogenen Dokumenten: Was früher dezentral funktionierte, muss eventuell zusammengeführt oder zentral qualitätsgesichert werden. Wo es vorher keine Abstimmungen gab, muss nun ein Austausch stattfinden. War vorher keine Qualitätssicherung vorgesehen, muss nun die Einhaltung der Regeln geprüft werden. Und wo einst auch ein schlecht geschriebener, unverständlicher Geschäftsbrief das Unternehmen verlassen konnte, muss es in Zukunft Sicherungsmechanismen geben, die dies verhindern.

Aber auch in anderen Bereichen gibt es Aufgaben, die Einfluss auf die Prozesse haben können. Denken Sie beispielsweise an die Erarbeitung und standardisierte Verwendung von Corporate Wording: Wie werden die Listen mit erwünschten und unerwünschten Wörter erstellt? Wer beginnt, wer führt fort und wer kontrolliert am Ende? Wer gibt frei, wer stellt es wem zur Verfügung und wie gehen wir mit späteren Änderungen um? Oder denken Sie an die Überarbeitung der Bestandskommunikation: Wer optimiert? Wer prüft die Optimierung? Wer gibt sie frei? Wann findet die juristische Prüfung statt? Was passiert, wenn im Dokument die Verwendung bestimmter, nicht mehr zur Corporate Language passender Wörter und Formulierungen als »alternativlos« bezeichnet wird? Muss dann der Geschäftsführer oder Vorstand noch einen Blick darauf werfen? Wer entscheidet? Diese und viele andere Fragen müssen Sie in einem Prozess abbilden. Dabei dürfen Sie nicht nur die Phase der Entwicklung im Auge haben, sondern sollten den Prozess idealerweise gleich so gestalten, dass er später auch in der täglichen Arbeit die Optimierungen, Freigaben und Weiterentwicklungen von Wortlisten, Regeln und neu erstellten Dokumenten effizient abbildet.

Es ist ratsam, sich bereits zu Beginn des Projektes über solche Fragen ausführliche Gedanken zu machen. Denn nur mit einer vernünftigen Planung der erforderlichen Budgets, Personen, Austauschplattformen und Prozesse hat die Arbeit des Projektteams dauerhaft Bestand. Und erst dann können Sie mit den nächsten Schritten beginnen.

> **Unser Tipp**
>
> Schaffen Sie für Ihr Corporate Language eine Umgebung, in der sie entstehen und dauerhaft gedeihen kann.

8.3 Ermitteln Sie den Ist-Stand der Unternehmenssprache!

Jede Corporate Language-Initiative sollte mit einer Analyse des Ist-Status der Unternehmenssprache beginnen. Wenn Ihre Corporate Language authentisch sein soll, muss sie auf dem aufbauen, was heute schon in Ihrem Unternehmen gelebt wird. Dies gilt insbesondere für den Fall, dass Sie bereits geschäftlich erfolgreich kommunizieren. Eine Corporate Language zu entwickeln bedeutet auch nicht, plötzlich alles um jeden Preis anders zu machen. Sondern es geht darum, an den richtigen Stellen die entscheidenden Verbesserungen durchzuführen. Wahrscheinlich müssen Sie sich dabei dennoch von einigen liebgewonnen Sprachgewohnheiten trennen.

Um zu erkennen, was bereits sehr gut ist und wo die Unternehmenssprache noch verbesserungsfähig ist, muss eine objektive Analyse der aktuellen Sprachstandards erfolgen. Das bedeutet, man sollte einen ehrlichen und schonungslosen Blick auf das aktuelle »Kommunikationsgebaren« werfen. Die Herausforderung dabei ist, dass es zumeist keinen definierten Sprachstandard gibt, den man für diese Analyse heranziehen könnte. Daher kommt man zumindest ganz am Anfang um eine vergleichsweise mühselige Kleinarbeit nicht herum. Wie gehen Sie bei dieser Bestandsaufnahme am besten vor?

8.3.1 Dokumente sammeln

Sie benötigen erst einmal einen Überblick über die Dokumente im Unternehmen. Dabei sollten Sie auf folgendes achten:

- Sie benötigen unterschiedliche Dokumentarten wie Briefe, E-Mails, Werbetexte, Produktbeschreibungen, Anleitungen, Anträge, Formulare etc. Sammeln Sie alle relevanten Schriftstücke, die sich an Kunden und Externe richten, aber auch solche, die für die interne Kommunikation relevant sind.
- Denken Sie dabei abteilungsübergreifend und erfassen Sie möglichst differenziert alle Kommunikationsanlässe und Customer Journeys sowie die dazugehörigen Dokumente und Texte.
- Gewichten Sie dabei neben der Reichweite bzw. Auflage auch die Relevanz der Schriftstücke: Wie oft wird ein Brief verschickt? Welche Dokumente werden an große Verteiler/Empfängergruppen verteilt? Welche Inhalte spielen auch in der Online-Kommunikation eine Rolle? Wie wichtig sind die Dokumente für den Kunden? Welche Dokumente sind für das Unternehmen besonders umsatzrelevant? Ein

weiteres Differenzierungskriterium ist die Effizienz: Gibt es Dokumente, bei denen Sie besonders viel Aufwand haben, weil viele Kunden dazu besonders häufig anrufen? Gibt es Dokumente, bei denen Sie schon vorher wissen, dass die meisten Kunden sie nicht oder nicht vollständig verstehen?

Anschließend gilt es, die Schriftstücke nach einer »Rangliste« zu ordnen und die unmittelbaren Arbeiten an der Corporate Language zunächst auf die Schriftstücke zu konzentrieren, die höchste Priorität für die Unternehmensabläufe haben (»Quick Wins«).

Sie werden einige Zeit benötigen, alle notwendigen Dokumente zu identifizieren und zu sichten. Sammeln Sie hierzu auch alle Information über die Dokumente und ihre betriebliche Verwendung, also z. B. zu Reichweite, Versionen, Änderungshistorie und Anzahl der Rückfragen. Fragen Sie am besten dort nach, wo die Dokumente erstellt und publiziert werden. Machen Sie sich die Mühe, diese Daten akribisch zusammenzutragen – dabei haben Sie die Gelegenheit, sich intensiv mit den Schriftstücken und unternehmensspezifischer Kommunikation zu beschäftigen.

Diese Mühe lohnt sich! Denn damit gewinnen Sie bereits mit dem ersten Analyseschritt interessante Erkenntnisse. Dazu gehören unter anderem

- mögliche Fehler in den Erstellungs- und Versand-Prozessen,
- Textleichen und Datenfriedhöfe (Dokumente die es noch gibt, aber die nicht mehr verwendet werden),
- falsche oder veraltete Produkt- oder Prozessbeschreibungen.

Oder es stellt sich bei Mitarbeitergesprächen plötzlich heraus, dass ein bestimmtes Dokument, das sehr häufig verschickt wird, ständig zu Rückfragen führt, ohne dass diese kostenverursachende Tatsache bisher groß beachtet wurde. Dabei können solche Probleme manchmal schon durch Kleinigkeiten behoben werden. Vielleicht genügt es einen Satz umzuformulieren, einen Satz zu ergänzen oder einen Text umzustellen. Dazu ein Beispiel aus unseren Projekten:

Ein Unternehmen verschickt eine Vielzahl an Zahlungsaufforderungen. Die entscheidende Information (also was denn bezahlt werden muss) wurde auf die Rückseite gedruckt. Viele Kunden die eine Zahlungsaufforderung erhielten, kamen allerdings nicht auf die Idee, den Brief umzudrehen und riefen stattdessen bei den Mitarbeitern an. Im Rahmen des Corporate Language-Projektes wurde der Brief umgestellt und sprachlich modernisiert – und die Anrufe konnten mit dieser einfachen Maßnahme sofort deutlich reduziert werden. Der Hinweis auf dieses Kommunikationsproblem kam dabei von den Mitarbeitern während der Bestandsaufnahme – der Geschäftsleitung war dieses Problem zuvor gänzlich unbekannt.

Bei der Bestandsaufnahme ist es zudem wichtig, dass Sie gleich prüfen, welche Textbausteine oder Formdokumente überhaupt noch aktuell sind. Denn nicht selten werden fleißig Bausteine gesammelt und optimiert, nur um sie dann später wieder zu verwerfen. Warum? Man stellt fest, dass die Texte schon lange nicht mehr in Verwendung sind oder in

Zukunft eigentlich entfallen können. Je nachdem, wie groß Ihr Bestand an Dokumenten oder Textbausteinen ist, können Bestandsreduktionen zwischen 30 und 70 Prozent erreicht werden. Diese Reduzierung von Bausteinen oder Dokumenten gehört bereits zu den ersten, wertvollen Ergebnissen dieser Ist-Analyse. Der Aufwand, der im Verwaltungsbereich eingespart werden kann, ist immens und wird meist unterschätzt.

Aber auch der Aufwand, der Ihnen vor und während der Analyse entsteht, darf nicht zu optimistisch geplant werden. Nehmen Sie sich in jedem Fall ausreichend Zeit für diese Bestandsaufnahme. Je gewissenhafter und vollständiger Sie die Unterlagen zusammentragen, je mehr Daten Sie zu den Dokumenten sammeln, je mehr Dokumente Sie streichen und reduzieren, je mehr Zeit Sie sich nehmen, um mit Mitarbeitern über Dokumente zu sprechen, umso besser wird Ihr Überblick. Und umso besser ist später auch Ihr Ergebnis bei der Corporate Language.

8.3.2 Dokumente auswerten

Nach dem Sammeln der Dokumente beginnt der für die Corporate Language entscheidende Teil: Die Analyse der gesammelten, unternehmensspezifischen Dokumente und die Herausarbeitung der Grundlagen bzw. Richtlinien für Ihre Corporate Language. Worauf sollten Sie bei Ihrer Analyse achten?

- Sammeln Sie alle unverständlichen Begriffe und Formulierungen.
- Sammeln Sie alle alten und bürokratischen Begriffe und Formulierungen.
- Sammeln Sie alle verwendeten Fachbegriffe.
- Analysieren Sie den Aufbau und die Struktur der Dokumente und identifizieren Sie gängige Muster bei Überschriften, Betreffzeilen, Signaturen, Unterschriften etc.
- Prüfen Sie Ihre Dokumente auf Inkonsistenzen und sammeln Sie die verschiedenen Vorgehensweisen/Umsetzungen.
- Sammeln Sie gelungene und weniger gelungene Kernaussagen in Dokumenten.
- Identifizieren Sie alle Aussagen, die Rückschlüsse auf Ihr Unternehmen zulassen. Prüfen Sie dabei, ob diese Rückschlüsse eher positiv oder eher negativ wirken.
- Prüfen Sie, ob Sie eher eine aktive oder eine passive Sprache verwenden.
- Ermitteln Sie Ihre Tonalität – verwenden Sie mehr positive oder mehr negative Wörter bzw. Phrasen in Ihrer Sprache?
- Prüfen Sie insbesondere Texte zu sensiblen Themen oder mit negativen Inhalten.
- Sammeln Sie zu allen aufgeführten Eigenschaften, gute und schlechte Beispiele.

Die Analyse der Bestandskommunikation ist aus mehreren Gründen wichtig für den Erfolg Ihrer Corporate Language:

1. Eine Corporate Language ist nicht authentisch, wenn Sie von außen kommt, also ohne Bezug zur Ist-Situation »erfunden« wird.
2. Eine Corporate Language muss auf dem aufbauen, was bereits vorhanden ist und sollte für jeden Mitarbeiter wiedererkennbar sein.

3. Jede Sprache in jedem Unternehmen ist individuell. Ohne detaillierte Analyse gehen unter Umständen wichtige Details verloren, die bisher spezifisch für Ihre Sprache waren und auch zukünftig erhalten bleiben sollten.
4. Mitarbeiter im Unternehmen benötigen ganz konkrete, im Tagesgeschäft anwendbare Regeln und Standards, um die Corporate Language in den Arbeitsalltag zu überführen.

Ein Sprachkonzept, das von einer Agentur mit kreativen Textern entwickelt wurde und einem Unternehmen »übergestülpt« werden soll, weil man es aus einem anderen Projekt schon fast fertig in der Schublade hatte, ist zum Scheitern verurteilt.

> Der Eingriff in die Sprach- und Schreibgewohnheiten von Mitarbeitern eines Unternehmens ist ein Eingriff in die gelebte und erlernte Unternehmenskultur. Mit der Einführung einer Corporate Language leiten Sie einen Veränderungsprozess (Change-Prozess) ein – das sollten Sie beachten und als Herausforderung nicht unterschätzen.

Ein Jurist beispielsweise, der seit Jahrzehnten in einem Unternehmen erfolgreich arbeitet und aufgrund seiner Kompetenz im Unternehmen hochangesehen ist, soll nun plötzlich eine andere Sprache genehmigen oder gar selbst verwenden? Vertrags- und Geschäftsbedingungen sollen auf einmal auch für Laien verständlich geschrieben werden? Juristische Fachbegriffe sollen nur noch in Ausnahmefällen verwendet werden? Man will den Kunden und Empfänger plötzlich viel herzlicher und moderner ansprechen? Man will Sprachmuster und Floskeln, die schon seit Jahrzehnten im Gebrauch sind, in Rente schicken? Begeisterungsstürme bleiben zunächst meist aus. Unter Umständen müssen Sie richtige Überzeugungsarbeit leisten, um die gewohnten Sprachgewohnheiten aufzubrechen oder Mitarbeiter an Neues zu gewöhnen. Wappnen Sie sich an der Stelle für viele emotionale Diskussionen.

Bauen Sie auf den Stärken der bestehenden Kommunikation auf und definieren Sie im Detail, welche Schwächen Sie zukünftig vermeiden wollen. Prüfen Sie, was Sie behalten, was Sie leicht verändern, aber erkennbar weiterführen und was Sie ganz über Bord werfen bzw. zukünftig gezielt ersetzen wollen.

Nach der Dokumenten-Analyse halten Sie eine umfangreiche Dokumentation des Ist-Stands Ihrer Kommunikation mit umfangreichen Listen mit Wörtern und Phrasen in den Händen. Und Sie haben jede Menge Daten zu den Dokumenten gesammelt, die Sie später noch gut brauchen können. Diese Fleiß- und Detektivarbeit ist die Grundlage, um Regeln und Standards für Ihre Corporate Language zu entwickeln. Und wir versprechen Ihnen, diese Investition wird sich am Ende gelohnt haben.

Unser Tipp

Eine schonungslose Analyse Ihrer Sprache ist der Ausgangspunkt für Ihre Corporate Language: Bauen Sie die Stärken aus und eliminieren Sie rigoros die Schwächen.

8.4 Legen Sie Regeln und Standards fest!

Wenn Sie nach der Ist-Analyse wissen, wo Sie heute stehen, können Sie gezielt Maßnahmen ergreifen, um die Corporate Language von morgen zu definieren und umzusetzen. Unverzichtbar ist dabei ein Regelwerk für die Sprache Ihres Unternehmens. Mit der Festlegung von ganz konkreten Regeln und Standards definieren Sie den künftigen »Goldstandard« Ihrer Kommunikation. Bei diesem Regelwerk zu Ihrer individuellen Unternehmenssprache empfehlen wir vor allem auf folgende Bereiche zu achten:

- Regeln zur Wortwahl und Terminologie,
- Regeln zur Kundenfreundlichkeit und Verständlichkeit,
- Regeln zur Tonalität und Verankerung der Markenwerte,
- Regeln zu formalen Aspekten wie Aufbau, Struktur, Betreffzeilen usw.

In den Kapiteln zu Verständlichkeit (▶ Kap. 3) und Corporate Language (▶ Kap. 5) finden Sie viele verschiedene Ansatzpunkte für konkrete Regeln, mit denen Sie Ihre Unternehmenssprache in Zukunft effektiv steuern können. Auf Grund der Ergebnisse aus Schritt 4 können Sie gezielt feststellen, wo Verbesserungsbedarf besteht.

Haben Sie beispielsweise erkannt, dass in Ihren Texten häufig lange, verschachtelte Sätze vorkommen? Ist die Verwendung komplexer Fachbegriffe und Fremdwörter typisch für Ihre Texte oder für einen Teil Ihrer Texte? Verfallen Ihre Texte häufig in einen passiven Nominalstil? Sprechen Sie Ihren Kunden eher distanziert oder eher persönlich an? Verwenden Sie hinreichend Begriffe, die für Ihre Marke stehen und Ihre Werte transportieren?

Durch die Ist-Analyse erhalten Sie Antworten auf diese Fragen. Neben einem umfassenden Blick auf die Kriterien für verständliche und kundenfreundliche Texte, erhalten Sie auch einen umfassenden Blick auf die Wortverwendung und auf das angewandte Vokabular in der Unternehmenskommunikation. Die in der Ist-Analyse gesammelten Listen mit kritischen, wichtigen und gewünschten Begriffen bilden eine wichtige Grundlage für Ihre Corporate Language. Deshalb darf in einem umfassenden Regelwerk zur Corporate Language der Umgang mit Wörtern in Ihrem Unternehmen nicht fehlen. Regeln Sie dabei insbesondere

- welche Begriffe und Ausdrucksweisen (Floskeln, Phrasen etc.) nicht mehr verwendet werden sollen (Blacklist). Bieten Sie für diese Wörter immer Alternativen/Synonyme an.
- welche Begriffe und Formulierungen verwendet werden dürfen oder müssen – auch wenn Sie nicht schön sind (Whitelist). Dies können bestimmte juristische oder fachliche Begriffe sein, die in eher technokratischen Schriftstücken unverzichtbar sind (z. B. AGB oder Produktbeschreibungen). Regeln Sie auch konkret wie diese Begriffe verwendet werden müssen.
- welche Begriffe zukünftig häufiger vorkommen sollen (Love-Words). Das sind vor allem Begriffe, die mit Ihrer Markenpositionierung zusammenhängen und die Markeninhalte transportieren sollen. Also Wörter wie beispielsweise »einfach«,

»kümmern«, »gerne«, Leidenschaft«, »sicher« oder »herzlich«. Sensibilisieren Sie Ihre Mitarbeiter für den möglichst häufigen Gebrauch dieser Wörter. Geben Sie Ihren Mitarbeitern auch hier immer konkrete Beispiele (»rufen Sie mich einfach an«, »schicken Sie mir die Unterlagen einfach per Post«, »herzlichen Dank für Ihre schnelle Antwort«, »herzlichen Dank für Ihr Interesse an« usw.).

- auch die Schreibweisen. Von der Produktbezeichnung bis hin zum Umgang mit dem Fugen-S oder Bindestrichen sollten alle Schreibweisen im Unternehmen eindeutig geregelt und abrufbar sein.

Neben Regeln zu Satzlängen, Passivsätzen, Tonalität und Wortwahl usw. gilt es den Umgang mit weiteren Sprachelementen zu regeln. Orientieren Sie sich hierbei ruhig einmal an Ihren Leitlinien zum Corporate Design. Hier wird die komplette visuelle Identität des Unternehmens detailliert geregelt: das Logo, die Schrift, Farben, grafischen Elemente, das Layout sowie die gesamte Bildwelt des Unternehmens. Für Ihre Sprache müssen Sie nun etwas Vergleichbares entwerfen. Was gilt es im Hinblick auf die Sprache im Rahmen der Corporate Language noch regeln? Folgende Regelungsinhalte empfehlen wir Ihnen:

- Betreffzeilen, Briefeinstiege, Abbinder und Grußformeln;
- Aufbau, Struktur und Gliederung in den verschiedenen Textsorten;
- Umgang mit Beschwerden und mit negativen Kommunikationsanlässen (z. B. Mahnungen, Ablehnungen, Kündigungen etc.);
- Verwendung von PS (Postskriptum), Sternchentexte und Verweise.

Sie sehen, es gibt viele Ebenen und Aspekte, bei denen Sie den Umgang mit Sprache sehr detailliert regeln können. Bei der Entwicklung Ihres Regelwerks ist es wichtig, dass Sie immer den praktischen Nutzen für Ihre Mitarbeiter im Fokus haben. Jede Regel muss mit ganz praktischen und konkreten Beispielen »versteh- und erlebbar« sein. Denn Ihre Mitarbeiter sind keine Sprachwissenschaftler, sondern Experten auf ihrem jeweiligen Gebiet. Nur mit konkreten Regeln und Beispielen werden Ihre Mitarbeiter in der Lage sein, die von Ihnen entworfenen Regeln auch anzuwenden.

Bei der Entwicklung von konkreten Regeln tritt jedoch immer wieder ein Phänomen auf: Je konkreter die Vorgabe sein soll, desto schwieriger ist es, sich auf eine Regel zu einigen. Das heißt: Je schwammiger die Regel formuliert ist, umso eher erreichen Sie einen Konsens im Team. Das mag gut für die Harmonie im Team sein, aber nicht für Ihrer Corporate Language. Wir möchten Ihnen im Folgenden anhand eines konkreten Beispiels zeigen, wie Sie Regeln formulieren und anwendbar machen können.

8.4.1   Beispiel für die Umsetzung einer Sprachregel

Nehmen wir an, Sie wollen folgende Regel einführen: »Wir vermeiden bürokratische Sprache«. Das hört sich zunächst wünschenswert und plausibel an. Eine so formulierte Regel können Sie sich sparen, wenn diese nicht genauer spezifiziert oder mit konkreten

Beispielen aus dem Arbeitsalltag der Mitarbeiter verständlich gemacht wird. Denn jeder Ihrer Mitarbeiter wird »bürokratische Sprache« anders definieren und im schlimmsten Fall den eigenen Sprachgebrauch gar nicht kritisch hinterfragen, geschweige denn verbessern wollen.

Um diese Regel anwendbar zu machen, sollten Sie »bürokratisch« definieren und alle dazu gehörenden Aspekt aufführen. Ihre Mitarbeiter benötigen aber vor allem auch Beispiele und Listen mit konkreten Formulierungen und Begriffen, damit sie eine Vorstellung davon bekommen, was das Unternehmen unter »bürokratisch« versteht. Konkret kann eine solche Regel folgendermaßen lauten:

Regel: »Wir vermeiden bürokratisch klingende Formulierungen!«

Unter bürokratischer Sprache verstehen wir einen angestaubten, übertrieben fachlichen und unpersönlichen Sprachstil. Wir möchten jedoch modern und nicht von »oben herab« mit unseren Kunden kommunizieren.

Vermeiden Sie bitte deshalb beispielsweise folgende Formulierungen:

- Um Rückantwort wird gebeten.
- Um schnellstmögliche Bearbeitung wird gebeten.
- Von Rückfragen bitten wir abzusehen.
- Der Eingang Ihres Antrags wird hiermit bestätigt.
- (…)

Wichtig ist, dass Sie hier so viele Beispiele wie möglich aus Ihren Dokumenten suchen. Mit konkreten Beispielen aus der eigenen Arbeits- und Sprachwelt werden Ihre Mitarbeiter die Regel später auch richtig umsetzen können. Zudem müssen Sie immer Alternativen bieten, damit die Mitarbeiter die Unterschiede erkennen können und sehen, worauf Sie mit diesen Vorgaben eigentlich hinauswollen. Für die gerade aufgeführten Beispiele könnte die Alternative folgendermaßen aussehen:

- Anstatt »Um Rückantwort wird gebeten« schreiben Sie besser:
  - Bitte antworten Sie uns bis zum …
  - Wir freuen uns auf Ihre Antwort bis zum …
- Anstatt »Um schnellstmögliche Bearbeitung wird gebeten« schreiben Sie besser:
  - Wir freuen uns, wenn Sie den Antrag bis zum … bearbeiten.
  - Wir möchten Ihren Antrag so schnell wie möglich bearbeiten – senden Sie uns dazu den Fragebogen am besten bis zum…
- Anstatt »Von Rückfragen bitten wir abzusehen« schreiben Sie besser:
  - Haben Sie Fragen? Rufen Sie mich einfach an.
  - Haben Sie noch Fragen – in unseren FAQ (www.adresse.de/faq) finden Sie Antworten auf die wichtigsten Fragen.

- Anstatt »Der Eingang Ihres Antrags wird hiermit bestätigt« schreiben Sie besser:
  - Herzlichen Dank für Ihren Antrag. Wir werden Ihren Antrag so schnell wie möglich bearbeiten und melden uns dann wieder bei Ihnen.
  - Wir freuen uns, dass Sie sich für … entschieden haben. Wir leiten nun alles in die Wege und melden uns in Kürze wieder bei Ihnen.

Welche Alternativen Sie anbieten, hängt davon ab, wie Sie Ihre Corporate Language definieren. So kann man beispielsweise die bürokratischen Formulierungen oben auch noch auf verschiedene andere Arten ersetzen. Abhängig von Ihrer Marke und den Werten, für die Sie stehen. Versuchen Sie auch immer mehrere Alternativen anzubieten. Denn je mehr Beispiele Sie geben, umso leichter wird sich der Mitarbeiter in den neuen Sprachstil einfinden und umso konsequenter wird dieser praktisch umgesetzt werden. Zudem kann der Mitarbeiter dadurch seine Formulierungen variieren, was individueller wirkt.

Selbstverständlich erschöpft sich eine bürokratische Sprache nicht nur in typischen Standardformulierungen. Selbst für den Fall, dass Sie tausende Formulierungshilfen definieren – das Phänomen lässt sich damit nicht völlig ausmerzen. Bürokratische Sprache kann auch durch unnötige Verwendung von Nominalisierungen, Infinitivkonstruktionen oder veralteten Begriffen entstehen. Die Regel muss also je nach Analyse-Ergebnissen und definierter Corporate Language noch weiter verfeinert werden oder durch weitere Regeln ergänzt werden. Wir empfehlen alle Regeln in einem Leitfaden zu sammeln (▶ Kap. 8.6).

Unser Tipp

Konkrete Regeln und praxistaugliche Standards sind Voraussetzung für das Gelingen Ihrer Unternehmenssprache. Formulieren Sie daher Ihre Regeln so konkret wie möglich und so umfangreich wie nötig.

8.5 Binden Sie die Kunden ein!

Sie schreiben für Ihre Kunden. Ihre Kunden stehen im Fokus Ihrer Bemühungen um die Corporate Language. Aber wie so oft ist der Kunde die große Unbekannte. Wie wirken Ihre Dokumente eigentlich auf den Kunden? Versteht er die Sprache? Fühlt er sich angesprochen? Nimmt er sie so wahr, wie Sie es beabsichtigen? Wirken die Wörter, die Sie verwenden wollen, beim Kunden so, wie von Ihnen intendiert? Klappt es mit der neuen (textlichen) Struktur und Tonalität?

Raten Sie nicht, sondern prüfen Sie die Wirkung Ihrer Kommunikation direkt mit Ihren Kunden und anderen Zielgruppen. Und zwar bevor Sie das Regelwerk in Hochglanzbroschüren drucken und verteilen. Denn oft ergeben sich aus der Zusammenarbeit mit Kunden noch weitere Verfeinerungen oder Änderungen am Regelwerk.

Für die Einbindung von Kunden stehen verschiedene Methoden zur Verfügung. Wir unterscheiden dabei zwischen kurzfristigen Methoden, also Methoden, die Sie für einzelne Dokumente kurzfristig durchführen können, und langfristigen Methoden, mit denen Sie Ihre Kommunikationsmaßnahmen dauerhaft gemeinsam mit Kunden optimieren. Viele Methoden können Sie selbst anwenden, bei anderen sollten Sie mit Experten zusammenarbeiten.

Wir stellen Ihnen 3 Methoden vor, mit denen Sie die Kunden effizient einbeziehen können:

- Der Kundenbeirat,
- der Readability User Test,
- die Fokusgruppen.

Weitere Ideen wie Sie den Kunden einbinden oder seine Meinung erfassen und einbeziehen können, geben wir Ihnen in Kapitel 8.9, wenn es um die Messung der Wirkung geht. Denn auch da spielt der Kunde eine entscheidende Rolle.

8.5.1   Der Kundenbeirat

Versuchen Sie als Unternehmen, Ihre Kunden für die Mitarbeit an der Entwicklung Ihrer Unternehmenssprache zu gewinnen. Im Rahmen der Produktentwicklung ist die direkte Zusammenarbeit mit Kunden bei vielen Unternehmen bereits heute auf die ein oder andere Weise etabliert. Im Bereich Sprache nutzen jedoch erst sehr wenige Unternehmen diese Möglichkeit. Dabei kann dies sehr leicht, oft ohne größere Umstände, etwa im Rahmen einer Kundenwerkstatt oder eines Kundenbeirats, erfolgen.

Dies bedeutet, dass Sie aus Ihrem Kundenkreis Freiwillige suchen, die beim Thema Sprache und Kommunikation aktiv und dauerhaft mitwirken möchten. Das kann z. B. so aussehen, dass sich ein »offizieller« Kundenbeirat mehrmals im Jahr trifft und gemeinsam mit Ihnen Fragestellungen rund um die Sprache Ihres Unternehmens bearbeitet. Dies hat beispielsweise ERGO idealtypisch verwirklicht und dadurch wertvolle Erkenntnisse gewonnen. Mittlerweile gibt es den ERGO-Kundenbeirat bald 10 Jahre (▸ Kap. 4).

Oder Sie veranstalten einen »Verständlichkeitstag«, zu dem Sie Kunden einladen und in Workshops oder Ideenrunden einbinden. Je nach Mitwirkungsbereitschaft kann es sich um ein einzelnes Event oder um eine mehrtätige Veranstaltung handeln. Zur Belohnung gibt es dann für alle, die aktiv mitgemacht und sich engagiert haben, mindestens ein tolles Abendessen.

Wenn Sie mit Kunden direkt arbeiten möchten, gibt es allerdings einige Punkte die Sie beachten sollten:

- Ein Kundenbeirat oder eine Kundenwerkstatt muss authentisch und ehrlich sein. Diese Mittel dürfen niemals nur aus PR-Zwecken installiert werden, ohne die Absicht, die gemeinsam erarbeiteten Ergebnisse auch umzusetzen.

- Die Auswahl der Kunden entscheidet über die Qualität der Ergebnisse. Sie müssen sich also Gedanken machen wie Sie die Kunden auswählen.
- Die Ergebnisse müssen in Ihre Prozesse einfließen. Denn es wird Ihnen schnell auf die Füße fallen, wenn ihre Kunden merken, dass nichts von dem was vorgeschlagen wird auch umgesetzt wird. Denken Sie also daran auch Erfolgserlebnisse zu schaffen und zu kommunizieren.

Neben dieser aufwändigen können Sie auch eine modernere und einfachere Variante, nämlich die Online-Befragung im Kundenkreis, wählen. Diese Art der Befragung hat sich in vielen Unternehmen bereits bewährt und wird vielfältig eingesetzt, nur eben noch nicht im Bereich der Sprache bzw. ihrer Verbesserung. Mit dieser erprobten Methode haben Sie die Möglichkeit, relativ schnell und kostengünstig bestimmte Fragen direkt bei Ihrer Zielgruppe zu prüfen. Und auch wenn es im ersten Moment ungewöhnlich scheinen mag – Ihre Kunden sind oft mit Begeisterung dabei. Man muss sie nur richtig motivieren. Und das hat nicht alleine mit materiellen/finanziellen Anreizen zu tun. Oft motiviert es Ihre Kunden bereits, wenn Sie das Gefühl bekommen, dass ihre Meinung zählt, dass Sie sich Zeit dafür nehmen und dass die Kunden damit wirklich an Verbesserungen mitarbeiten können. Gerade im Hinblick auf das Thema Verständlichkeit werden Sie bei nicht wenigen Kunden offene Türen einrennen. Ob Lehrer, ehemalige Studenten der Sprachwissenschaft oder einfach nur sprachbegeisterte Kunden, die selbst schon negative Erlebnisse mit unverständlicher Kommunikation hatten – wir sind fast sicher, dass auch Ihr Kundenkreis Personen umfasst, mit denen Sie sich auf einem hohen Niveau über Sprache und vor allem auch Optimierungsmöglichkeiten diskutieren können. Wie gehen Sie hier am besten vor?

- Fragen Sie bei Kunden an, wer Lust und Zeit hätte, an einer Arbeitsgruppe oder bei einer entsprechenden Veranstaltung (Kundenbeirat, Kundenwerkstatt, Kreativwerkstatt, Schreibwerkstatt, Beschwerdewerkstatt etc.) mitzuwirken. Heben Sie die positiven Aspekte für die anderen Kunden hervor. Dies kann ganz einfach über ein Banner auf der Webseite des Unternehmens, einen Zusatz im Schriftverkehr mit Kunden oder als Frage in einem Telefonat geschehen.
- Wenn Sie einen dauerhaften Beirat etablieren möchten: Machen Sie sich Gedanken wie oft Ihr Beirat tagen sollte. Wir empfehlen zweimal pro Jahr. Je nach Motivation der Teilnehmer können Sie den Sitzungsrhythmus auch ändern. Legen Sie hierbei auch die »Amtszeiten« fest. Wie lange soll ein Beirat im Amt sein?
- Übernehmen Sie für Ihre Kunden die Kosten der Anfahrt, Übernachtung und Verpflegung. Suchen Sie einen schönen Ort für das Treffen aus, der den Charakter einer hochwertigen Konferenz vermittelt. Es ist wichtig, dem Kunden hier eine Wertschätzung durch ein hochwertiges Ambiente zu vermitteln. Für viele Kunden werden diese Treffen einen Event-Charakter haben und dieser soll möglichst positiv in Erinnerung bleiben.
- Erarbeiten Sie für jedes Treffen ein Programm mit konkreten Beratungsthemen, auf das sich Ihre Kunden dann vorbereiten können. Sie können natürlich auch Ihre Kunden im Vorfeld befragen, welche Themen ihnen wichtig und vor allem aus

Kundensicht zu verbessern wären. Vielleicht bekommen Sie hier sogar Hinweise, die Sie zuvor noch gar nicht auf dem Schirm hatten, trotz umfassender Ist-Analyse.
- Nutzen Sie den Kundebeirat auch für PR-Maßnahmen. Nicht nur in Ihrem Interesse, sondern vor allem auch für die Teilnehmer. Denn für viele Teilnehmer ist es schon eine Motivation, auf der Webseite eines bekannten Unternehmens zu stehen oder in Presseartikeln erwähnt zu werden.

Wenn Sie es schaffen, einen Kundenbeirat oder eine Kundenkonferenz mit Workshop-Charakter zu etablieren, haben Sie langfristig ein wirkungsvolles Instrument, um Ihre Kommunikation – auch in Zukunft – direkt im Zusammenspiel mit der Zielgruppe zu optimieren. Der Kundenbeirat kann dabei eine langfristige Institution werden, der nicht ausschließlich auf die Behandlung der Themenfelder Sprache und Kommunikation beschränkt bleiben muss.

8.5.2 Readability-User-Test

Diese Methode wurde zur Prüfung der Verständlichkeit von medizinischen Beipack-zetteln entwickelt. Mit diesem Test soll geprüft werden, ob ein Leser die zentralen Informationen einfach finden sowie richtig und vollständig verstehen kann. Dieser Test ist vor allem in Bezug auf die Lesbarkeit und Verständlichkeit entwickelt worden – Sie können ihn jedoch auch sehr effektiv für die Überprüfung Ihrer Corporate Language einsetzen. Der Ablauf ist dabei relativ einfach:

- Zuerst werden die Kerninformationen des Dokuments identifiziert. Was sind die wichtigsten Informationen? Was muss der Leser verstehen? Wo stehen diese Infor-mationen? Zu diesen Kerninformationen werden dann Fragen formuliert, die der Testleser beantworten muss. Solche Fragen können beispielsweise sein: Wie müssen Sie dieses Medikament entsorgen? Wie können Sie Ihre Versicherung kündigen? Welche Beiträge müssen Sie zahlen? Ist XY versichert? Was passiert, wenn Sie uns den Antrag nicht rechtzeitig schicken? Definieren Sie, was der Kunde im Dokument verstehen muss, worauf es ankommt, und stellen Sie zu diesen Kernthemen Fragen.
- Für einen Readability-User-Test benötigt man 15-20 Teilnehmer, um valide Ergeb-nisse zu erzielen. Wichtig ist dabei, dass die Testpersonen aus der Zielgruppe stammen. Zudem müssen Sie darauf achten, dass Sie jedes Mal mit anderen Testpersonen prüfen. Denn wenn Sie beispielsweise mit denselben Personen öfter ähnliche Texte testen, erlangen die Personen Vorwissen und die Ergebnisse werden verwässert. Dies umgehen Sie, indem immer wieder andere Testpersonen auswählen.
- Die Testpersonen erhalten das zu prüfende Dokument, um sich ausführlich mit dem Text zu beschäftigen. Sie dürfen das Dokument vor dem Test in aller Ruhe lesen. Sorgen Sie daher für eine ruhige Umgebung und planen Sie genügend Zeit ein, die zum Lesen benötigt wird. Diese hängt immer vom Dokument (müssen die Testpersonen einen umfangreichen Vertrag oder zwei kurze Briefe lesen) und der Anzahl der Dokumente ab. Beachten Sie dabei, dass Menschen ganz unterschiedlich

lang zum Lesen und Verstehen benötigen. Setzen Sie die Testpersonen nicht unter Zeitdruck.

- Anschließend stellt der Testleiter die vorab entwickelten Fragen. Diese darf die Testperson dann mit Hilfe des Dokuments beantworten. Die Antwort muss dabei allerdings in eigenen Worten erfolgen, um zu prüfen, ob die Inhalte auch wirklich verstanden wurden oder ob nur eine Stelle vorgelesen wird, die passen könnte.
- Bei der Beantwortung werden folgende Aspekte gemessen und bewertet:
  - Richtigkeit: Werden die Fragen richtig beantwortet?
  - Vollständigkeit: Werden die Fragen vollständig beantwortet?
  - Geschwindigkeit: Wie lange benötigt die Testperson für die Beantwortung der Fragen?
- Zusätzlich werden den Teilnehmern auch noch bis zu 5 subjektive Fragen gestellt. Dabei soll die Meinung des Lesers zum Text erfasst werden: Wie schwer fanden Sie den Text? Hatten Sie Schwierigkeiten mit Fremdwörtern oder Fachsprache? Was hat Ihnen besonders gut gefallen, was hat Ihnen überhaupt nicht gefallen? Was würden Sie verbessern? Gerade diese subjektiven Fragen geben oft wertvolle Einblicke. Dieser Fragenblock lässt sich sehr gut auf die Corporate Language anpassen, indem man hier die weichen Faktoren abfragt.
- Um die Ergebnisse zu quantifizieren und vergleichbar zu machen, ist es hilfreich, Bewertungsraster für die Fragen zu entwickeln. So können Sie beispielsweise 2 Punkte vergeben, wenn die Testperson die Frage schnell, ohne Nachlesen und vor allem richtig beantwortet. Ist die Antwort hingegen nur teilweise richtig oder hat die Testperson mehrmals nachschlagen und nachlesen müssen, erhält sie einen Punkt. Keinen Punkt gibt es hingegen, wenn die Frage nicht oder nur falsch beantwortet wird.

Zwar wurde der Readability-User-Test nicht speziell für die Prüfung von Corporate Language entwickelt, aber er kann in leicht abgewandelter Form für Vertragsbedingungen, Briefe, Produktinformationen und viele andere Dokumente verwendet werden. Mit den richtigen Fragen und gut vorbereiteten Dokumenten erhalten Sie wertvolle Einsichten in die Wirkungsweise Ihrer Sprache.

Sie können diesen Test rein auf Verständlichkeitsfaktoren ausrichten, aber auch sehr gut für Feinheiten im Bereich der Corporate Language verwenden. Stimmt die gewählte Tonalität? Empfindet der Kunde die Markenwerte in der Sprache? Wirkt Ihre Sprache so unverwechselbar wie erhofft? Je nach Schwerpunkt werden Sie die Fragen unterschiedlich gestalten/gewichten müssen. Wenn es nur um Verständlichkeit geht, werden Sie verstärkt mit inhaltlichen Fragen arbeiten. Wenn Sie die Wirkung Ihrer Corporate Language testen wollen, dann werden Sie den Anteil subjektiver bzw. Beurteilungsfragen stärker ausbauen. Die Methode funktioniert für beide Aufgaben hervorragend und wird von uns häufig und mit großem Erfolg eingesetzt. Daher möchten wir Ihnen diese Methode sehr ans Herz legen.

8.5.3 Fokusgruppen

Ein weiterer sinnvoller Test in Bezug auf Corporate Language sind Fokusgruppen-Tests mit Ihren Zielkunden. Fokusgruppen werden in der Marktforschung häufig eingesetzt und sind ein probates Mittel, um die Sichtweise Ihrer Kunden einzufangen. Dieses erprobte Mittel können Sie auch ganz einfach für die Formulierung Ihrer Corporate Language-Regeln nutzen. Wie gehen Sie dabei vor?

Nehmen wir als Beispiel die Wirkung von Geschäftsbriefen. Sie wollen testen, welche Formulierungen bei Ihren Kunden persönlicher wirken, wie die Kunden den Absender der Briefe bewerten und ob Ihre Briefe verständlich sind. Was müssen Sie dafür tun?

- Erstellen Sie verschiedene Versionen Ihrer Briefe für die Fokusgruppe. Ändern Sie die Briefeinstiege, -ausstiege, die Gliederung, den Aufbau und einzelne Formulierungen. Spielen Sie mit der Tonalität und unterschiedlichen Verankerungen von Markenwerten.
- Jede Fokusgruppe sollte aus 6-8 Personen bestehen. Achten Sie hier ebenfalls darauf, dass Sie Ihre Zielgruppe so gut wie möglich abbilden. Nur dann stimmen am Ende die Ergebnisse. Zudem arbeiten wir je Fokusgruppe immer mit 2 Testleitern.
- Geben Sie jeder Fokusgruppe maximal 6-9 Briefe. Wir arbeiten zumeist mit höchstens 3 Briefen, für die es zum Teil auch mehrere Varianten gibt. Mehr überfordert die Teilnehmer und erzeugt deshalb keine sinnvollen Ergebnisse.

Bei der Durchführung bzw. beim Ablauf sollten Sie folgende Punkte beachten:

- Wir begrüßen die Teilnehmer und erklären, worum es in der Fokusgruppe geht.
- Dann erhält jeder Teilnehmer die verschiedenen Briefe und ausreichend Zeit, sich mit den Dokumenten zu beschäftigen.
- Die Teilnehmer erhalten einen Fragebogen zu den Briefen, in dem verschiedene Fragen zu den einzelnen Briefen vorab gestellt werden. Diesen Fragebogen füllen die Teilnehmer vor der Gruppendiskussion aus, direkt nachdem sie sich mit den Dokumenten beschäftigt haben.
- Wie auch beim Readability-User-Test werden im Fragebogen sowohl Verständnis- als auch Beurteilungsfragen (subjektive Fragen) gestellt. Zudem können Sie die Teilnehmer bitten, im Fragebogen ein Ranking der Briefvarianten zu erstellen: Welcher Brief hat am besten gefallen, welcher Brief am wenigsten, was könnte noch besser gemacht werden. Die Teilnehmer benötigen im Fragebogen also auch Freitextfelder für eigene Gedanken und Ideen.
- Anschließend wird in der Gruppe über die einzelnen Briefe diskutiert. Hier ist dann vor allem die Gruppendynamik entscheidend, das bringt oft spannende Ergebnisse.
- Bei der Zusammenstellung der Fokusgruppe sollten alle Teilnehmer aus der Zielgruppe (Kunden) stammen.
- Die Dokumente müssen sich voneinander unterscheiden – ansonsten kann kaum eine Wirkung gemessen werden.
- Überfordern Sie die Testpersonen nicht mit zu vielen Dokumenten. Führen Sie lieber eine Untersuchung in mehreren Gruppen durch. Je mehr Zeit Sie sich für ein

Dokument nehmen können, umso wertvoller und umfassender werden die Erkenntnisse zur Wirkung einzelner Formulierung oder der Tonalität.

Fokusgruppen können wertvolle Einblicke liefern, wie Ihre Sprache auf den Kunden wirkt. Sie können diese Methode sowohl bei der Entwicklung von Regeln einsetzen als auch später bei der Optimierung und Bewertung einzelner Dokumente. Besonders bei wichtigen Dokumenten (hohe Reichweite, relevanter Inhalt) bietet sich die Fokusgruppe an. Sprechen Sie dazu einfach mit Ihrem Dienstleister für Marktforschung – oft können solche Fokusgruppen im Rahmen bestehender Marktstudien gebildet und befragt werden.

Eine laufende Qualitätssicherung über Kundenbefragungen, Fokusgruppen und oder institutionalisierte Kundenbeiräte ist zwar wünschenswert, allerdings nicht immer realisierbar. Die Tests kosten (viel) Geld und Zeit. Für eine permanente Qualitätssicherung empfehlen wir deshalb den Einsatz anderer Instrumente, etwa Kennzahlen für Ihre Unternehmenssprache (▶ Kap. 3.11) oder Software-Tools (▶ Kap. 8.9.1).

Unser Tipp

Wer weiß am besten, was Ihre Kunden wollen? Genau: Ihre Kunden selbst. Binden Sie Ihre Zielgruppen in Ihre Corporate Language ein. Am besten von Anfang an.

8.6 Erstellen Sie einen Sprach-Leitfaden!

Nun haben Sie Prozesse zur Verbesserung Ihrer Kommunikation entwickelt, Ihre bisherige Kommunikation analysiert, Regeln entwickelt und mit Ihren Kunden geprüft und überarbeitet. Die Regeln stehen damit fest, sind validiert und nun kann es losgehen. Eigentlich, denn jetzt stehen Sie vor der Aufgabe, die Regeln für die Mitarbeiter aufzubereiten. Immer wieder stehen Unternehmen vor der Frage, ob ein Leitfaden für die Sprache der richtige Weg ist und wie dieser gestaltet werden soll. Auf der einen Seite ist die Notwendigkeit für ein Regelwerk klar, auf der anderen Seite ist ein Leitfaden immer etwas Statisches, ganz im Gegensatz zur Sprache, die sich laufend verändert. Einmal geschrieben wirkt ein Leitfaden wie in Stein gemeißelt.

Dieses Argument ist richtig. Denn einmal gedruckt bleibt Ihr Leitfaden wie er ist – zumindest so lange bis die Auflage vergriffen ist. Einmal gedruckt können spätere Änderungen, neue Formulierungen oder Erweiterungen nicht ergänzt werden. Hinzu kommt, dass solche »Standardwerke« in der Arbeitspraxis, also beim Schreiben, selten aufgeschlagen werden und meist ungenutzt in der Schreibtischschublade einstauben. Wer hat beim Beantworten einer E-Mail schon die Zeit und Lust, sich durch viele Seiten eines Sprachleitfadens zu blättern, um die richtige Formulierung zu finden bzw. den richtigen Ton beim Kunden zu treffen? Oder haben Sie jemals beim Verfassen eines Briefs in der DIN-Richtlinie 5008 nachgesehen, um das Adressfeld an die richtige Stelle zu setzen? Warum ist ein Leitfaden dennoch sinnvoll?

- Ein schön gestalteter Leitfaden verleiht dem Thema Unternehmenskommunikation und -sprache mehr Wertigkeit. Er ist ein Produkt, das man in die Hand nehmen kann. Das Ergebnis eines langen Prozesses. Belohnen Sie sich an dieser Stelle selbst für Ihre Mühen, die Ihnen die Entwicklung Ihrer Corporate Language bereitet hat!
- Der fertige Leitfaden markiert eine wichtige Zwischenstation oder gar den Schlusspunkt der Entwicklungsarbeit Ihrer Corporate Language. Setzen Sie diesen »emotionalen Schlusspunkt«, um dann mit neuer Kraft die nächsten Aufgaben anzugehen. Denn ab hier geht es ans Eingemachte: Ihre neu entwickelte Corporate Language muss nun die Bewährungsprobe in der Praxis bestehen.
- Für die Mitarbeiter macht der Leitfaden die neue Sprache »be-greifbar«. Er kann für die Mitarbeiter ein wertvolles Hilfsmittel sein, um die Sprache schnell und zielsicher umzusetzen. Deshalb sollte der Leitfaden auch anwenderorientiert gestaltet werden. Er muss grafisch sehr ansprechend und inhaltlich gut zu überblicken sein. Nutzer müssen sich leicht darin zurechtfinden und Informationen müssen schnell gefunden werden. Verzichten Sie daher auf lange Abhandlungen und kommen Sie auf den Punkt. Geben Sie konkrete Hinweise und Tipps, bieten Sie zur Veranschaulichung viele Beispiele an und seien Sie so präzise wie möglich.

Allerdings hat ein gedruckter Leitfaden auch Nachteile. Diese können Sie allerdings durch folgende Maßnahmen kompensieren:

- Ein gedruckter Leitfaden kann nicht mehr geändert werden. Aber gerade bei einer gelebten Corporate Language ergeben sich immer wieder Erweiterungen (z. B. neue Regeln und neue Terminologie) oder Änderungen (wenn Elemente angepasst oder ganz gestrichen werden müssen). Diese können Sie in einem gedruckten Leitfaden nicht nachziehen. Ihr Leitfaden ist also im schlimmsten Fall am Tag nach dem Druck schon veraltet. Was tun? Wir empfehlen: Ergänzen Sie Ihren gedruckten Leitfaden um eine digitale Austauschplattform, z. B. in Ihrem Intranet oder durch eine spezielle Software, mit der Sie die Listen und Regeln dauerhaft pflegen können. In einer gedruckten Variante können also immer nur die prägnantesten Beispiele stehen. Achten Sie schon bei der Konzeption darauf, dass Sie solche Beispiele wählen, die dauerhaft Bestand haben werden. Auch ist es enorm hilfreich, dass Sie Instrumente bereitstellen, die der Dynamik der Sprache gerecht werden und diese abbilden können. Ein Beispiel hierfür ist die Software TextLab (▶ Kap. 8.9.1), mit der Unternehmenssprache in Echtzeit gepflegt werden kann.
- Ein Leitfaden, den Sie an Ihre Mitarbeiter verteilen, landet auch gerne unbesehen im Bücherregal oder in der Schreibtischhublade. Das kostet Sie letztlich nur Geld! Wir empfehlen Ihnen deshalb, einen ansprechend gestalteten und in seiner Nutzbarkeit/ Usability auf den Praxiseinsatz ausgerichteten Leitfaden. Je besser das »Look and Feel« aus Sicht der Mitarbeiter ist, umso größer die Chance, dass mit den Vorgaben gearbeitet wird. Leser und Nutzer sollten Spaß beim Arbeiten mit dem Leitfaden haben. Investieren Sie daher in Haptik, Design und Qualität.
- Machen Sie sich auch Gedanken, wer überhaupt einen gedruckten Leitfaden erhalten soll. Im Regelfall können Sie den Empfängerkreis sehr stark begrenzen. Das spart

Druckkosten und Platz in den Schubladen Ihrer Mitarbeiter. Oft bietet es sich an, dabei mehrstufig vorzugehen. Die Luxusvariante in aller Ausführlichkeit und in Hochglanzdruck geht nur an einen kleinen und besonders wichtigen Empfängerkreis wie Vorstände, Leiter der Kommunikationsabteilung, Projektmitglieder etc. Die übrigen Mitarbeiter erhalten eine »abgespeckte« Version, die noch einfacher zu handhaben ist, können aber bei Bedarf auch das gesamte Regelwerk im Intranet abrufen.

- Achten Sie zudem bei Ihrem Leitfaden darauf, dass dort selbst die Sprachregeln eingehalten werden – Sie sparen sich dadurch die Häme und den Spott der Schlaumeier und Besserwisser im Unternehmen. Besondere Vorsicht ist geboten: Keine langen Sätze im Leitfaden, keine Floskeln, keine Schreibfehler und sprechen Sie auch Ihre internen Leser immer direkt an.
- Zusätzlich empfehlen wir begleitende Maßnahmen, die das Thema Corporate Language in den Fokus der Mitarbeiter bringen. Denn ein Leitfaden allein macht noch keine Corporate Language. Von Mousepads mit den 5 wichtigsten Regeln der Corporate Language im Unternehmen über kreative Wettbewerbe bis hin zur unternehmenseigenen Corporate Language-App – der Kreativität sind keine Grenzen gesetzt. Sorgen Sie dafür, dass die Regeln Ihrer neu entwickelten Unternehmenssprache aus der Schreibtischschublade geholt werden!

Der Leitfaden und die dazugehörige Initiative zur Corporate Language sollten den Mitarbeitern in Veranstaltungen und Workshops vorgestellt werden. Führen Sie die Anwender an das Thema heran, erklären Sie dessen Hintergrund und Nutzen. Das steigert die Akzeptanz bei den Anwendern und ist der erste Schritt für eine erfolgreiche Einführung in die Praxis. Wie Sie dabei am besten Vorgehen erfahren Sie in Kapitel 8.8.

Unser Tipp

Um die Mitarbeiter Ihres Unternehmens zu »überzeugten Jüngern« Ihrer Corporate Language zu machen, müssen Sie die Botschaft verbreiten (»missionieren«) – der Leitfaden ist die »Sprachbibel« für Ihr Unternehmen.

8.7   Sensibilisieren und schulen Sie die Mitarbeiter!

Sie haben nun ihr druckfrisches Regelwerk in den Händen. Damit kommt der nächste wichtige Schritt. Sie müssen die Standards an Ihre Mitarbeiter vermitteln. Denn es bringt nichts, wenn Sie im Unternehmen zwar ein tolles Regelwerk haben, dieses jedoch in Schubladen und Schränken vermodert und am Ende niemand mehr weiß, wofür der hübsche Ratgeber eigentlich einmal gedacht war.

Die Grundvoraussetzung für eine gelingende Corporate Language sind Ihre Mitarbeiter. Diese müssen zu Beginn der Einführung im Unternehmen fit für die Corporate

Language gemacht werden. Wichtig ist hier vor allem, dass Sie Ihre Mitarbeiter nicht nur in den Regeln schulen, sondern vor allem für die Bedeutung der Sprache im Unternehmen sensibilisieren. Denn das wird die Akzeptanz deutlich erhöhen. Eine reine Vermittlung trockener Regeln ist für Ihre Mitarbeiter ähnlich spannend wie eine Schulstunde Grammatik. Daher müssen Sie der Sensibilisierung besondere Aufmerksamkeit schenken.

Unser Tipp

Arbeiten Sie bei Workshops mit externen Partnern zusammen, die glaubwürdig auf die Vorzüge und die Praktikabilität der Sprachregeln hinweisen. Denn oft zeigt sich, dass der Prophet im eigenen Land nach wie vor einen schweren Stand hat.

Ein Muster-Workshop zur Einführung der Corporate Language kann wie folgt aufgebaut werden:

- Am Anfang steht die Begrüßung durch eine Führungskraft und die kurze Einführung in die Notwendigkeit einer Corporate Language. Vermitteln Sie dabei ausdrücklich, dass das Thema im Unternehmen einen sehr hohen Stellenwert hat und dass die Mitarbeiter eine entscheidende Rolle dabei spielen. Achten Sie aber unbedingt darauf, dass dieser Teil kurz und verständlich bleibt.
- Zur Sensibilisierung können Sie Ihren Mitarbeitern anhand humorvoller Beispiele aus dem Arbeitsalltag zeigen, was im Hinblick auf Sprache alles schiefgehen kann. Es gibt aus allen Branchen und zu fast allen Anlässen Beispiele missglückter Kommunikation.
- Bei der Sensibilisierung müssen auch wirtschaftliche Aspekt zur Sprache kommen. Zeigen Sie, dass eine verständliche Corporate Language eine hohe Kostenersparnis für das Unternehmen darstellt. Zeigen Sie auf, wie Mitarbeiter viel Arbeit, Aufwand und Nerven durch verständliche Kommunikation nach den neuen Regeln sparen können.
- Zeigen Sie auch, wie Sprache mit der Wahrnehmung Ihrer Marke zusammenhängt und welche Imagewirkung von ihr ausgeht. Dieser Aspekt ist vielen Mitarbeitern nicht bekannt, kann aber sehr gut durch entsprechende Beispiele vermittelt werden.
- Damit die Mitarbeiter verstehen, wie wichtig die richtige Wortwahl für die Corporate Language ist, empfehlen wir Übungen, in denen die Teilnehmer frei assoziierend die Wörter sammeln, die sie mit dem Unternehmen und seiner Marke verbinden.
- Wichtig ist natürlich auch die Vermittlung von Regeln zur Verständlichkeit: Hier können Sie sich an den Regeln orientieren, die im Kapitel 3 des vorliegenden Buches aufgestellt wurden. Vermitteln Sie die Regeln immer mit Beispielen aus der Kommunikation des Unternehmens. Damit werden diese sprachlichen Vorgaben für Ihre Mitarbeiter besser erkennbar.

Besonders wichtig für einen praxisorientierten Workshop sind Übungen. Wenn der Workshop nur aus schwer verständlicher Theorie besteht, dann werden Sie die Mitarbeiter nicht mitnehmen können. Bei den Übungen empfehlen wir:

- Entwickeln Sie vor allem für die immer wiederkehrenden Schwachstellen in Ihrer Kommunikation konkrete Übungen. Welche Schwachstellen das sind, erkennen Sie spätestens in der Ist-Analyse (▶ Kap. 8.3). Das können beispielsweise Übungen zur Vermeidung von langen Sätzen, Passivkonstruktionen oder Nominalstil sein. Oder Übungen zu positiven, markenkonformen Formulierungen, für den gelingenden Briefeinstieg, zur richtigen Gliederung sowie zur passenden Ansprache des Kunden.
- Die Beispiele für die Übungen müssen aus dem eigenen Unternehmen kommen. Wenn Sie nach Abteilungen schulen, sollten die Beispiele sogar jeweils aus der betreffenden Abteilung stammen. Je näher die Beispiele an den Arbeitsalltag der Mitarbeiter angelehnt sind, umso höher der Lernerfolg und die Nachhaltigkeit.
- Achten Sie bei den Beispielen allerdings immer darauf, dass die Beispiele leicht abgewandelt werden. Denn falls zufällig der Autor Ihres Beispiels im Workshop sitzt, kann es schnell sehr emotional werden. Bereiten Sie also fiktive Beispiele vor, die jedoch jeder Mitarbeiter aufgrund von Inhalt und Sprache für echt hält.
- Planen Sie für die Übungen ausreichend Zeit ein. Sie benötigen nicht nur ausreichend Zeit für die Übungen, sondern vor allem für die Diskussion der verschiedenen Lösungsvorschläge. Erfahrungsgemäß gibt es zu Lösungen immer viel Diskussionsbedarf bei den Teilnehmern. Nehmen Sie sich diese Zeit. Dies bedeutet aber auch, dass Sie nur die wichtigsten Regeln in einem Workshop vermitteln können – der Rest ist letztlich Übungssache.

Nach den Übungen ist es wichtig, dass Sie Ihren Mitarbeitern das weitere Vorgehen im Unternehmen erklären. Wie geht es weiter? Worauf müssen die Mitarbeiter in Zukunft besonders achten? An wen können sie sich bei Fragen wenden?

Die Länge und Anzahl der Workshops im Unternehmen hängen von dessen Größe, von seiner Unternehmenskultur, der Kunden- und Zielgruppenstruktur ab. Aber auch von organisatorischen Aspekten, etwa der Verteilung der Standorte im In- und Ausland. Versuchen Sie Tagesworkshops zu organisieren, bei denen die Mitarbeiter gemeinsam in einem Raum sitzen. Webinare oder Kurzeinführungen die nur wenige Stunden dauern sind zwar oft leichter zu organisieren, sind aber in der Wirkung und Nachhaltigkeit oft deutlich ineffektiver.

Denn es kann nicht oft genug betont werden, dass der Erfolg der Corporate Language davon abhängt, ob Sie alle Mitarbeiter, die mit Sprache zu tun haben, abholen und mitnehmen können. Denn Ihre schreibenden Mitarbeiter werden zu Ihren späteren Markenbotschaftern. Schulen und Sensibilisieren Sie Ihre Mitarbeiter also wirklich so gut, dass Sie diese wichtige Aufgabe später auch wirklich effizient und positiv übernehmen können.

Unser Tipp

Ohne die Mitarbeiter an Bord, gehen Sie mit Ihrer Corporate Language baden.

8.8 Überarbeiten Sie die relevanten Bestandstexte!

Sie haben nun in langen Sitzungen, konstruktiven Diskussionen und mit kreativen Geistesblitzen ein umfangreiches Regelwerk für Ihre zukünftige Sprache entwickelt. Sie haben einen Leitfaden erarbeitet und die Kolleginnen und Kollegen geschult. Gratulation! Damit ist die Umsetzung, der Kulturwandel, bereits angestoßen.

Sollten Sie aber denken, dass Sie es jetzt geschafft haben, müssen wir Sie leider enttäuschen. Denn jetzt fängt die Arbeit erst richtig an: Die Corporate Language muss in die Tat umgesetzt werden. Und zwar schon mit dem nächsten Text, den Sie formulieren. Sie müssen aber auch Ihre relevante Bestandskommunikation überarbeiten. Dazu gehören Verträge, Geschäftsbedingungen, Briefvorlagen, Textbausteine, technische Beschreibungen und was sich sonst noch alles im Unternehmen findet und an Kunden geht.

Denn eine Corporate Language gilt leider nicht nur für die zukünftig zu verfassenden, sondern für alle Texte im Unternehmen. So wie Sie eine Visitenkarte ändern müssen, wenn sich Ihr Name ändert, so müssen Sie auch alle Dokumente ändern, wenn sich die Sprache grundlegend ändert. Denn wenn die Corporate Language nicht in Ihrer Bestandskommunikation präsent ist, dann wird sie nicht beim Kunden ankommen und wirken.

Überarbeiten Sie daher unbedingt Ihre relevanten Bestandsdokumente nach den Regeln Ihrer Corporate Language. Optimieren Sie Ihre Texte im Hinblick auf Verständlichkeit (► Kap. 3), tauschen Sie veraltete Formulierungen durch neue, frische Aussagen, ersetzen Sie alle nicht mehr gewünschten Begriffe durch Ihre Love-Words und passen Sie Ihre Sprache Schritt für Schritt an Ihre Marke an (► Kap. 6). Durch die Ergebnisse der Ist-Analyse können Sie systematisch handeln und alle Barrieren gezielt abbauen.

Sie werden nicht alles gleichzeitig und sofort mit Beginn des Projektes überarbeiten können. Stattdessen werden Sie vermutlich Schritt für Schritt vorgehen. Daher ist es wichtig, dass Sie sich eine sinnvolle Struktur für das weitere Vorgehen schaffen. Mit welchen Dokumenten sollten Sie beginnen? Wir empfehlen: Am besten mit den Texten, die besonders (geschäfts-)relevant sind. Oft ergibt sich eine sinnvolle Rangfolge aus der vorangegangenen Ist-Analyse. Wenn Sie Daten zu Ihren Dokumenten erfassen, dann wissen Sie,

- welche Dokumente am häufigsten versendet werden,
- welche Dokumente die größte Reichweite haben,
- zu welchen Dokumenten Sie die meisten Rückfragen bekommen,
- welche Dokumente durch unverständliche oder veraltete Sprache aufgefallen sind.

Wir empfehlen mit diesen Dokumenten zu beginnen. Hier erzielen Sie die schnellsten Erfolge, die sogenannten Quick-Wins. Oft kennen aber auch Ihre Mitarbeiter die Dokumente, bei denen Probleme bestehen. Erstellen Sie daher zuerst Prioritätslisten für die geplante Dokument-/Textanpassung. Ob das die Top 10, Top 50 oder Top 100 Ihrer Dokumente sind, müssen Sie anhand der Kapazitäten (finanziell und personell) definieren.

Wir versichern Ihnen: Die Mühe lohnt sich! Oft können Sie mit der Überarbeitung besonders relevanter Dokumente bereits einen hohen Anteil der Kosten für das Corporate Language-Projekt wieder einspielen. Im Sinne der neuen Corporate Language funktionierende Briefvarianten können, wie oben beschrieben, einen hohen Return on Investment bringen. Dazu haben wir in den vorherigen Kapiteln einige Beispiele angeführt. Nutzen Sie diese Chance, auch wenn es viel Aufwand ist, die Bestandskommunikation zu überarbeiten. Um möglichst effektiv vorzugehen, empfehlen wir:

- Legen Sie die Dokumente und die Reihenfolge der Überarbeitung fest.
- Legen Sie fest, wer überarbeitet und wer auf welche Weise prüft (Freigabe-Prozesse).
- Definieren Sie klar, ab wann die neuen Dokumente verwendet werden sollen.
- Denken Sie dabei auch an die »vermaledeite« Technik. Stellen Sie schon zu Beginn sicher, dass überarbeitete Dokumente auch zeitnah in den technischen Systemen des Unternehmens wieder integriert werden können.
- Definieren Sie einen Prozess, wie Mitarbeiter darüber informiert werden, dass neue Dokumente verwendet werden sollen.

Denken Sie daran: Erst in dem Moment, in dem der Kunde zum ersten Mal ein neues Dokument von Ihnen in der Hand hält oder einen neuen Text des Unternehmens liest, erwacht die Corporate Language zum Leben. Alles davor ist reine Theorie.

Unser Tipp

Definieren Sie den Goldstandard Ihrer Unternehmenstexte: Optimieren Sie die für das Alltagsgeschäft relevantesten Texte nach den Regeln Ihrer Corporate Language. Setzen Sie sich zum Ziel, dass Ihre relevanten Bestandstexte zügig überarbeitet werden.

8.9 Stellen Sie Hilfsmittel zur Verfügung!

Ihre Mitarbeiter sind in den meisten Fällen nicht als Sprachexperten bei Ihnen angestellt. Sie sind Versicherungsmathematiker, Steuerexperten, Buchhaltungskräfte, Juristen, Beschwerdemanager, Projektmitarbeiter, Hilfskräfte, Praktikanten, Quer- und Neueinsteiger, Teamleiter, Teammitglieder, Personalbuchhalter, Vertriebsmitarbeiter, Außen- oder Innendienstler, Produkttester, IT-Beauftragte, Projektverantwortliche, Customer-Relationsship-Manager oder Netzwerktechniker. Sie sollten daher nicht erwarten, dass Sie Ihre Mitarbeiter nach einer Schulung und mit einem Regelwerk in Papierform automatisch zu Sprachexperten werden. Sie werden nicht unbedingt mit überschwänglicher Freude und traumwandlerischer Sicherheit die neuen Regeln bei jedem neuen Text korrekt einsetzen können. Was Sie aber erreichen können, ist die Schaffung eines Bewusstseins für die Bedeutung von Sprache im Unternehmen und die Bereitschaft, dabei aktiv mitzuwirken.

Damit die neuen Vorgaben möglichst schnell und zielsicher umgesetzt werden können, ist es empfehlenswert, dass technische Hilfsmittel für die Anwender bereitgestellt werden. Es gibt eine Reihe technischer Unterstützungsmöglichkeiten, mit denen Ihre Mitarbeiter Texte einfach überprüfen und verbessern können. Dazu zählen digitale Glossare und Programme, auf die Autoren beim Schreiben zurückgreifen können. Oder kostenlose Online-Anwendungen, mit denen Sie beispielsweise die Verständlichkeit Ihres Textes mit Hilfe von Lesbarkeitsformeln (▶ Kap. 3.11) messen können.[18] Es gibt auch andere – nicht immer ganz ernst zu nehmende – Online-Programme, die Texte nach anderen Kriterien bewerten. Ein schönes Beispiel ist hier der BlaBlaMeter[19], mit dem Sie den »Bullshit«-Gehalt eines Textes prüfen können. Gönnen Sie sich ruhig mal den Spaß und jagen Sie die letzte E-Mail Ihres Chefs durch das Programm!

Ein weiteres Hilfsmittel um eine standardisierte Sprachqualität umzusetzen, sind Textbaustein-Systeme mit vorgefertigten und auf die Corporate Language angepasste Formulierungen und Texten, die bei Bedarf eingesetzt werden können. Es gibt heute aber auch Software-Lösungen, die speziell für Verständlichkeit und Corporate Language entwickelt wurden. Ähnlich einer Rechtschreibprüfung zeigen solche Programme dem Texter, ob und an welchen Stellen sein Text im Sinne der Verständlichkeit, Tonalität und Corporate Language Verbesserungspotential hat. Der Nutzer erhält eine objektive Bewertung seines Textes und konkrete Hinweise, wie er kritische Textstellen konkret verbessern kann. Solche Software-Lösungen müssen individuell anpassbar sein, damit Unternehmen ihre ganz eigenen Regeln und Terminologien hinterlegen und prüfen können. Corporate Language-Tools dieser Art gibt es als Cloud-Lösungen (Internet), als Lösung, die Unternehmen in Ihre IT einbinden (Intranet) oder als Lösung, die der Nutzer auf seinem Rechner installiert.

8.9.1 TextLab – Software für Verständlichkeit und Corporate Language

Mit der Software TextLab[20] können Autoren ihre Texte auf Verständlichkeit und Einhaltung der Corporate Language prüfen. Neben der objektiven Verständlichkeitsmessung mittels Lesbarkeitsformeln (Hohenheimer Verständlichkeits-Index u. a.) prüft das Programm verschiedene für die Verständlichkeit relevante Textkriterien.

---

18 Vgl. www.leichtlesbar.ch oder www.readabilityformulas.com (Abruf: 28.3.2018).
19 Vgl. www.blablameter.de (Abruf: 28.3.2018).
20 Vgl. www.text-lab.de (Abruf: 28.3.2018).

Hierzu zählen beispielsweise lange und verschachtelte Sätze, abstrakte Wörter und Fachbegriffe. Auch für die Tonalität entscheidende Texteigenschaften werden geprüft, wie die Verwendung von Passivsätzen, Nominalstil oder Infinitivkonstruktionen. Desweitern werden kritische Wörter und Formulierungen identifiziert: lange Wörter und Komposita, Anglizismen, Pleonasmen (= Häufung sinngleicher Worte), Floskeln u. v. m.

Auch die Integration der eigenen, ganz individuellen Corporate Language-Regeln ist möglich. Die Software kann individuell an die Sprachregeln eines Unternehmens angepasst werden: Wie wollen Sie Kunden begrüßen? Wie wollen Sie sich verabschieden? Schreiben Sie »Schadenmeldung« oder »Schadensmeldung«? Soll man »04.04.2018« oder »4. April 2018« schreiben? Sagen Sie »herzlichen Dank« oder »vielen Dank«? Kommen Ihre »Love-Words« ausreichend oft in Ihren Texten vor oder verwenden Sie noch veraltete Begriffe und behördlich klingende Formulierungen? All diese Feinheiten, die Sprache so schön und (unternehmens-)individuell machen, können in TextLab hinterlegt und damit individuell an jede Corporate Language angepasst werden.

Abb. 13: Screenshot einer Textanalyse mit TextLab. Der Nutzer erhält eine Bewertung seines Textes und eine Anzeige der Schwachstellen mit Hinweisen zur Optimierung.

Der Mitarbeiter muss also die vielen Regeln und Begriffe nicht mehr mühsam lernen oder zeitaufwändig nachschlagen. Per Klick markiert ihm das Programm alle relevanten Stellen im Dokument und bietet direkt Lösungsvorschläge. Hinzukommt, dass die Korrekturen der eigenen Texte einen hohen Lerneffekt haben. Wer beispielsweise ständig auf unnötige

Passivsätze hingewiesen wird und diese korrigiert, wird irgendwann automatisch häufiger aktiv schreiben. Wer ständig einen veralteten Begriff verwendet, der ihm rot markiert wird und immer wieder dazu aufgefordert wird, diesen durch einen markenkonformen und modernen Begriff zu ersetzen, der macht das früher oder später ganz von alleine. Und hier steckt ein weiterer Vorteil eines digitalen Hilfsmittels – nämlich die Neutralität von Programmen. Denn es macht einen großen Unterschied, ob ein Kollege etwas kritisiert oder eine Software ganz neutral markiert.

Je komplexer und je umfangreicher Ihre Corporate Language wird, je mehr Begriffe, je mehr Schreibweisen Sie definieren, je umfassender Ihre Vorgaben zur Tonalität werden – umso mehr braucht Ihr Mitarbeiter Hilfsmittel. Denn die Produktion von Texten muss auch mit einer Corporate Language schnell und effizient erfolgen. Wenn Mitarbeiter beim Erstellen von Texten stundenlang in einem dickleibigen Style-Guide blättern müssen, um herauszufinden, ob der verwendete Begriff richtig geschrieben oder noch markenkonform ist, dann wird eine Corporate Language zu einem zeitaufwändigen Unterfangen. Nicht nur bei der Produktion, sondern auch bei der anschließenden Prüfung und Freigabe. Denn auch diese Prozesse werden schlanker wenn die Mitarbeiter durch Hilfsmittel schneller bessere Texte produzieren können.

Stellt das Unternehmen solche digitalen Hilfsmittel bereit, wird die Einführung der Corporate Language deutlich mehr Akzeptanz erfahren und kann effizienter umgesetzt werden. Bitte beachten Sie jedoch, dass eine Software keine Schulung ersetzen kann. Die Erfahrung zeigt, dass die Umsetzung der Corporate Language am besten gelingt, wenn die Mitarbeiter sensibilisiert, geschult sind und zudem ein Hilfsmittel zur Verfügung haben (▶ Kap. 9.7).

Unser Tipp

In einer digitalisierten Welt müssen Sie Ihren Mitarbeitern digitale Hilfsmittel an die Hand geben. So stellen Sie sicher, dass Ihre Kommunikation im geschäftlichen Alltag weiterhin effizient »produziert« und gleichzeitig auch kundenfreundlich bzw. markenkonform formuliert wird.

8.10   Sichern Sie die Qualität und messen Sie den Erfolg!

Getreu dem Managementprinzip »Was Sie nicht messen können, können Sie auch nicht managen« ist es unerlässlich, messbare Kriterien auch im Bereich der Corporate Language zu definieren. Um Ihre Corporate Language langfristig effektiv zu managen, müssen Sie Maßnahmen zur Erfolgsmessung einführen und etablieren. Nur wenn Sie immer genau wissen, wo Sie bei der Einführung der neuen Unternehmenskommunikation stehen, können Sie gezielt eingreifen, um die Corporate Language in die gewünschte Richtung zu lenken.

Während die meisten Projekte zur Corporate Language einen Schwerpunkt auf die Entwicklung von Regeln legen, möchten wir Ihnen auch den Aspekt der Messbarkeit ans

Herz legen. Wenn Ihre Corporate Language langfristig die Sprache im Unternehmen verändern soll – und das sollte stets das Ziel sein – dann sind Erfolgsmessung und Qualitätssicherung essentielle Bestandteile.

Unser Tipp

Nutzen Sie objektive Kennzahlen und messbare Kriterien, um den Erfolg Ihrer Corporate Language sicherzustellen.

Bei der Einführung Ihrer Corporate Language können Fragen auftauchen, die Sie nur durch Messungen verlässlich beantworten können: Werden Ihre Vorgaben flächendeckend eingehalten? Wird die Sprache von den Zielgruppen wie geplant wahrgenommen? Gehen die Rückfragen im Callcenter zurück? Steigt die Konversionsrate? Verkaufen Sie mehr? Sind Ihre Kunden zufriedener? Das sind Fragen, die Sie auch durch Messungen quantitativ beantworten sollten. Die Qualitätssicherung und Erfolgsmessung muss oder kann dabei auf verschiedenen Ebenen stattfinden:

- Qualitätssicherung durch Kontroll- und Freigabeprozesse,
- Messbarkeit durch objektive Kennzahlen und Indizes,
- Erfolgsmessung durch Wirkungstest und Kundenreaktionen,
- Erfolgsnachweis per Zertifizierungen.

Auf jeder dieser Ebenen kann Messbarkeit unterschiedlich umgesetzt werden. Ein fundiertes und umfassendes Controlling der verschiedenen Maßnahmen bei der Einführung einer Corporate Language ist ein wichtiger Erfolgsfaktor. Je umfangreicher und detaillierter die gesammelten Informationen sind, umso besser lässt sich das Projekt steuern und zum Erfolg führen. Daher möchten wir Ihnen einige der möglichen Messmethoden kurz vorstellen.

8.10.1 Qualitätssicherung durch Kontroll- und Freigabeprozesse

Eine naheliegende und relativ einfach umzusetzende Maßnahme zur Qualitätssicherung ist die Einführung von Kontroll- und Freigabeprozessen. Diese reichen vom 4-Augen-Prinzip bis zum mehrstufigen Veröffentlichungsprozess. Kontroll- und Freigabeprozesse sollten immer individuell auf die Möglichkeiten und Anforderungen der einzelnen Unternehmen hin konzipiert werden. Wenn etablierte Prozesse in diesem Bereich bereits gut funktionieren und effizient ablaufen, können diese auch nach der Einführung Ihrer Corporate Language beibehalten werden. Sie müssen die Qualitätssicherung allerdings um für Ihre Corporate Language entscheidende Aspekte erweitern. Dies erfordert eine besondere Sensibilisierung und Schulung der mit der Qualitätssicherung beauftragten Mitarbeiter (▶ Kap. 8.7).

Ob geeignete Prozesse bereits etabliert sind oder neue Prozesse aufgesetzt werden müssen, achten Sie bitte stets darauf, dass diese Maßnahmen nicht zum Selbstzweck werden. Und achten Sie auch darauf, dass die Prozesse nicht zu komplex definiert werden. Denn zumeist müssen Inhalte schnell, also ohne große Zeitfenster für langwierige Prüfungs- oder Feedbackschleifen, produziert werden. Auch leidet die Akzeptanz von Freigabeprozessen sehr, wenn diese nicht dem Arbeitsalltag angepasst sind. Sie können auch verschiedene Prozesse oder Prozessstufen einführen, je nach Art, Bedeutung oder Dringlichkeit der Dokumente.

Da jedes Unternehmen andere Anforderungen und Rahmenbedingungen hat, können wir an dieser Stelle auch keinen für jedes Unternehmen gültigen Prozess skizzieren. Aber wir können Ihnen aufzeigen, welche Schritte zur Qualitätssicherung (QS) möglich sind, um einen Prüfprozess zu implementieren. Dabei sollten Sie festlegen, welche Maßnahmen in welcher Abfolge und mit welchen Qualitätskriterien in Ihre Unternehmensabläufe integrierbar sind:

- **QS 1**: Ein Mitarbeiter/Redakteur schreibt oder überarbeitet seinen Text und prüft dabei eigenständig die Einhaltung der Corporate Language. Er muss dazu Zugriff auf klare Regeln haben, an denen er die Qualität prüfen kann. Eine solche Prüfung ist »von Hand« möglich, wenn der Mitarbeiter/Redakteur entsprechend geschult ist. Alternativ dazu ist auch eine softwarebasierte Prüfung denkbar. Legen Sie fest, was genau geprüft werden soll und wie es dokumentiert wird.

- **QS 2**: Ergänzend zur selbstständigen Kontrolle (QS 1) können Texte auch an eine definierte Freigabestelle weitergeleitet werden. Entweder fest verankert im Prozess bei jedem Dokument oder nur für den Fall, dass bestimmte Regeln nicht eingehalten werden (können). Oder wenn ein Dokument besonders relevant ist. Die Freigabestelle prüft dann den Text auf die Einhaltung der Corporate Language. Auch hier sind ganz konkrete Qualitätskriterien und Regeln für die Freigabe notwendig.

- **QS 3**: Wenn alle formalen Kriterien der Corporate Language erfüllt sind, kann das Dokument abgelegt, freigegeben und publiziert werden. Einige Unternehmen dokumentieren diesen Vorgang durch ein Prüfprotokoll. Dies kann sich bei Dokumenten, die mittel- und langfristig im Einsatz sind, als sehr hilfreich erweisen.

- **QS 4**: Wenn die Prüfung negativ ausfällt, also Änderungen am Text notwendig sind, benötigen Sie einen Optimierungsprozess. Die sprachlichen Korrekturen und Verbesserungen, vor allem im Hinblick auf die Corporate Language, können entweder direkt von der Freigabestelle umgesetzt werden oder an den jeweiligen Ersteller zurückgespielt werden. Achten Sie unbedingt darauf, die Optimierungsprozesse fest zu definieren und zu verankern.

- **QS 5**: Neben der sprachlichen Prüfung ist in bestimmten Bereichen auch eine fachlich-juristische Prüfung nötig. Was nützt der verständlichste Text, wenn er juristisch bedenklich oder fachlich falsch ist? Nach der Optimierung (QS 4), muss der Text also erneut geprüft und freigegeben werden.

- **QS 6**: Der Prüfungsprozess und die dabei angewandten Kriterien sollten selbst immer wieder kritisch hinterfragt werden: Ist der Prozess effizient? Oder muss er eventuell ausgebaut, modifiziert oder reduziert werden? Sind die Prüfkriterien noch aktuell?

Wie genau der Prüfungs- und Freigabeprozess aufgebaut ist, hängt von verschiedenen, im Wesentlichen aber von personellen und finanziellen Faktoren ab. Häufig ist die Qualitätssicherung bei der Corporate Language nicht im Unternehmen selbst angesiedelt, sondern wird von externen Dienstleistern wahrgenommen. Aber unabhängig von der individuellen Umsetzung eines Prozesses bei Ihnen im Unternehmen – es sind klare, schnell arbeitende und dabei effiziente Abläufe erforderlich. Denn die Qualität des Prozesses ist langfristig die Voraussetzung für erfolgreiche Qualitätssicherung und Erfolgsmessung.

8.10.2 Messbarkeit durch objektive Kennzahlen und Indizes

Eine Grundvoraussetzung für die Messbarkeit der Corporate Language ist, wie bereits mehrfach betont, dass eindeutige Regeln formuliert und durch anschauliche Beispiele ergänzt werden (▶ Kap. 8.4). Nur dann können Sie im Sinne des Unternehmens von allen Mitarbeitern gleichermaßen umgesetzt und am Ende des Prozesses auch gemessen werden. Nur klar definierte Regeln sind auch messbar! Zusätzlich haben Sie bei etlichen Regeln die Möglichkeit, ganz konkrete, messbare Kennzahlen zu erfassen. Zum Beispiel durch das Festlegen von Grenz-und Zielwerten für verschiedene Text-Parameter:

- Ab wann gelten Sätze als zu lang?
- Wie hoch darf der Anteil von Passivsätzen sein?
- Wann gelten Sätze als verschachtelt?
- Wie viele floskelhafte Formulierungen dürfen vorkommen?
- Wo liegt die (quantitative oder qualitative) Grenze für den Gebrauch von Fachbegriffen?
- Sind noch verbotene Wörter im Text? Wenn ja, wie viele?
- Sind ausreichend »Love-Words« (= positive, die Markenkernwerte transportierende Begriffe) eingesetzt?
- Werden Begrüßung, Ansprache und Verabschiedung regelkonform umgesetzt?

Wir empfehlen: Keep it simple! Starten Sie so einfach wie möglich. Soll heißen: verfranzen Sie sich nicht gleich zu Beginn im Detail. Sie können ja jederzeit Ihre Regeln und Grenzwerte verfeinern und erweitern.

Um die Einhaltung eines umfassendes Corporate Language Regelwerks laufend zu prüfen, sollten Sie Ihrem Mitarbeiter entsprechende Werkzeuge an die Hand geben. Autoren müssen eigene Texte schnell und effizient prüfen können. Sie müssen Kennzahlen erheben und dabei sofort sehen können, ob sein Text den Vorgaben der Corporate Language entspricht. Hierzu bieten sich Programme wie die bereits erwähnte Software TextLab an. Denn das Zählen von Hand ist nicht nur ungenau und fehleranfällig, sondern vor allem zeitraubend ineffektiv.

Da die Erhebung vieler Einzelkennzahlen sehr aufwändig ist, empfiehlt sich die Arbeit mit sogenannten Schlüsselindikatoren (Key-Performance-Indikators, KPI). Das sind Kennzahlen, denen eine besonders starke Aussagekraft zugeschrieben wird. Im

Bereich der Corporate Language können Sie hierzu beispielsweise die 3 zentralen Sprachregeln heranziehen. Mit diesen Kennzahlen erhalten Sie valide Daten zu den Dokumenten, beschränken die Messungen aber auf ein überschaubares Maß. Oder Sie verwenden einen Index als Schlüsselindikator, wie zum Beispiel den Hohenheimer Verständlichkeits-Index (▶ Kap. 3.11).

Grundsätzlich ist zu empfehlen, im Rahmen eines Corporate Language-Projektes so viele Daten zur Kommunikation wie möglich zu erfassen. Teilweise werden Daten bereits standardisiert erfasst (z. B. Auflagen von Schriftstücken, Umfang), manche gelegentlich (beispielsweise die Anzahl von negativen Reaktionen und Beschwerden), andere oft gar nicht (Wahrnehmung der Information durch Rezipienten). In einem Projekt zur Einführung einer Corporate Language ist es empfehlenswert, von Anfang an folgende Fragen rund um die kommunikationsbezogenen Daten zu klären:

- Welche Daten zur Kommunikation wollen wir erfassen?
- Welche Daten erfassen wir bereits heute?
- Welche Daten erfassen wir heute noch nicht?
- Wo sind diese Daten genau und in welchem Format liegen sie vor?
- In welchem Format brauchen wir später die Daten?
- Wie werden die Daten verarbeitet, mit welchem Ziel und wer hat Zugriff auf die Daten?

Gerade wenn es darum geht, langfristig Kennzahlen zur Sprache als Qualitätsmerkmal anzulegen, ist die Beantwortung dieser Fragen sehr hilfreich. Ausgangspunkt für ein umfassendes Datenbild Ihrer Kommunikation ist idealerweise eine Nullmessung, über die man den Ist-Stand der Sprache im Unternehmen erfassen und damit den quantitativen Ausgangspunkt definieren kann (▶ Kap. 8.3). Aber warum sollten Sie so viele Daten schon vor der Umsetzung der Corporate Language erfassen? Ganz einfach: Nur so können Sie über einen Zeitreihenvergleich feststellen, ob Ihre Corporate Language in der gewünschten Weise funktioniert. Sie können mit einer Nullmessung feststellen, wo Sie heute stehen und realistische Vorgaben für die zukünftige Sprachqualität entwickeln.

Wir wollen Ihnen an einem konkreten Beispiel aufzeigen, wie Sie Kennzahlen festhalten und nutzen können: Nehmen wir an, Sie stellen in der Nullmessung fest, dass Sie in Ihren Textbausteinen viel zu viele lange Sätze verwenden. Die Sätze haben eine durchschnittliche Länge von 23 Wörtern pro Satz und 25 Prozent der Sätze haben mehr als 40 Wörtern. Das sind Daten, die Sie bis auf die 2. Nachkommastelle genau für jedes Dokument erfassen können.

Optimieren Sie nun mit großer Sorgfalt eine repräsentative Auswahl dieser Textbausteine und legen Sie in dieser Stufe Ihr Augenmerk vor allem auf den Aspekt Satzlänge. Wenn Sie Ihre Auswahl an Textbausteinen optimiert haben, messen Sie diese erneut. Wie lang ist nun die durchschnittliche Satzlänge? Wie lang sind die längsten Sätze? Wie viele Sätze haben mehr als 40 Wörter? Mit diesen Kennzahlen können Sie einen »Goldstandard« für Ihre Satzlängen ableiten und diesen an jedem neuen Text messen. Sie können dann konkret messen, ob die Regeln umgesetzt werden, und Sie können Daten über die Zeit erheben. Also beispielsweise, ob Ihre Sätze über X Monate hinweg kürzer geworden sind oder ob sich der Anteil zu langer Sätze wie gewünscht entwickelt hat.

8.10.3 Erfolgsmessung durch Wirkungstests und Kundenreaktionen

Was helfen ausgeklügelte und aufwändige Maßnahmen zur Veränderung der Sprache im Unternehmen, wenn sie nicht dort wirken, wo und wie sie sollen? Im Fall der Corporate Language ist der beste Indikator für die Wirksamkeit Ihrer Maßnahmen die Reaktion beim Kunden. Was liegt also näher, als die Kundenreaktionen zu messen? Was können Sie bei Ihrem Kunden alles messen? Dazu wollen wir Ihnen einige Optionen vorstellen:

- **Intendierte Kundenreaktion:** Eine vielfach angewandte Methode ist die Messung der tatsächlichen Wirkung einer Kommunikationsmaßnahme: Also beispielsweise, wie viele Kunden der Aufforderung in einer Mitteilung (z. B. in einem Brief) folgen, eine bestimmte Aktion durchzuführen oder wie viele Empfänger einen Newsletter öffnen. Oder wie viele Kunden eine im Text angegebene Webadresse anklicken. Um diese Messungen mit der sprachlichen Ebene in Verbindung bringen zu können, müssen Sie sprachliche Änderungen genau dokumentieren und einen möglichen Zusammenhang mit der Wirkung prüfen. Im Dialog-Marketing wird dies seit jeher sehr gewissenhaft gepflegt. So werden beispielsweise die Öffnungsraten bei unterschiedlichen Betreffzeilen im E-Mail-Marketing heute beinahe schon standardmäßig gemessen. Übertragen Sie diese Methode auf weitere Dokumente.
- **Messung der Anrufe:** Sie messen heute bereits, wie viele Anrufe im Callcenter eingehen. Aber messen Sie auch, wie viele Anrufe Ihre Mitarbeiter direkt bekommen? Und werden die Daten in Bezug auf die versendeten Dokumente bewertet? Um Anrufe im gesamten Unternehmen mit den entsprechenden Dokumenten zu verknüpfen, müssen Sie entsprechende Dokumentations- und Bewertungsinstrumente (z. B. digitale Erfassungsbögen) entwickeln. Sammeln Sie alle Daten, wenn es Anrufe zu Dokumenten gibt, die mit der Sprache zusammenhängen (schwer verständlich, unfreundlich, falsch verstanden, zu lang etc.). Diese Daten sind interessant, weil Sie damit exakt prüfen können, ob das Anrufaufkommen durch Ihre Corporate Language-Maßnahmen rückläufig ist – z. B. für den Fall von Fragen wegen fehlendem Textverständnis. Und Sie können messen, wie stark diese Veränderung ausfällt. Je präziser Ihre Erfassungsinstrumente eingestellt sind, umso genauer können Sie auf negative Entwicklungen reagieren.
- **Beschwerdemanagement:** Der Umgang mit Beschwerden ist ein heikles und zugleich wichtiges Kommunikationsthema, das wertvolle Informationen liefert: Zum einen können Sie feststellen, ob sich Beschwerden direkt auf die Kommunikation des Unternehmens beziehen, zum anderen können Sie messen, wie sich die sprachlichen Änderungen auswirken. Denken Sie nur an Beschwerden, in denen sich Kunden über einen unfreundlichen Ton, miss- oder unverständliche Mitteilungen oder mangelnde Transparenz beklagen. Führen Sie daher Maßnahmen ein, wie Sie alle Beschwerden

mit Bezug zu Sprache erfassen, sammeln und auswerten können. Sind diese Maßnahmen einmal eingeführt, können Sie anschließend den Erfolg messen und oft steuernd eingreifen: Gehen die Beschwerden insgesamt und speziell bei sprachlichen Themen zurück? Erreichen wir eine Einigung schneller, wenn die Sprache in unseren Reaktionen auf Beschwerden freundlich und auf Augenhöhe ist?

- **Kundenbefragungen:** Viele Unternehmen befragen schon heute Kunden ausführlich im Hinblick auf ihre Zufriedenheit. Hier können Sie meist ohne größeren Zusatzaufwand die bestehenden Instrumente, also Fragebögen, Gesprächsleitfäden etc., um einige Fragen zur Sprache in Ihren Dokumenten (Briefe, Mails, Bedienungsanleitungen, Vertragsunterlagen etc.) erweitern. Durch die Ergänzung der Kundenbefragungen um sprachlich-kommunikative Aspekte erhalten Sie genaue Informationen darüber, wie die Unternehmenssprache von Zielgruppen wahrgenommen wird und welche Wirkung sie dabei entfaltet (► Kap. 9.5). Kundenfeedback ist, wie bereits dargestellt, eine wertvolle Informationsquelle bei der Entwicklung und Kontrolle der Unternehmenssprache.

Praxis-Tipp

Neben den eher als klassisch zu bezeichnenden Methoden, um das Feedback der Kunden zu messen, können Sie heute im Zeitalter der Digitalisierung auch noch weitere Wege gehen. Gern möchten wir Ihnen hier noch Ideen mitgeben:

- Gehen Sie offen mit der neuen Sprache um, indem Sie etwa die neuen Dokumente mit einem QR-Code versehen. Leiten Sie Kunden, die sich beteiligen möchten, damit am besten direkt auf eine spezielle Feedbackseite Ihres Internetauftritts. Fragen Sie die Kunden, ob alles verstanden wurde und wie das neu gefasste Dokument insgesamt gefallen hat. Erkundigen Sie sich zudem nach Verbesserungsvorschlägen oder Änderungswünschen.
- Bieten Sie dem Kunden direkt in Ihren Dokumenten einen Feedback-Kanal zu allen Themen rund um Sprache, Inhalte und Verständlichkeit. Ein solches Angebot kann in einem Postskriptum stehen, in einer E-Mail-Signatur enthalten sein oder als Pop-up auf der Webseite erscheinen.
- Entwickeln Sie Spiele und Wettbewerbe. Bieten Sie Ihrem Kunden einen »Finderlohn« für unverständliche Formulierungen und Dokumente. Machen sie es dem Kunden einfach, Ihnen seine Vorschläge zu schicken und nutzen Sie die Kreativität und Erfahrung Ihrer Kunden für sich. Hier reichen oft schon kleine Aufmerksamkeiten, um Kunden zu motivieren.
- Im direkten Kundenkontakt können die Mitarbeiter nach einem Gespräch auch Fragen zu Sprache, Kommunikation und den Dokumenten stellen – auch dadurch ergeben sich wertvolle Rückmeldungen. Das darf für den Kunden ruhig interessiert und informell wirken, sollte aber nach einem klar definierten Skript ablaufen.

8.10.4 Erfolgsnachweis durch Zertifizierungen

Viele Unternehmen greifen heute bei der Bewertung von Veränderungsmaßnahmen auf externe Dienstleister mit einem hohen Renommee zurück. Was für die Kundenzufriedenheit oder die Produktqualität funktioniert, kann im Bereich der Sprache ebenfalls hervorragend klappen. So bieten Dienstleister wie beispielsweise der TÜV Saarland oder das Institut für Transparenz (ITA) mittlerweile Siegel für Verständlichkeit an. Auch Sie können Ihre Prozesse zur Erhöhung der Verständlichkeit und damit für den Erfolg der Corporate Language extern validieren lassen (▶ Kap. 4).

Eine Zertifizierung dient dabei nicht nur dem Erlangen eines Siegels – sondern die Prüfungen durch Institute können zudem eine hohe Motivation nach innen entfalten. Als Unternehmen können Sie den Mitarbeitern kommunizieren, wie wichtig dieses Siegel für Sie ist. Das wirkt oft deutlich verbindlicher als nur die Verteilung des neuen Leitfadens. Mitarbeiter kennen die Gründlichkeit von Prüfinstituten aus verschiedensten anderen Projekten – und wissen daher genau, wie penibel die Regeln eingehalten werden müssen. Aber was können Sie eigentlich zertifizieren lassen? Unterschiedliche Prüfinstitute bieten heute eine Vielzahl von Zertifizierungen an:

- Zertifizierung einzelner Dokumente (z. B. Verträge, Abrechnungen)
- Zertifizierung von Textsorten (z. B. Web-Texte)
- Zertifizierungen im Rahmen von Prozess-Zertifizierungen (z. B. bestimmte Dokumente im Rahmen einer Gesamtzertifizierung für Kundenzufriedenheit)
- Zertifizierung Ihrer gesamten Prozesse.

Die Einzeldokument-Zertifizierung kommt natürlich nur für besonders wichtige Dokumente in Frage. Wie beispielsweise AGB, AVB, PIB oder Bedienungsanleitungen. Dokumente, die für Ihre Kunden besonders wichtig sind, Dokumente, die besonders umfangreich sind oder bei denen eine Zertifizierung eine besondere Werbewirkung entfalten kann (z. B. Vertragsbedingungen). Die Zertifizierung Ihrer gesamten Prozesse sollten Sie hingegen erst in Betracht ziehen, wenn Ihre Prozesse soweit eingespielt sind, dass Sie sich einer externen Validierung stellen können.

Wenn Sie eine Zertifizierung in Betracht ziehen, dann stimmen Sie sich am besten gleich zu Beginn der Einführung einer Corporate Language mit dem Zertifizierungsanbieter ab. So lassen sich unnötigen Kosten und Aufwendungen für Prüfungsvorgänge vermeiden und möglichst effizient arbeiten.

Eine Zertifizierung kann sowohl nach außen als auch nach innen positiv wirken. Nach außen, zum Kunden hin, signalisieren Sie, dass Sie die Anliegen einer modernen, verständlichen und den Unternehmenszielen entsprechenden Corporate Language ernstnehmen und dass der Kunde sich auf die Unternehmenssprache verlassen kann. Nach innen schaffen Sie Akzeptanz für Ihr Sprachprojekt und können das Zertifikat als werbliches Positionierungsinstrument nutzen.

Wie genau Sie vorgehen bzw. welche Methoden Sie einsetzen ist natürlich immer auch abhängig von den finanziellen Ressourcen und den personellen Möglichkeiten. Wir empfehlen Ihnen aber, dass Sie dem Thema Messbarkeit eine hohe Bedeutung zumessen.

Denn wie bereits geschrieben: Nur was Sie messen können, können Sie auch managen. Und Ihre Corporate Language werden Sie laufend steuern müssen.

Mit der Messung der Wirkung sind wir am Ende unseres Modells zur Entwicklung, Einführung und Umsetzung Ihrer Corporate Language angekommen. Mit unserem Modell haben wir Ihnen einen hoffentlich brauchbaren Leitfaden an die Hand gegeben, mit dem Sie viele Stolpersteine auf dem Weg zur Einführung Ihrer Unternehmenssprache umgehen können. Je nachdem, welche Voraussetzungen Sie schon erfüllen, wie viel Budget und Zeit Sie zur Verfügung haben und wie umfassend Sie die Sprache im Unternehmen »renovieren« möchten – suchen Sie sich aus unseren Hinweisen/Tipps diejenigen zusammen, die Ihnen helfen. Denken Sie immer daran, dass Corporate Language immer Schritt für Schritt umgesetzt werden muss. Gehen Sie einen Schritt nach dem anderen, aber behalten Sie immer den gesamten Weg und vor allem das Ziel im Auge.

Schlusswort

Wir glauben, eine einfache, moderne und markenkonforme Sprache wird zukünftig noch wichtiger sein, als sie es heute schon ist. Der wachsenden Komplexität und Vielschichtigkeit in fast allen Lebensbereichen steht ein zunehmender »Bedarf an Vereinfachung« gegenüber. In Wirtschaft, Politik, Technologie, Medien – nahezu überall im öffentlichen Leben. Das betrifft vor allem die Sprache.

Und sogar die Roboter von morgen, mit denen wir heute schon kommunizieren, werden lernen müssen, eine klare und authentische Sprache zu sprechen und zu schreiben. Sprache wird mit neuen Technologien nicht verschwinden. Sie wird auch nicht weniger präsent sein. Sie wird sich aber verändern und weiterentwickeln. Und der richtige Umgang mit Sprache wird für Ihr Unternehmen immer wichtiger werden.

Das heißt, Ihre Bemühungen um eine eigene Corporate Language werden sich mit Sicherheit in Zukunft auszahlen. Sie wird Grundlage für Ihren Erfolg und wichtiger Träger für Ihre Marke. Aus dieser Überzeugung heraus haben wir Sie auf diese lange Reise durch die Welt der Corporate Language und Verständlichkeit mitgenommen. Wir haben unsere Erfahrungen mit Ihnen geteilt und Ihnen damit hoffentlich wertvolle Tipps für die eigene Umsetzung an die Hand gegeben.

Im ersten Teil haben Sie die Grundlagen einer verständlichen Sprache kennengelernt. Wir haben Ihnen viele nützliche und belastbare Regeln ans Herz gelegt, mit denen Sie die Verständlichkeit systematisch und effektiv verbessern können. Im zweiten Teil haben wir Aspekte diskutiert, die für Ihre Corporate Language entscheidend sind. Hier ging es vor allem um die Tonalität und Markenkonformität Ihrer Sprache. Zum Abschluss haben wir Ihnen mit unserem 10-Schritte-Modell eine Anleitung an die Hand gegeben, wie Sie eine Corporate Language im Unternehmen Schritt für Schritt umsetzen können, unter Berücksichtigung aller vorher besprochenen Elemente und Ebenen. Sie halten somit alle relevanten Informationen in Ihren Händen, die Sie für die Einführung Ihrer individuellen Corporate Language-Projekte benötigen.

Und nun? Tja, ganz einfach: Fangen Sie an! Am besten noch heute. Schon der nächste Text, der auf Ihrem Bildschirm auftaucht oder den Sie in Ihren Händen halten, kann der Beginn einer ganz wunderbaren Erfolgsgeschichte in Sachen Corporate Language sein. Wir hoffen, Sie haben durch die Lektüre genügend Ideen und Impulse bekommen, um eine solche Initiative in Ihrem Unternehmen zu starten oder vorhandene Ansätze weiterzuentwickeln.

Denn wie wir am Anfang schon geschrieben haben: Eine verständliche, moderne, aktivierende, an die Zielgruppe angepasste und auf die Markenwerte abgestimmte

Corporate Language ist die Voraussetzung für den Erfolg Ihrer Unternehmenskommu-nikation. Heute und in Zukunft. Und denken Sie dran: Eine klare Sprache kommt von einer klaren Haltung.

Getus Gilegnen!

Die Autoren

Als Kommunikationswissenschaftler beschäftigen sich Oliver Haug und Dr. Anikar Haseloff seit 2005 intensiv mit der Sprachpraxis von Unternehmen. Mit der von Ihnen gegründeten H&H Communication Lab GmbH arbeiten sie mit ihrem Team nicht nur an messbar besseren Texten für Unternehmen und Behörden. Sie entwickeln auch individuelle Strategien und Sprachkonzepten, die sowohl zu den Zielgruppen als auch zu den Marken der Unternehmen passen. Dabei arbeiten sie quer über alle Branchen, für Konzerne, Behörden sowie für kleine und mittlere Unternehmen.

Eine dauerhafte Anbindung an Wissenschaft und Forschung wird durch die enge Zusammenarbeit mit der Universität Hohenheim und anderen Einrichtungen, wie beispielsweise der Forschungsstelle für Leichte Sprache der Universität Hildesheim, ermöglicht. Aus dieser Zusammenarbeit ist unter anderem der Hohenheimer Verständlichkeit-Index hervorgegangen – die heute im deutschsprachigem Raum bekannteste und von Unternehmen am häufigsten eingesetzte Lesbarkeitsformel.

Mit der von H&H Communication Lab entwickelten Software TextLab hat H&H Communication Lab eine Möglichkeit geschaffen objektive Kennzahlen in das Sprach-Management von Unternehmen zu etablieren. Viele hunderte Unternehmen und viele tausende Nutzer messen mit TextLab die Verständlichkeit ihrer Texte und stellen per Mausklick die Einhaltung der eigenen Corporate Language sicher.

Viele erfolgreiche Projekte, zufriedene Kunden und glückliche Endverbraucher zeigen, dass gute Kommunikation ein Gewinn für alle Beteiligten ist. Die Kunden von H&H Communication Lab gewinnen Profil, schärfen ihre Marke und sparen teils enorme Kosten im Kundenservice. Auf der anderen Seite wird die Welt der Verbraucher mit jedem guten Text ein Stück einfacher – das schafft eine positive Wahrnehmung und festigt die Bindung zu Marke und Unternehmen.

Das Communication Lab unter der Leitung von Dr. Anikar Haseloff und Oliver Haug hat sich in den letzten 12 Jahren zu einer der führenden Agenturen in Deutschland im Bereich Corporate Language und Verständlichkeit entwickelt.

Hartmut Kreikebaum/
Dirk Ulrich Gilbert/
Michael Behnam

Strategisches Management

8., überarbeitete Auflage 2018
362 Seiten, 81 Abb.,
19 Tab. Fester Einband
€ 39,–
ISBN 978-3-17-031111-4

Die Beschäftigung mit strategischen Fragestellungen ist notwendig, um das langfristige und erfolgreiche Überleben von Unternehmen am Markt zu sichern. In diesem Buch werden die spezifischen Probleme und Arbeitsbereiche des strategischen Managements auf der Basis eines strukturierten Prozessmodells klar aufbereitet. Das Lehrbuch berücksichtigt den aktuellen Stand der Literatur und gibt einen Überblick über neueste, für das strategische Management relevante Entwicklungen. Eine Besonderheit des Buches liegt in der Berücksichtigung der vielfältigen Herausforderungen, die sich durch die Globalisierung und die gesellschaftliche Verantwortung von Unternehmen ergeben.
Die 8. Auflage wurde vollständig überarbeitet und aktualisiert. Zudem wurden in der Praxis relevante Methoden ergänzt (z. B. Business Model Canvas) und zahlreiche neue Beispiele eingefügt.

Prof. Dr. Hartmut Kreikebaum (†) war akademischer Direktor des Instituts für Unternehmensethik an der European Business School.
Prof. Dr. Dirk Ulrich Gilbert ist Inhaber der Professur für Betriebswirtschaftslehre, insb. Unternehmensethik an der Universität Hamburg.
Prof. Dr. Michael Behnam ist Professor für Strategisches und Internationales Management an der Suffolk University, Boston (USA).

W. Kohlhammer GmbH
70549 Stuttgart

Kohlhammer

Peter Szyszka

Beziehungs-kapital

Akzeptanz und Wertschöpfung

2017. 206 Seiten, 55 Abb.
Kart. € 35,–
ISBN 978-3-17-032702-3

auch als EBOOK

Das Gesetz zur Stärkung der nichtfinanziellen Berichterstattung der Unternehmen in ihren Lage- und Konzernberichten lässt Stakeholder-Management und CSR in neuem Licht erscheinen. Sah man darin früher Bestandteile, die sich ein Unternehmen leisten kann oder will, beginnt sich aktuell die Einsicht durchzusetzen, dass dies ein Pflichtbestandteil sein sollte, weil die Bedingungen des Wirtschaftens maßgeblichen Einfluss auf den Erfolg eines Unternehmens haben. Denn: Die Beziehungen zu Stakeholdern sind nichts anderes als ein immaterielles Risikokapital. Stakeholder-Management ist soziales Risikomanagement, in dessen Mittelpunkt kritische Akzeptanzfaktoren stehen. Der Band zeigt auf, wie Beziehungskapital beschaffen ist und als Bestandteil moderner Unternehmensführung analysiert, beschrieben, bewertet bzw. bewirtschaftet werden kann, ehe dessen Qualität und Risiken Eingang in die Unternehmensberichterstattung findet.

Prof. Dr. Peter Szyszka lehrt Organisationskommunikation und Public Relations an der Hochschule Hannover.

W. Kohlhammer GmbH
70549 Stuttgart

Kohlhammer